東アジア社会をつなぐ越境、
脈動する文化

小山三郎責任編集
近現代東アジア研究叢書編集委員会／
国立台北大学歴史学系共編

呉文星　林志宏　小牟田哲彦　王超然
曾美芳　澤田ゆかり　山﨑直也　末武美佐／著

霞山アカデミー
近現代東アジア研究叢書

目　次

序
　　小山三郎（霞山会版責任編集者）……………………………………………　5

第一部　歴史教育と歴史認識

「認識台湾（歴史篇）」をめぐる台湾の歴史教育
　　呉　文星（国立台湾師範大学歴史学系名誉教授）……………………　11

ある日本人研究者の軌跡──佐藤慎一郎の「中共研究」を考察する
　　林　志宏（中央研究院近代史研究所副研究員）…………………………　39

日本人観光客は台湾をどう見てきたか──台湾旅行の100年史
　　小牟田哲彦（作家）……………………………………………………………　65

第二部　国境を越えたメディアと文化、政治

国共内戦期（1945－1949）、中国共産党の文芸政策の越境
　　──香港『華商報』の役割
　　王　超然（国立台北大学歴史学系助理教授）……………………………　81

曖昧なアイデンティティと矛盾する政治意識
　　──1967－1984年『星島日報』に見られる「中国」報道立場の転変
　　曾　美芳（台北医学大学通識教育センター副教授）………………………　111

第三部　発展ダイナミズムと社会の変容

東アジアの少子高齢化と社会保障
　　——日本の「新しい資本主義」から見た中国の位置付け
　　　　澤田ゆかり（東京外国語大学総合国際学研究院教授）……………………　145

ポストコロナの日台教育交流の「知」のインフラを構築する
　　——台湾研究者によるSNET台湾の活動を中心に
　　　　山﨑直也（帝京大学外国語学部教授）………………………………………　167

日本統治後期台湾における家畜伝染病対策の展開
　　——豚コレラ防疫を中心に——
　　　　末武美佐（東京女子大学非常勤講師）………………………………………　185

国立台北大学歴史学系「近現代東亜研究論叢」（第 2 巻）「序文」………　209

（紹介）『日本統治期台湾の経済、産業発展再考』……………………………　231

凡例……………………………………………………………………………………　240

あとがき………………………………………………………………………………　241

序

小山三郎

霞山会版責任編集者

　本書は、東アジアの世界を「越境する文化」の観点から考察したものである。「文化」とは何か、「越境」とは何か、それらをどのように定義すべきか。最初にそのような疑問が生まれるであろう。しかし本書に所収したそれぞれの論文の執筆者は、論文のなかでそれを解釈し読者に示している。したがって、「越境した文化」は８編の論文から、その実像が見て取れるであろう。

　三部で構成した本書の分類は便宜的なものに過ぎない。海上に浮かぶ三つの「島」、島内には幾つかの「市町村」がある。そのように例えればいい。したがって、三つの「島」をつなぐ「橋」も存在するし、「道路」もある。例えば、「台湾旅行の100年史」を語った小牟田論文［第１部］は、100年の日台関係を日本人の旅行の観点から語っているが、現在の高校生の台湾修学旅行のあり方を提言している山﨑論文［第３部］に結びつく。いまや学校の教育現場で台湾が注目され、大学の教員が修学旅行の事前教育に積極的に関わっていることがわかる。ここに現在、旅行と教育が越境する文化の範疇に組み入れられている。

　東アジア地域をテーマとし、どの地域も直面しているのは、「少子化」の問題であろう。この問題の解決は、地域間で共通している課題であるゆえに、文化、社会、政治体制を異にしてもそれぞれが知恵をだしていかなければならない。澤田ゆかり論文［第３部］は、東アジアの「少子化」に至る歴史を振り返り、「今」を掘り下げて「少子化」に直面している社会が抱える、解決が困難な課題の所在を冷徹に分析している。

　人は誰でも望郷の念を抱く。佐藤慎一郎は、戦前「満洲国」官吏として生

き、戦後、著名な中国研究者となった。佐藤の望郷の念は、中国を観察する歴史認識となり、中国共産党批判につながっている。彼の主張は、日中国交正常化を推進した当時の田中内閣への批判ともなり、研究者の枠を超え、評論活動を通じて当時の世論に訴えていた。林志宏論文［第1部］は、戦後活躍した一人の中国研究者に着目し、日本人の中国大陸への「望郷の念」が一生涯を貫く「歴史認識」になっていることを明らかにしている。

　林志宏論文は、佐藤慎一郎がしばしば香港に出張し、大陸から逃れてきていた難民から大陸の人々の生活情報を収集していたと語っている。曾美芳論文［第2部］は、佐藤がそのような試みをしていた時期と重なる香港の『星島日報』に見られる「中国」報道立場の転変について語っている。購読者数が多い新聞は、その地に住む市民の中国大陸に向けた複雑な望郷の念が反映されている。政治も語られている。望郷の念と政治が複雑に絡み合い存在する香港の姿が浮かび上がってくる。

　香港を語った論文には、王超然論文［第2部］がある。抗日戦争、国共内戦期の香港で刊行された新聞『華商報』について分析しつつ、なぜ中国共産党が香港を重視したのか、『華商報』を統戦工作の手段としていく過程が詳細に語られる。さらに延安革命根拠地を起源とする文芸工作が香港に浸透し、毛沢東の文芸観に合わない現代作家の粛清が始まる過程を明らかにしている。この文芸工作の流れが、中華人民共和国建国後に出現する大規模な作家粛清事件へと繋がっていく。

　中学校歴史教科書『認識台湾（歴史篇）』をテーマとした呉文星論文［第1部］は、執筆者自らが『認識台湾（歴史篇）』を編纂する過程でどのような批判が向けられていたのかを語っている。『認識台湾』は、李登輝時代に学校教育で歴史教科書の全面的改訂が行われ、「台湾史」が教育の現場で初めて登場した画期的な教科書として注目を浴びた。なにが画期的なのか。多くの紙面を日本統治期とその後の台湾近代化への道のりに当て、従前の国民党一党支配を支えてきた歴史観から脱却したからである。そのため、編集過程で多くの反対意見がだされていたという。

　呉文星論文からは、本土化（台湾化）がどのように進んできたのかを理解できる。新たな歴史観とは、政治により一方的に解釈された歴史観、イデオ

ロギーに対する、台湾で蓄積されてきた歴史の集成をもって否定することから始まる歴史観である。

　最後に末武美佐論文［第3部］について語りたい。末武は、本書執筆者のなかで一番若い研究者である。大学を卒業後、国立台湾師範大学歴史学系（修士・博士課程修了）で学び、学位を取得している。台湾の学術界で台湾史を学び育った日本人研究者が現在、日本の大学で教職に就いている。ここには越境する学問がある。

　以上で各論文の紹介をおこなった。先に述べたように各論文をまとめた各章は、三つの「島」である。その三つの「島」はさまざまに「橋」によって結ばれている。まず第一部から第三部を通読していただき、その後で「島」と「島」を結ぶ「橋」を考えていただきたい。越境、脈動する文化の存在は、目視できるものではないが、歴史のなかで考察するならば、わたしたちの身近にどのような影響を及ぼしているのか、さまざまに感じ取れるものとなるであろう。

第一部
歴史教育と歴史認識

「認識台湾（歴史篇）」をめぐる
台湾の歴史教育

呉　文星

国立台湾師範大学歴史学系名誉教授

はじめに

　戦後、台湾は中華民国の統治下に置かれ、政府は台湾における日本要素の排除、中華要素の強調を基本路線とした政策を展開した。歴史教育は国家アイデンティティーを形成するための重要なツールとみなされ、歴史教科書は中国を主眼とし、台湾は地方史としての位置づけしか与えられなかった。具体的には、中国史の明末から清のはじめ、日清戦争、台湾における中華民国という３つの単元で、断片的な台湾史しか教えられなかった。

　1994年10月、台湾の教育部は、「国民中学課程標準[1]」を修正し、国民中学の第一学年に「認識台湾」（訳：台湾を知る）という科目を設置した。この授業は歴史篇・地理篇・社会篇の３つに分かれており、授業数は毎週合計３コマ（各45分）で、従来の歴史・地理・公民と道徳の３科目に取って代わった。第二、三学年の歴史、地理の授業は毎週各２コマずつ、それぞれ中国及び外国の歴史、地理を教えた。この時点から、「認識台湾（歴史篇）」は新カリキュラムの一部分となったのである。

　「認識台湾（歴史篇）」の登場は、戦後50年を経て、台湾の歴史が初めて国民中学社会科における正式な科目となったことを意味した。それは国民中学の歴史教育改革上の大きな分水嶺とも言え、極めて特殊な性格を帯びている。つまり、台湾の国民教育における歴史科が、中国の歴史知識を植えつけるだけのものではなくなり、生徒と密接に関係する台湾の歴史を重視するように方向転換したことを示しているのである。「認識台湾（歴史篇）」は従来の科

第一部　歴史教育と歴史認識　11

目とは異なった名称ではあったが、台湾の国民中学における歴史教育正常化の端緒となり、また、国民中学における台湾史教育の嚆矢となったことは言うまでもない。「認識台湾（歴史篇）」登場以降の国民中学生徒にとっては、その教科書が郷土アイデンティティー、国民意識の拠り所となっていることは言うまでもない。また同時に、この教科書の登場が中等教育の歴史科のカリキュラムの変革を促した。つまり、従来中国史と世界史の2本立てだったものが、台湾史、中国史、世界史の3本立てへと変貌を遂げたのであった。

　筆者は、教科書『認識台湾（歴史篇）』に編纂委員兼執筆担当者として携わる機会を得た。本論ではこの科目課程標準の制定及び教科書編纂の過程、試用版編成の際の議論、「認識台湾」という授業の実施が中等教育の歴史科に与えた影響などを整理し、東アジア研究、歴史教育研究等各分野の先達の示教を仰ぐことを目的とする。

1．「認識台湾（歴史篇）」課程標準の制定及び　　教科書編纂の過程

（1）課程標準の制定

　1993年9月、教育部は9名の歴史学研究者と2名の国民中学の歴史科教員を招聘し、「認識台湾（歴史篇）」課程標準制定研訂小組を組織した[2]。同年12月から翌1994年4月までの間、中学教員によるエリアごとの座談会と研訂小組による委員会を幾度となく開催し、「認識台湾（歴史篇）」課程標準の草案が完成した。その後、教育部が招聘した複数の専門家からなる審査チームが若干の修正意見を加え、研訂小組がそれに応じて草案の手直しを行い、1994年10月、ついに「認識台湾」の課程標準が教育部から公示された。研訂小組代表者であった国立中興大学歴史学系黄秀政教授が表明したところによれば、「課程標準検討研訂小組の人事については、極めて慎重な態度を取り、政治的立場の異なる研究者をバランスよく配置することを終始心がけた[3]」。検討会議の際、各委員（研訂小組のメンバー）はそれぞれの意見を十分に表明し、互いに尊重しながらコミュニケーションを図った。また、国民中学教員代表、歴史学研究者、民間団体代表らの提言を参考に、ついに皆が許容で

きる内容に落ち着いた。つまり、客観的立場で、中立的言葉遣いによって台湾の歴史を編纂することが基本方針となったのである。例えば、台湾史研究者が通常使用していた「明鄭時期」は「鄭氏統治期」へ、「光復後の台湾」は「台湾における中華民国」へ変更した[4]。

また、研訂小組の委員であった中央研究院近代史研究所研究員呂実強氏もこの時期を振り返り、「課程標準制定過程において、当初は研訂小組メンバーの間で、互いの意見に違和感を覚えたのは事実だ。しかし、議論の結果、最後には一定のレベルを維持し、かつ大体において中立的で偏りの無い教材大綱をまとめることができた。これは私自身にとっても非常に貴重な経験となった――つまり、ものの見方や理念が異なる者同士であっても、学術的見地から真摯な態度でコミュニケーションを続けた。自信を持って粘り強く議論を続ければ、最後には共通認識にたどり着けると知ったのだ」と述べた[5]。

この新しい科目の課程標準における学習目標は、第一に、各エスニックグループの先人達が台湾・澎湖・金門・馬祖を開拓してきた史実を知り、先人の経験及び成果を継承して新しいものを創造するという使命感を強め、且つ団結・一致協力の精神を培う。第二に、自分の周囲の環境に対する知識をつけ、愛郷愛国の精神を培う。第三に、台湾・澎湖・金門・馬祖の文化遺産に対する理解を深め、それらを大切にするという価値観を身につける、という３点にまとめられる。

教材綱要では、この科目は最低限次のような特色を備えるべきと示された。第一に、現時点での中華民国が統治している台湾・澎湖・金門・馬祖を対象とした内容となっていること。これは従来の一般的な台湾史が台湾と澎湖のみの構成であったのとは異なる。第二に、歴史の全体像を見渡せるよう、あらゆる時期・エスニックグループを網羅していること。つまり、台湾の歴史発展の過程を、先史時代、国際競争期、鄭氏統治期、清朝統治期、日本統治期、中華民国期の６期に分け、同時に先住民、漢族系住民、並びに関連する外国人にまで留意したことである。第三に、客観性の維持を心がけており、また、先史時代に先住民の文化遺産・社会を叙述する１節を設け、更に、歴史時代初期は、「国際競争期」とし、従来反清復明的性格を強調して「明鄭時期」と呼称していた時期を「鄭氏台湾統治期」へ、「光復後の台湾」と形

第一部　歴史教育と歴史認識　13

容していた戦後の時期を「台湾における中華民国」へと名称変更したこと等である[6]。

(2)「認識台湾（歴史篇）」教科書編纂の顛末及び内容の概要

　1995年5月、国立編訳館は歴史学の専門家10名、教育学の専門家4名、国民中学教員代表9名等計23名を招聘し、教科書編審委員会を組織した[7]。黄秀政氏が主任委員となり、国立中央大学歴史研究所張勝彦教授及び筆者が執筆者として推薦された。その後、2名の執筆者と6名の国民中学教員が編集グループを組織した。編集に際しては、現代に近いほど詳細に、また、文化や教育に関する内容を増やすという基本原則を打ち立て、課程標準の教材綱要を若干手直しし、もともと9章19節21講だった構成を11章24節26講とした。まず、内容は近現代に重きを置き、日本統治期及び台湾における中華民国の部分は、それぞれ予定していた1章4節から2章6節へと分量を増やし、この2つの時期の叙述が教科書全体の約半分の量を占めるに至った。次に、教育や文化に関する内容も当初の予定に比して著しく増加した。課程標準において予定していたのは政治の変遷、経済発展、社会の変化等に偏った内容で、教育や文化に関する叙述は、鄭氏統治期と日本統治期のみに見られるものであった。しかし、教科書綱要においては、6期全てに教育と文化についての節が加えられた。第三に、史実第一主義を貫徹したこと。課程標準の教材綱要は国際競争期についてはオランダ人、スペイン人の台湾での活動を列挙するのみであったが、教科書綱要では史実に基づき、漢族、日本人、オランダ人、スペイン人の台湾での活動概要を叙述する事になった。つまり、教科書綱要の制定に際しては、実証性と客観性を追求する課程標準中の教科書編纂要領を基礎とし、更に教育現場の需要を織り込んで適切な調整を行ったのである。

　課程標準の教材編纂要領において、特に重要なのは次の2点である。すなわち、第一に、歴史の全体像を再構築することと前後の関連性に注意し、各時期の代表的且つ歴史的意義を帯びた史実を焦点とする、第二に、新しい史料と研究成果を十分に活用し、学術の進歩と時代の需要を融合させるべきという点である[8]。内容の執筆に際しては、編纂審査委員会で議論した後、更

に以下の一般原則を付け加えた。つまり、第一に、歴史の全体像を再構築することと：台湾・澎湖・金門・馬祖を対象範囲及び叙述の主体とし、台湾の歴史発展について、その脈略と趨勢を示すこと。第二に、実証性に注意すること：客観的立場から史実を叙述することを作業の本質とし、関連史料と研究成果を十分に活用すること。主観的、偏重的な古い通説に左右されないこと。第三に、言葉遣いは、公平適切、簡潔、具体的であること：ここで目標とされたのは、台湾の歴史発展の特殊性を十分に捉えることである。そのため、特定のエスニックグループの立場、或いはイデオロギーにのみに偏ることを回避し、可能な限り中立的な言葉で簡潔な叙述を行うことが目指された。第四に、中学校の中国史・地理・公民と道徳等関連教科の内容との整合性・呼応関係、並びに、小学校の社会科の内容との連続性に注意すること、である[9]。

　以上の原則のもと、2名の執筆者は広く資料を蒐集し、慎重に教科書本文をまとめた。その間編纂審査委員会は12回にわたって会議を開いたが、この場ではすでに完成した部分に関して逐一話し合い、内容を詳細にわたって精査した。その後会議での意見を踏まえて言葉遣いを調整し、検討の余地がある箇所については、適切に修正を加えた。この厳密なプロセスは1年に及び、1996年6月、ついに初稿が完成した。その後同年10月には地理篇・社会篇チームと連合会議を開き、議決内容に則って更に初稿に修正を加え、ついに脱稿した[10]。このように、脱稿に至るまでの間に数々の会議を経ているため、内容については執筆者の主観というよりも、むしろ委員会の共通認識であることが分かる。各章の概要と特色は以下の通りである。

　教科書は序説、先史時代、国際競争期、鄭氏統治期、清朝前期、清朝後期、日本統治期の政治経済、日本統治期の教育学術及び社会、台湾における中華民国の政治変遷、台湾における中華民国の経済・文化教育及び社会、未来の展望等の単元に分かれた計11章編成であった[11]。ここでは、日本統治期の政治経済、日本統治期の教育学術及び社会の2章の編纂過程を説明する。

　1894年に勃発した日清戦争において清国は敗北し、日本との間で下関条約を締結した。条約に拠り清国は台湾と澎湖を日本へ割譲することとなり、その後日本は台湾において51年にわたる植民統治を展開した。従来、国民中学

第一部　歴史教育と歴史認識　15

か高等中学かを問わず、台湾の歴史教科書における日本統治期の叙述は、極めて不十分であった。内容はおよそ台湾人の抗日的活動や態度を強調するのみで、それによって生徒の反日感情を煽る効果を狙っていた。一方、この時期の各分野にわたる重要な変化や発展の叙述は空白だらけの状態であり、それゆえ台湾人はこの時期の歴史に対して適切な認識及び理解を欠いていた。この度の教科書編纂に際し、当初より史実第一主義の原則を打ち出していたため、日本統治期の歴史については、客観的立場を鮮明にして歴史の全体像を再構築し、他方、関係史料と最新のものを含む研究成果を十分に活用した。

　日本統治期の政治経済の章においては、まず、「台湾民主国と武装抗日運動」の節を設け、ここで割譲という非常事態に対して台湾の官民が「台湾民主国」を成立させ、日本の台湾接収に抵抗したことを述べた。次に、各地の義勇ゲリラが20年にわたる武装抗日運動を展開したことを取り上げた。一方、台湾総督府は、強大な武力を以ってそれを鎮圧した。台湾民主国の武装抗日運動については、「日本は台湾の軍隊及び民間人に対抗するため、多くの兵力を動員して鎮圧した。台湾側の死者は戦死、殺害された者を含めて14,000人に及び、その被害は凄惨たるものであった(12)」と叙述した。また、各地の義勇ゲリラによる武装抗日運動については、「当初、台湾総督府は報復的鎮圧措置を採り、罪の無い者をも無差別に殺害したが（中略）、1898年、（中略）鎮圧と懐柔を融合させるよう方針転換し、（中略）1902年、各地の抗日勢力は悉く瓦解した。民間における私有の武器は全て没収され、この7年間武装抗日運動に参加して死亡した者あるいは捕らえられて殺された者は1万人余りに達した(13)」と説明した。この他、先住民による代表的な武装抗日運動「霧社事件」については、「事件発生後、台湾総督府は軍と警察2,000人あまりを動員し、大砲・航空機・毒ガス等を用いてそれを強力に鎮圧した。霧社の先住民の抵抗は50日ほど続いたが、それは失敗に終わった。元々その集落の人口は1,400人であったが、事件後には500人にまで減少した。翌年4月、警察が親日的な先住民をそそのかして集落に突撃させ、再び多くの者を殺害した(14)」と事件の経過を述べた。

　第2節「政治と社会統制」では、台湾総督府が台湾において総督を中心とした専制的な統治システムを形成したことを述べた。台湾総督は所謂「六三

16

法」を根拠として「行政・立法・司法及び軍事統制権を掌握し」、台湾各地の行政機関は「終始自主権と自治権を有しておらず、完全に上級機関からの命令で公務を執行するという状況であった[15]」。同時に、典型的な警察による統治を実施しており、旧来から存在した保甲制度と日本から導入した警察制度を併用し、台湾社会を効率よく制御したことを説明した[16]。1937年に日中戦争が勃発すると、戦時の需要から、台湾総督は台湾で「皇民化運動」を展開し、「台湾人にも日本国民として相応の愛国心と犠牲の精神を持たせようと図った。（中略）ついには徴兵制を実施するに至り、台湾人日本兵の総数は20万人にまで達した」と結んだ[17]。

　第3節「植民地経済の発展」では、まず、植民統治初期に台湾総督府が日本の経済発展に合わせるために積極的に台湾で土地・通貨・度量衡などの制度改革を実施し、鉄道・道路・港等の交通インフラ建設を行ったことが経済発展の基礎になったことを取り上げた。統治前期においては、「農業は台湾、工業は日本」という政策のもと、台湾で積極的に農事改良と近代水利系統の構築が行われ、台湾は日本にとってコメと砂糖の供給地となった。統治後期は、工業化を推進し、軍と関連する基礎分野の工業を発展させ、台湾を日本による中国南部・東南アジア（当時の用語では「華南・南洋」）侵略のための補給基地としたことを取り上げた[18]。

　日本統治期における教育、学術及び社会は、ひとつの章に収めた。第1節「教育と学術の発展」では、当時の台湾における教育と学術の重点が植民政策の貫徹にあり、総督府は日本が明治期に西洋から導入した近代的学校教育制度を植民地台湾でも実施したことを取り上げた。その教育制度の特徴は、差別待遇と隔離政策を原則としたことにある。台湾総督府は初等教育機関の公学校に中核的役割を担わせる日本語普及政策を確立し、学校教育と社会教育によって日本語普及運動を展開していった。その結果、日本統治末期の時点で、日本語を解する者は人口の75％を超えることとなった。そうであっても、「日本語は台湾人の生活言語とはなっておらず、このような日本語普及運動は、台湾を主に台湾語と日本語の併用社会とせしめたに過ぎなかった。台湾人は終始日本語を外国語と看做しており、統治者が意図したような言語（即ち日本語）の習得とアイデンティティーの変更（即ち日本への同化）が

第一部　歴史教育と歴史認識　17

同時に起こったわけではなった。日本語は、むしろ台湾人が近代的知識を吸収するための主な媒介となり、台湾社会の近代化を促進した」と述べた。[19]
中等教育は職業教育に偏重しており、高等教育に至っては、「台湾人の学生の比率は極めて低かった。台湾での進学が困難であったため、志ある台湾青年が次々に日本へと留学した。1945年までに、日本へ留学した台湾人は20万人に達しており、そのうち、大学・専門学校卒業者は約6万人であった。（中略）結果としてこのような留学教育は台湾における高等教育の不足を補填することとなった」。[20]

　学術発展について言えば、その中核を担ったのは熱帯医学研究と地域研究であり、この時代の学術発展が「近代台湾における人文・自然科学及び応用科学研究の基礎となり、（中略）それによって台湾をアジアにおける熱帯医学研究の拠点のひとつ、（中略）また、日本における華南・南洋研究の中心地とせしめた」と結んだ。[21]

　第2節「社会の変遷」では、日本統治期において社会が著しく変化し、台湾の人口は長期にわたって高い出生率を維持し、死亡率は大幅に減少、50年間あまりで人口は「1.5倍に増え、その増加速度は当時の世界でもトップレベルであった」と取り上げた。[22]台湾総督府の誘導、宣伝と台湾有識者の提唱、指導により、台湾では、日本統治最初の20年で女子の解纏足と男子の断髪普及の目標を達成するに至った。[23]また、台湾総督府は七曜制と標準時間制を導入し、台湾人に、日常生活の中で時間の標準化と時間厳守の観念を身につけさせた。[24]また、近代的法治観念と知識の普及、近代的公衆衛生と医療制度確立にしたがい、台湾人の間に法令遵守、近代的医療衛生等の新しい考えと習慣が定着していった。[25]

　第3節「社会運動」では、1920年代から台湾新インテリ層が台湾文化協会・台湾民衆党・台湾地方自治連盟、或いは農民・労働者団体を組織し、10年余りに及ぶ社会運動を展開していったことを述べた。このような運動の目的は民衆の啓発・政治改革・農民や労働者の待遇改善などであった。[26]

　要するに、日本統治期を教材として扱った以上の2章は、台湾を主体とし、史実第一主義が貫かれていた。生徒に対し、この時期について十分な知識を得る権利と機会を提供し、意図的に事実を隠ぺい、抹殺することは避けた。

同時に、学術研究の成果を根拠とし、実証的且つ理性的な態度で日本統治期の史実を検討し、一方では植民統治が台湾に与えたマイナス面を、他方では、それが戦後の台湾に与えたプラスの側面の変遷を整理して再構築した。このような執筆方法によって、生徒が胸襟を開いて日本統治期の歴史文化遺産に向き合えるよう心がけた。

(3) 主な批判と論争

　台湾の歴史的過程が特殊性を帯びているため、今回の『認識台湾（歴史篇）』編纂については、できる限り史実第一主義を貫き、実証的且つ理性的態度で執筆を行った。しかし、教科書編成の際、一部（国民中学教員、立法委員、大学教員等）へ配布されはじめると、編纂者とは史実への認識とイデオロギーが異なる者からの質疑と批判に遭うこととなった。これは後に大きな議論を引き起こした。1997年6月3日、一人の立法委員が突然公聴会を開き、教科書『認識台湾（歴史篇）』への批判を展開した。そこで明らかにしたのは、『認識台湾（歴史篇）』における日本統治期の内容は「台湾総督府の立場からの史観」、「過度の日本びいきで、この時期の功績と恩恵をうたったもの」であり、第二次世界大戦後については、「全くのプロパガンダ」で、明らかに「親日」・「反華（訳：反中華民族）」である等ということであった[27]。肯定派の大部分は、「認識台湾」という科目は、国民中学生徒一人一人や各エスニックグループの生活、成長及び変遷と密接にかかわる台湾を十分理解できるよう設計されていると考えていた。それはまた、生徒が、台湾と、中国・アジア・世界全体との歴史的関連及び発展プロセスを深く思考することを目標としたものであるとの見解も有していた。この教科書では、紙幅と授業時間の関係で、重要な歴史的事件のみを扱い、第一に台湾史の全体像とそれぞれの出来事の因果関係の把握という基礎固めを目指した。これにより、生徒に台湾の史実、現在の台湾や社会の実態、未来への展望について理解させることが第二のねらいであった。これに対し、否定派の大部分は歴史学研究者ではなく、特に台湾史研究者は存在せず、彼らは特定のイデオロギーにそって歴史を解釈し、そして『認識台湾（歴史篇）』の内容を批判していた[28]。研究者らで3か月にわたり争議の内容を分析した結果、それは「中国意識」と「台湾意識」

という民族アイデンティティーの対立構造を成しているとの結論に達した。[(29)] この二者が互いに納得のいく形で合意に達するのは、およそ不可能であることは言うまでもない。実際のところ、教科書編纂時には、バランスの均整をこころがけ、特定のイデオロギーに則った主張をなるべく制御する方針をとっていた。

　編審委員会は、各界が示した意見や批判を一つ一つ検討した。最後に、知識、資料、文字関連の間違いについては修正を行うこととし、政治的イデオロギーを色濃く反映した統一派及び独立派の意見は原則的に考慮に入れないことが決定された。[(30)] つまり、この時点では若干の修正が行われたのみで、政治的立場、イデオロギーの違いによる批判については、これを内容に反映させることを避け、結局は、大体において元々の内容を維持することとなった。

　ここに主な批判意見を挙げ、編審委員会がなぜこれを修正意見として採用しなかったか、説明を加えたい。批判のうち、最も激しかったのは、「抗日史観」に基づき、『認識台湾（歴史篇）』のうち日本統治期の台湾に関する叙述は、「台湾総督府の観点を反映しており、日本植民主義の色彩が濃い」、「日本の植民統治の功績と恩恵に対する宣伝のきらいがある」、「日本による植民統治を美化している」といったものであった。例えば、ある批判意見は、1945年4月17日、謝南光が重慶の国際ラジオ局を通じて発表した「用血汗洗刷馬関条約的恥辱（訳：下関条約の恥辱を血と汗で洗い流す）」という演説の一部分を引用して「（台湾の武装抗日運動を取り上げ、）この50年のうち虐殺された戦士と民衆は65万人を超えている[(31)]」と述べた。さらに、台湾民主国において戦死者14,000人、並びに統治初期の義勇ゲリラのうち10,000人程が統治者によって殺害されたという『認識台湾（歴史篇）』の叙述を批判した。それは、「編纂者は、日本の軍国主義に傾倒し、日本が台湾人を虐殺した罪を隠ぺい・過小評価している」との意見であった。

　この質疑が編審委員会で採用されなかった理由は、批判者が引用した演説が戦時中にラジオで発表されていたことにある。このような文脈におけるラジオ放送は、敵国日本との戦争へと煽る必要があるため、内容は極めて特殊な任務や性質を帯びる。こうした状況下における演説内容は、敵国日本が如

何に残酷かを強調し、そのことで聴衆の日本に対する怒りや一致団結してこの敵を打倒するという感情を煽ることが最重要目的となりうる。また、上の引用文では日本統治50年間での虐殺が65万人にわたると述べており、統治初期のそれを述べているわけではない。さらに、上の批判意見では、1937年、日中戦争勃発以来、強制的に前線に送り込まれて犠牲になった台湾人の兵士は70万人にも及び、この間学校は全て閉鎖となり、空襲によって12都市で台湾人10万人が犠牲になったと述べた。しかし、管見の限りこのような史実は確認できない。『認識台湾（歴史篇）』は学術研究の成果を根拠に執筆する方針を採っていたため、編審委員会ではこれらの意見を参考にせず、元の内容を維持することが決議された。

　第二に、大部分の批判は内容が史実と合うかどうかではなく、内容の適切さを問うものであったからだ。例えば、「政治と社会統制」の節に対し、「このような内容では、生徒に異民族統治の辛さや問題を理解させられず、むしろ日本の植民統治を称賛して」おり、「台湾をモノとみなした日本の植民統治政策についての叙述を、愛国愛郷精神の拠り所たるべき台湾の郷土教科書の中に編み込んだ」との意見があった。また、「植民地経済の発展」の節について、「教科書本文は台湾人を主体とした内容ではなく、台湾の稲作及び糖業発展の主因が日本の植民統治であるとみなしている。つまり、それを日本人の貢献だと肯定的に捉え、日本の台湾に対する搾取の事実を隠ぺいしている」との批判もあった。

　さらに、「日本統治期の学術教育及び社会」の章については、「日本が台湾で展開した植民地教育を褒め称えるものであり、他方、同時期に民間が苦労してその保護に努めた漢族文化（中華文化）に関する教育を全く取り上げていない」、「日本統治期の社会変遷として、人口の激増、解纏足・断髪の普及、時間厳守の広まり、近代的衛生観念の芽生えなどを褒めそやしている。これは日本の植民統治を肯定・感謝するものであり、戦前の、矢内原忠雄や山川均による台湾植民統治論と相容れないだけではなく、戦後の日本人研究者による議論とも合わない」という批判が見られた。

　この他、『認識台湾（歴史篇）』は「なぜ日本統治期の"台湾の同胞"と中国との関係に全く触れていないのか？」、「なぜ日本統治期に"台湾の同胞"

第一部　歴史教育と歴史認識　21

が数々の差別待遇に遭ったことや、日本の植民統治が台湾に残した傷跡について触れないのか？」、「なぜ従軍慰安婦を取り上げないのか？」などの質疑もあった(32)。

　以上は、「言いがかり」、「切り取り批判」レベルの主張であり、発言者が自らの主観、あるいは強烈な民族主義的イデオロギーに則って、はなから否定的な態度で日本統治期の台湾史を見ているために湧いてくる疑問である。その背景として、戦後の中華民国政府の政策との関連が指摘できる。戦後初期、強い民族主義的感情のもと、政府は日本統治期に台湾総督府が行った数々の施策を全面的に否定した。そして、積極的に「去日本化」、「就中国化」（訳：日本式を排除し、中国式を定着させる）政策を推進した。この強い民族主義的政策と戒厳令体制のもと、台湾の国民中学における歴史教育では、長期にわたり、日本統治期の台湾史については極めて限られた紹介しかしておらず、始終台湾人の抗日運動ばかりを強調し、そのことで日本を憎むような民族感情を煽っていた。日本統治期の各方面の重要な変遷についてはほとんど教育・学習の空白地帯とも言える状況で、それにより台湾の人々の歴史認識を断片的なものにさせ、また、歴史の流れに空白をもたらし、また知識の不足を生じさせることとなり、さらには、台湾の近代以来の歴史発展プロセスや社会変遷の実態を適切に捉えることを困難にさせていた。結果として、多くの人にとって実証的、理性的な態度で日本統治期の歴史を理解することは不可能とも言える状況になっていた。

　実際には、日本統治期の台湾では、経済・社会・文化に大きな変化が起こり、それは戦後の台湾の半世紀にわたる各方面の発展にも直接影響していた。1952年、アメリカの研究者J. W. Ballantineが評価したところによれば、日本による台湾統治には、良い面も悪い面もあったが、その主たる目的は、台湾を開発して日本帝国の富の源を増やすこと、並びに南方拡張の基地とすることにあったという。公権力と民間の努力によって生まれた富は台湾の人々にも行き渡り、その結果、台湾人の生活水準は同時期の中国大陸のそれを明らかに超えていた。一方、統治者が行った同化政策の効果は思わしくなく、また、台湾の人々は文化面でも、政治面でも、自己実現の機会を欠いていた。しかし、台湾人は中国の政治的社会的動乱の余波を受けなかったため、ある

面では、中国大陸よりも進歩的であったと言える。1966年、アメリカの研究者W. G .Goddardは日本が台湾の植民統治において行った差別待遇、重い課税、統治者と被統治者を厳然と分けたことなどを批判した。同時に、この時期における台湾が顕著な経済発展を遂げたことで、アジアで最も進歩的な地域の一つになったと指摘した。

　社会学者陳紹馨は、台湾は日本の植民統治を経て、過渡的な近代的植民地社会へと変貌を遂げたと述べた。それはつまり、同化の性質を帯びた近代的社会で、その主たる特徴は、統治者と被統治者が厳然と分けられていたこと、高い人口成長率、伝統的社会（Folk society）の崩壊、封建的家族の解体、都市化、台湾社会における階級間の平等化、近代的民間団体の勃興、専業化的傾向などである。1970年代アメリカの研究者Ramon H.Myersは、清朝末期と日本統治期の台湾における社会経済の変遷を論じた。それは、近代化論としての考察であったが、清末期の台湾における商業や対外貿易の発達、並びに、台湾総督府が効率よく資本や技術を導入した事が、台湾経済の近代化を促進したと指摘している。

　1970年代中期以降、台湾では次第に民主化・本土化運動が発展し、これに伴い台湾社会を主体とした台湾研究が次々に発表され、客観的な態度で、地に足をつけ、日本統治期について考察する機運が生まれた。1970年代以来、多くの研究者は、台湾は日本統治下において植民地化と近代化の二重の歴史を歩んだと考えている。1980年代初期、所謂「台湾近代化論争」が起こり、台湾における近代化の出発点は清期末期か、あるいは日本統治期かという論争がなされたが、日本統治期は近代化の過程であったという点については、すでに異論はなかった。課題として残されたのは、この近代化の過程における、植民統治者と台湾社会それぞれの役割についての考察であった。

　このような視座から筆者が発表した、日本統治期台湾社会エリート階層の研究において明らかにしたのは以下の事である。つまり、台湾総督府は「近代化」の性質を帯びた同化政策によって台湾社会を変えようと意図しており、具体的には、「新文明」と日本としての国民精神を植え付けようとした。（国民精神の植え付けは、つまり新しい日本人として台湾人を同化することである。）それに対し、台湾社会は、長期にわたって、ある程度自主的に「同化」

第一部　歴史教育と歴史認識　23

と「近代化」の中で取捨選択を行っており、「近代」的なものを受け入れ、「同化」的なものを拒否した[37]。

　ここで社会変遷を例として説明すると、日本統治期台湾社会における解纏足と断髪の普及、時間厳守の習慣化、法令遵守観念の成立、近代的衛生観念の定着は、全て台湾社会が自らそのように選択し、変化に向けて努力してきた結果である。筆者の考察から、台湾総督府は社会運動を通じて台湾人の纏足や辮髪などの古い習慣をやめさせようとしており、そのこと自体を、台湾社会の同化の第一歩と考えていた。しかしながら、台湾人にとって、解纏足と断髪に対する宣伝、指導そして支持は、すなわち、時流に対する認識及び新文明の追求に基づいたもので、日本に同化することが目的だとは必ずしも言えなかった。つまり台湾人は、解纏足と断髪を近代化的変革だとみなしていたのである[38]。時間厳守の広まりについて、ある研究者は、台湾総督府が七曜制と近代的標準時間制度を導入したこととも関係はあるが、台湾社会がこれに適応し、知らず知らずのうちに正確な時間を生活の規範としたからこそ、時間厳守が台湾社会における常識となったのだと指摘した[39]。

　法令遵守定着について言えば、ある研究者は、日本統治期の台湾人がこのような観念を身につけたのは、当初は日本の公的権力に抵抗する術が無かったからで、のちには、日本が形成した近代的法律体系と信頼度の高い司法制度が台湾人自身にとっても利益があることを知り、結果として西洋式の法律及び司法制度が台湾社会に受容されるに至ったと結論づけた[40]。すなわち、これは、台湾総督府による厳密な社会統制及び近代西洋式法制度下での、台湾社会側の適応そして調整の結果としての現象だと言える。

　また、台湾は従来から伝染病及び風土病の発生地・流行地として知られていた関係上、日本が台湾に近代的衛生観念を根付かせることができるか否かは、植民統治における高いハードルのひとつとして見なされたようだ。しかし、台湾総督府は、植民統治の基礎固めをするため、あるいは、植民地経済の発展のため、積極的に近代的公衆衛生制度、医療制度を形成せざるを得なくなった。その結果、ペスト、マラリア、コレラ、天然痘、腸チフスなどの疾病を制御することに成功し、死亡率は大幅に下がり、台湾の人口を増加率の高い状態で維持させ、台湾人の医療衛生観念と衛生習慣を変える事もできた[41]。

24

つまり、多くの実証的歴史学研究が、日本統治期における台湾人が統治者による「同化」措置に抵抗し、自ら積極的に「近代化」を受け入れ、それによって台湾社会の近代化が促進されたことを証明している。

　『認識台湾（歴史篇）』は日本統治期の風俗習慣の変革の部分で上記の先行研究を引用した。それは、台湾を主体とする観点から、台湾社会に近代性を受容できる潜在力があり、自主的に近代化を受け入れる態度で努力を続けたから変化できたのであって、日本の植民統治がもたらした近代化を肯定したからではない、という点を強調したかったためである。およそ当時の日本もまた西洋伝来の近代文明を吸収している最中であり、台湾社会にとっては、日本は「媒介者」に過ぎず、近代化成功のカギは、第一に、台湾の人々が新しい事物を受容する力や取捨選択能力を備えているか、第二に、彼らが変革へ向け意識的かつ継続的に努力できるかどうかにあった。

　『認識台湾（歴史篇）』編纂の際、編審委員会は特に史実第一主義を掲げ、実証的、理性的な態度で日本統治期の台湾史の流れを叙述し、台湾（人）にとっての歴史的意義に関する若干の考察をも加えた。そのことで、読者が日本統治期の歴史について客観的且つ史実と合致した認識を持ち、当時の歴史経験から教訓を得られることを期待した。教科書の内容は全て学術研究の成果を根拠としており、編審委員会内での合意を経て初めて確定したものである。それ故、編審委員会はイデオロギー上の言い争いについては取り合わないこととし、もとの内容を維持するという議決に至ったのである。

（4）教科書『認識台湾（歴史篇）』の使用

　1997年9月、『認識台湾（歴史篇）』は大多数の民衆の支持のもと、予定通りに国民中学にて試験的に使用されることとなった。統一派の人々は、「台湾史研究会」の名義でそれまでの批判的意見を編集して『「認識台湾」教科書参考資料』を出版し、広く配布・販売した。これは、国民中学教員の認識と態度の変更を狙ったものであった。[42] 1年の試用期間中、教員、生徒、また保護者からも、大きな問題点や質疑は示されなかったが、内容をもう少し簡略化し、学習の負担を軽減したほうがよいのではないかという意見はあった。このため翌（1998）年8月に出版された「正式版」では、この意見を参

考に、教科書のうちテストの範囲に含めない内容については本文ページに色を付けて他の部分と区別するという印刷上の処置を施した。例えば、日本統治期の2章6節中、霧社事件、地方制度、保甲制度、学術研究、衛生習慣等5段落のうち、計365文字については、この処置により使用者に対してこれが二次的な内容であることが示された[43]。全体的に言って、若干の修正以外、「正式版」は「試用版」の原型をとどめた。この「正式版」は、2002年の教科書検定制開始まで正式な教科書として使用され続けた。この期間、終始批判や修正要求はほぼ聞かれなかった。つまり、この教科書における日本統治期の歴史の執筆において、実証的研究成果を根拠としたのは適切であったと証明されたことになる。

2．科目「認識台湾」実施が中等歴史教育に与えた影響

(1) 新カリキュラム「9年一貫」における国民中学歴史教育の変革

　1994年、「国民中学課程標準」を施行すると同時に、台湾の各分野における発展の需要と社会一般の期待を反映し、行政院は教育改革を構想し、1996年「教育改革総諮議報告書」（訳：教育改革諮問報告書）を提出し、「開放」、「一貫」、「統合」を教育改革の目標とした。1997年4月、教育部は「国民中小学課程発展専案小組」を組織、新カリキュラム「9年一貫」構想の具体化に入った。1998年10月には「国民中小学9年一貫課程綱要総綱」を公示、生徒が自身、地域社会、台湾に対する理解とアイデンティティーを深めること、他民族と他文化を尊重すること、台湾アイデンティティーと国際的視野を持ち合わせた現代的な市民となることなどをカリキュラムの基本理念及び目標として掲げた。青少年教育は国民教育のプロセスと位置づけ、この時点では生徒を主体とし、現代的な市民に必要な基本能力を養うことを強調した。カリキュラムは、言語、健康と体育、社会、芸術と人文、数学、自然と生活科学技術、及び総合活動等7つの学習領域に類別された[44]。2000年には従来の「国民中小学課程標準」にとってかわり「国民中小学9年一貫課程暫行綱要」（訳：小中学9年一貫カリキュラム暫定綱要）が公示された。2001年度から、国民小学1年生から新カリキュラムが実施され始め、翌年度からは国小2、4年

生と中学校１年生（７年生）にこれを適用することとした。2003年には、正式な「国民中小学９年一貫課程綱要」（訳：小中学９年一貫カリキュラム綱要）を公示し、2005年から国民小中学の全学年にて新カリキュラムを実施することとなった。

　９年一貫カリキュラムの実施は台湾の青少年教育に革命的変化をもたらした。新カリキュラムは「ゆとり」、「柔軟性」、「自主性」、「統合性」、「多様性」などの特色が強調され、従来の「科目」は「学習領域」とされ、社会学習領域には歴史文化、地理環境、社会制度、道徳規範、政治発展、経済活動、コミュニケーション、市民の責任、本土教育、生活応用、環境愛護と実践等の学習単元が盛り込まれた。これはつまり、従来の歴史、地理、公民と道徳における内容である。以上の学習領域は４段階に分けられ、第１段階は（国民小学）１〜２年生、第２段階は（国民小学）３〜４年生、第３段階は（国民小学）５〜６年生、第４段階は７〜９年生（従来の国民中学１〜３年生）とし、第４段階における達成目標のうち「人間と時間」の領域では台湾に軸足をおき、中国、アジア、世界の歴史発展を理解し、生徒に台湾、中国、世界の歴史における思想、文化、社会制度、経済活動、政治の発展を理解させることとした。この台湾史→中国史→世界史という広がりを持たせた歴史学習プロセスは当時専門家が提唱していた「同心円モデル」の歴史科カリキュラムの構造で、台湾を中心に、層をなして拡大しつつ、中国、アジア、そして世界を理解するという手順を踏むものであった。同時に、台湾史の学習は、特殊科目「認識台湾（歴史篇）」でなく、正式に社会学習領域における歴史の一部に組み入れられることとなった。授業時間については、台湾史、中国史、世界史が７〜９年生に配分され、それぞれ毎週１コマとされた。

　「９年一貫課程綱要」では、国民中学用の教科書は従来のように国立編訳館編纂版に限定するのではなく、１つのカリキュラムで多くの教科書を許可する方針を採った。カリキュラムでは基本的な内容を提示し、教科書の編纂、教育現場、進学時の学力テストなどの指標となした。教科書編纂は民間の出版社に委ねられ、政府が示した学力指標、基本内容に沿って編集し、国立編訳館は審査機関の役割を担った。2002年９月から、国民中学用の教科書は全面的に検定制を導入した。７年生（従来の国民中学１年生）の社会領域の単

第一部　歴史教育と歴史認識　27

元「人と時間」（台湾史）の基本内容の大綱は、1.「先史時代の文化と先住民」：先史文化の特色、先住民の経済活動と社会生活、2.「海洋覇権競争の時期」：海洋覇権時代の到来とオランダ統治、鄭氏による台湾経営、3.「清朝における台湾」：政治の発展と変遷、経済と社会文化の変遷、開港通商と台湾近代化の措置、4.「日本統治期の台湾」：植民統治体系の形成、政治社会運動、インフラ建設、社会と文化の変遷、5.「戦後の台湾」：二二八事件、戒厳令体制の成立、民主化の過程、工業化社会の形成、国際関係の変遷、などを理解することと定められた。[47]「9年一貫課程綱要」における台湾史の基本内容は完全に『認識台湾（歴史篇）』の内容と一致している。つまり、新カリキュラムでは、かつて台湾史の専門家による詳細な考慮と検討に基づいて作成された『認識台湾（歴史篇）』と価値観を共有し、それを台湾史教材作成のための重要な指標としていたことが分かる。

　教科書の執筆について、ある研究者は南一書局（以下「南一版」）、康軒文教事業会社（以下「康軒版」）、翰林出版社（以下「翰林版」）、仁林出版社（以下「仁林版」）等審査を通った4冊の教科書と『認識台湾（歴史篇）』を比較した結果、これらは基本的に全て『認識台湾（歴史篇）』を踏襲しており、ただ内容をより豊富にし、文章の注釈を増やして生徒が読みやすくし、他方、生徒の教室以外での学びを推奨するため、旧跡見学や参考図書の情報をふんだんに盛り込んだ点に特色があると指摘した。[48]別の研究者は、「南一版」、「康軒版」、「翰林版」と『認識台湾（歴史篇）』を比較した結果明確な差異は確認できず、ただ、台湾史研究の成果が多くでてきたことや、出版社が市場を考慮した結果、これら審査通過の教科書の内容は『認識台湾（歴史篇）』に若干の調整を加えた形であると指摘した。例えば、先住民に関する内容は明らかに増加し、もとの9.44％から12.31％となった。国際理解関連の内容についても、台湾アイデンティティー、多文化理解、グローバリズム、人権の尊重と平等の精神などいずれも増加した。[49]日本統治期に関する内容は概ね『認識台湾（歴史篇）』の叙述のままであり、若干の史実を加えたのみであった。例えば「康軒版」では「新文化運動の発展」を増補している。[50]以上から、新制度における教科書編纂の態度や方法は『認識台湾（歴史篇）』のそれと一致していたことがわかる。つまり、史実を尊重し、実証的かつ理性的な態

度で日本統治期の史実を述べ、台湾を主体とした立場から歴史的意義を明らかにすることが目指された。

研究者は、教科書『認識台湾（歴史篇）』について、台湾史の基本構造を示した点、台湾・中国のルーツをめぐる論争から距離を置いた点、台湾における政権の歴史的文脈を整理した点、エスニックグループの関係を明らかにした点などから、極めて高い専門性と権威性を認め、新制度においてもこの路線を覆すことが困難だったのだろうと指摘している。[51]

（2）科目「認識台湾」実施後における高級中学（高等学校）歴史科の変革

戦後、1987年に戒厳令が解かれるまでの間、台湾の高級中学のカリキュラムは4度改正された。しかし、「中華化」を強化するという基本方針は変わらず、歴史教育の目標は中華民族の栄光の歴史を称え、民族意識やアイデンティティー強化を図ることであった。他方、台湾史は軽視されてきた。1970年、中華民国が国際連合を脱退したあと、台湾の国際的地位は低下し、政府は台湾文化や歴史の源流を強調する教育を実施することにより民族意識の強化を狙った。この時教科書における台湾史の比重は若干増加したが、全体から言うとやはり記述は少なかった。戒厳令が解かれると、民主化、本土化の進展により、世論は再三にわたって台湾史の教育を重視すべきだと訴え続けた。[52] しかしながら、1995年10月に教育部が公示した「高級中学課程標準」において、歴史科は従来通り中国史・世界史の2本立て構造を維持していた。台湾史は、明末から清のはじめ、日清戦争、台湾における中華民国の3つの時期においてのみ独立した章の形を採っていた。全体の比重をみれば、中国史は19章分であったのに対し、台湾史は4章分のみで、内容が少ないだけでなく、台湾の主体性を欠いた叙述方法となっていた。[53] 教材綱要中、台湾史は、第12章「台湾の開発と経営」：1.移住、開墾及び開発、2.政治の変遷、3.社会生活、第14章「台湾省の設置と下関条約による台湾割譲」：1.省設置前後の建設状況、2.下関条約による台湾割譲と台湾人の抵抗、3.日本植民統治に対する抵抗と適応、第18章「『台湾経験』の形成」：1.台湾の「戦後」のはじまりと中華民国政権、2.民主憲政の発展、3.経済発展の成功、第19章「台湾の社会及び文化の変遷」：1.教育の推進、2.社会の変遷、3.文化面の進歩、4.未

来の展望、などの部分にまとめられた[54]。これらは、中国史の文脈の中で特定のテーマに限定して語られた台湾近現代史であった。

1997年6月、教育部は上述の「高級中学課程標準」は1999年から施行されると公示し、教科書は全面的に民間出版社の編纂を許可し、それらを国立編訳館が審査することとした[55]。検定版の内容について、ある研究者が計6種を比較したところ、台湾史の部分は明確な歴史区分がなく、章の名称もまだ中国史の枠組みを脱却しきれていなかった。そして、台湾を主体とした叙述とは言い切れず、日本統治期の紙幅も相対的に少なかった[56]。つまり、検定版の内容は多様になったが、台湾史はやはり中国史の一部分に過ぎなかったのであった。

2000年、教育部は「国民中小学9年一貫課程暫行綱要」（訳：小中学9年一貫カリキュラム暫定綱要）を公示し、国民小学と国民中学が9年の一貫教育となった。その結果、国民中学から高級中学へのつながりが重要な課題となった。この「9年一貫」の新しい課程標準に対応し、さらに高級中学における不足を補うため、2001年4月、教育部は高級中学課程標準の改定を行った。専門家の議論や各界からの意見を参考に、2005年1月、「普通高級中学課程暫行綱要」（訳：普通高級中学カリキュラム暫定綱要）を公示し、歴史科は台湾史、中国史、世界史の3本立て構造とし、高級中学1～2年の間は毎学期2単位、毎週2コマずつの授業とし、1年生の前期は台湾史、後期は中国史、2年生では1年間をかけて世界史を教えることとした。そして、教材の編纂に際しては近現代史重視の方針を確立した。台湾史の教材綱要の単元と主題は以下の通り：一.近代以前の台湾：1.台湾の先住民、2.オランダ・スペイン・明朝鄭成功の時期、二.清朝長期政権：1.政治経済の発展、2.社会文化の変遷、3.外来勢力の衝撃と近代化、三.日本統治期：1.植民統治前期の特色、2.社会と文化の変遷、3.戦争期の台湾社会、四.現代の台湾と世界：1.政治――戒厳令実施から解除まで、2.経済――成長と挑戦、3.社会――変遷と多様性、4.グローバル体制下の台湾[57]。以上からわかるように、この時から、高級中学の歴史科のカリキュラムは本質的に変化し、台湾史が正式な科目となり、教材綱要は台湾を主体とし、台湾の歴史発展の過程を完全に再構築した内容となっていた。つまり、台湾の歴史教育にとって極めて画期的な段階

を迎えたということができる。

　検定版教科書は 8 種に達したが、[58]ある研究者は、2005年の新カリキュラムに拠り編まれた台湾史の教科書は、現代に近い時期をより重視する特色を帯びつつ、生徒が先史時代から現代に至るまでの歴史を網羅的、体系的に把握でき、他方、台湾の主体性を具体的に理解できると指摘している。[59]別の研究者は、このうち、龍騰、三民、康熙の出版社の教科書を比較検討し、全ての内容が『認識台湾（歴史篇）』と類似していることを指摘しており、特に日本統治期については最も類似性が高かった。これらは当然、学術研究の結果を踏まえて編纂したもので、このうち三民、龍騰は史実の解釈が比較的一致しており、歴史学界の動向を忠実に反映することに成功していた。[60]

　以上からわかるのは、教科書が民間の出版社の編纂となってから、国民中学か高級中学を問わず、台湾史の教科書の編纂に際し、史実を重視する方針や、実証的・理性的な態度が維持されており、学術研究の成果を根拠に内容を編纂していたことである。教科書における日本統治期の内容は『認識台湾（歴史篇）』と内容上の重なりが多いのはこうした編纂態度によるものであり、しかも、『認識台湾（歴史篇）』編成当初のような論争も起きなかった。

　その背景を考察するに、1990年代の台湾における政治的民主化が加速度的に発展し、台湾社会にも日増しに開放的な空気が溢れ、過去における学術界のタブーが次第に解かれたことが挙げられよう。結果、学術界において台湾史研究が盛んになり、特に日本統治期の研究は多くの研究者が注目し分析考察にかかわる分野となり、政治、経済、社会、教育、文化に至る様々な面で、多くの新テーマを扱う論著が生まれた。これらは少なからず学術界に一石を投じるものであった。[61]加えて、台湾総督府文書をはじめ、日本統治期の公的資料・私文書等の史料がデジタル化され、日記、書簡、会社等の資料が次々に利用可能になったことが、研究の発展にとって極めて強い追い風となった。多くの研究テーマは発展性を帯びており、大量に一次史料を発掘・利用し、社会科学の理論と概念をも運用した研究が次々に発表された。これらの特徴は、台湾を主体とし、従来から存在していた統治者側からの観点と論述を再検討し、台湾人の役割や態度を重視して実証的に論述を行ったことにある。また、イデオロギーありきではなく、史実の再構築とその歴史的意義の考察

第一部　歴史教育と歴史認識　31

に力点を置く研究成果が多く蓄積され始めたことも評価できる点である。この20年余りの研究成果からは、日本統治期の台湾が特殊な近代化を経験していたことが明らかになった。植民統治下の近代化とは、多面性、重層性を帯び、圧縮された時間の流れを内包している点が特徴として指摘されているが、これが所謂「植民地近代性」と呼ばれるものである。[62]

　つまり、日本統治期の公的資料・私文書の発掘と利用開始、並びに学術研究成果が増加し続けたことに伴い、日本統治期の台湾史を更に客観的かつ実証的に理解できるようになった。『認識台湾（歴史篇）』に立ち戻って考えてみると、史実第一主義を貫き、学術研究成果を根拠として執筆を行うという当初の原則は間違っておらず、新しい資料と研究成果が、教科書の内容の正確さを証明し、また、それを更に補う役割を果たしている。

おわりに

　以上を総括するならば、1994年に「認識台湾」が国民中学の科目となってから、台湾を主体とした歴史教科書が登場し、主体性を中国に求めるか或いは台湾に求めるかの論争が起こった。論争が生じたにもかかわらず、台湾史の教育は第一歩を踏み出し、当時の台湾社会状況、時代の文脈、そして国際的な潮流と歩調を合わせるように、台湾の中等教育では台湾に主体性を求めた歴史教育が次第に形成されていった。その後、9年一貫新カリキュラム、高級中学カリキュラム暫定綱要において、台湾史は正式な科目となり、歴史教育の目標は史実の学習にとどまらず、生徒の思考能力を向上させることや、自身の文化的ルーツを理解することから始め、世界のほかの文化への想像力を養い、最終目標として生徒が適切な「世界史観」を形成することを狙うものとなった。この時点で、国民中学における歴史教育は極めて画期的な段階を迎えたといえる。ある研究者は、本土化意識の高まりの中、「認識台湾」が、新たな政治・社会的色彩を帯びた科目として登場したことを、注目に値する現象として取り上げ、「認識台湾」は新しい政治イデオロギーによって形成され、台湾アイデンティティーを反映させた結果、新しい知識体系・価値観・世界観を打ち出すことになったと指摘した。[63]この意見への補足として、こ

のような政策の転換とその展開は、戒厳令解除後の台湾社会における民主化を求めるムードと実証的歴史学研究の蓄積がなければ到底実現しなかったものである点は強調しなくてはならない。

　歴史教育の目的は国家、社会の過去からの歩みを国民に適切に理解させ、そのことで人々の間に共通認識を生み、自信に繋げ、ついには国民のアイデンティティーや国民意識の形成を目指す事にある。「認識台湾（歴史篇）」という科目の課程標準はまさにそのことを踏まえて設計され、そして教科書が編纂された。これに携わった者に、慎重な態度で臨まない者はいなかった。教科書の編纂においては、自分の考えにとらわれず、十分な議論とコミュニケーションを重ね、皆が受け入れることのできる綱要を作成した。その中では、歴史全体像の再構築、実証性・客観性の重視をこの教科書の規範及び共通認識とした。編纂された教科書は、この共通認識を十分に反映するもので、さらに、簡潔・具体的に叙述し、生徒の理解を促すものになった。内容については史実第一主義とし、特定の政治的立場やイデオロギー色を強調することは避けた。それ故、その内容が必ずしも特定の主義主張に合致するものでなくても良くなったが、それは極めて理にかなった結果であろう。

　この教科書は史実を尊重しており、かつ理性的態度で日本統治期に台湾人が経験した特殊な歴史を叙述した。それにより、これまでの台湾人の日本統治期に対する理解の不足や偏重をただした。実証的研究成果を利用し、日本統治期の台湾人が植民統治における同化の圧力に抵抗しながら、他方では統治者が導入した近代的事物のうち需要に合うもののみを自主的、積極的に吸収したことを説明した。その目的は、当時の台湾人の適応能力や取捨選択能力を示すことにあり、決して、日本の統治や、それが台湾の近代化に貢献したことを称賛するものではない。当然、日本びいきでも、日本の統治を美化するものでもない。結局のところ、外来者による統治は、台湾人に歓迎も受容もされなかったのである。

　教科書『認識台湾（歴史篇）』の使用開始以来、その内容は、普遍的に台湾社会に受け入れられ、支持された。これは台湾人が自らの歩んだ特殊な歴史経験に大きな自信を持ったことを示している。その後、日本統治期の公的資料・私文書の発掘と利用開始、並びに学術研究成果が増加し続けたことで、

第一部　歴史教育と歴史認識　33

『認識台湾（歴史篇）』において確立した、史実第一主義の貫徹、研究成果を根拠として執筆するという原則は間違っていなかったことを再度証明した。

9年一貫新カリキュラムの施行、高級中学カリキュラム暫定綱要の公示により、国民中学・高級中学用の教科書は全面的に検定制を導入したが、その際に各社から出版された複数の教科書の内容は、基本的に『認識台湾（歴史篇）』の内容を踏襲していた。これは、台湾史教材の叙述方法に対し、明確な共通認識が形成されたことを示す。『認識台湾（歴史篇）』の登場以来、台湾人は、強い政治的イデオロギーから離れ、台湾の歴史を実証的に理解しようとする姿勢を身につけてきたのだ。

［注］
(1) 「国民中学」は日本の中学校に、「課程標準」は日本の「学習指導要領」に相当する。なお、本論で用いる「国民小学」、「高級中学」はそれぞれ、日本の「小学校」、「高等学校」に相当する。
(2) 「教育部」は台湾における中央行政機関で教育部門をつかさどる。「研訂小組」はワーキンググループのこと。
(3) 黄秀政「国民中学『認識台湾（歴史篇）』科的課程研討与教材編写」、『国立編訳館通訊』第9巻第2期、1996年4月、11頁。
(4) 同上、13頁。
(5) 呂実強「国中新課程─「認識台湾（歴史篇）」科設立的経過与教材教学有関的幾項問題」、同上、19頁。
(6) 前掲黄秀政論文、13頁。また、黄氏は、この授業の特色として、1.郷土への関心を確かなものにする、2.国際的視野を培う、3.台湾の歴史的発展について客観中立的立場で説明する、の3点を挙げた。
(7) 当時の国立編訳館は、教育部管轄の教材編纂或いは翻訳の所轄機関であった。
(8) 教育部国民中学課程標準編輯審査小組編『国民中学課程標準』、台北、同部、1995年、150－151頁。
(9) 呉文星「国民中学『認識台湾（歴史篇）』科教材編写的構想与特色」、『人文及社会学科教学通訊』第7巻第5期、1997年2月、38－41頁を参照。
(10) 張勝彦「国中『認識台湾』歴史篇教材綱要之研訂与編写」、「同上」35頁を参照。
(11) 国立編訳館編『認識台湾（歴史篇）』、台北、同館、1997年8月を参照。
(12) 以下を参照。黄昭堂『台湾民主国の研究 ─ 台湾独立運動史の一段章』、東京、東京大学出版会、1970年。黄秀政『台湾割譲与乙未抗日運動』、台北、台湾商務印書館、1992年。
(13) 翁佳音『台湾武装抗日史研究（1895－1902）』、台北、国立台湾大学、1986年を参照。

(14) 藤井志津枝「1930年台湾霧社事件之探討」、『台湾風物』第34巻第 2 期、1984年
　　 4 月、61－83頁を参照。

(15) 黄昭堂『台湾総督府』、東京、教育社、1981年を参照。

(16) Chen Ching-chih, Policy and Community Control Systems in the Empire, In
　　 Ramon H. Myers and Mark R. Peattie, eds., *The Japanese Colonial Empire*,
　　 1895-1945,Princeton University Press, 1984, pp.213－239.

(17) 周婉窈「従比較的観点看台湾与韓国的皇民化運動」、『新史学』第 5 巻第 2 期、
　　 1994年 6 月、117－158頁。

(18) 以下を参照。矢内原忠雄『帝国主義下の台湾』、東京、岩波書店、1929年。周憲
　　 文『日拠時代台湾経済史』第 1 、 2 集、台北、台湾銀行経済研究室、1958年。
　　 張漢裕「日拠時代台湾経済的演変」、『経済発展与農利経済：張漢裕博士論文集』
　　 所収、台北、張漢裕博士論文集編輯委員会、1974年、395－500頁。張宗漢『光
　　 復前台湾之工業化』、台北、聯経出版公司、1980年。涂照彦『日本帝国主義下の
　　 台湾』、東京、東京大学出版会、1975年を参照。

(19) 呉文星「日拠時期台湾総督府推広日語運動初探」、『東海歴史学報』（台湾開発史
　　 研討会専輯）第7期、1985年、77－122頁を参照。

(20) 呉文星「日拠時期台湾的教育与社会領導階層之塑造」、『台湾師大歴史学報』第
　　 10期、1983年、367－404頁を参照。

(21) 呉文星「日拠時期台湾的高等教育」、『中国歴史学会史学集刊』第25期、1993年、
　　 143－157頁を参照。

(22) 以下を参照。陳正祥・段紀憲「台湾之人口」、『台湾銀行季刊』第 4 巻第 1 期、
　　 1951年、39－120頁。陳紹馨『台湾的人口変遷与社会変遷』、台北、聯経出版公司、
　　 1979年。

(23) 呉文星「日拠時期台湾的放足断髪運動」、『中研院民族所専刊乙種之16－台湾社
　　 会与文化変遷研討会論文集』所収、台北、中央研究院民族学研究所、1986年、
　　 69－108頁を参照。

(24) 呂紹理「水螺響起：日治時期台湾社会的生活作息」、国立政治大学歴史学系博士
　　 論文、1995年 6 月を参照。本論文はのちの1998年、同書名にて遠流出版公司よ
　　 り出版されている。

(25) 以下を参照。范燕秋「日拠前期台湾之公共衛生——以防疫為中心之研究」、国立
　　 台湾師範大学歴史研究所碩士論文、1994年。周恵民「日拠時期台湾社会生活的
　　 演変」、『台湾近代史』社会篇所収、南投、台湾省文献委員会、1995年、73－85頁。

(26) 以下を参照。蔡培火等著『台湾民族運動史』、台北、自立晩報社、1970年。呉文
　　 星「日拠時期地方自治改革運動之探討」、『台湾史研究暨史料発掘研討会論文集』
　　 所収、台北、台湾史蹟研究中心、1986年、281－308頁。周婉窈『日拠時代的台
　　 湾議会設置請願運動』、台北、自立晩報社、1989年。簡炯仁『台湾民衆党』、台北、
　　 稲郷出版社、1991年。

(27) 「国中新課程『認識台湾』顛覆大中国観点」、『中国時報』、1997年 6 月 4 日、 3 面。

(28) 教科書に対する肯定・否定意見は、1997年 6 月 4 日～ 6 月15日までの新聞『中
　　 国時報』、『聯合報』、『自由時報』、『自立早報』における報道や投書を参照。

第一部　歴史教育と歴史認識　35

(29) 王甫昌「民族想像、族群意識与歴史 ——『認識台湾』教科書争議風波的内容与脈絡分析」、『台湾史研究』第 8 巻第 2 期、2001年12月、145頁。

(30) 「認識台湾教材修改争議字句」、『聯合晩報』、1997年 6 月24日、 4 面。

(31) 張瑞成編『抗戦時期収復台湾之重要言論』、台北、中国国民党党史委員会、1990年、235頁。（初出は『台湾民声報』半月刊第 2 期、1945年 5 月 1 日）。

(32) 「有関国中認識台湾（歴史篇）教科書各界意見彙整」、『国民中学認識台湾（歴史篇）教科用書編審委員会会議議程及資料』（1997年 6 月24日、未刊資料）。

(33) Joseph W. Ballantine, *Formosa : A Problem for United States Foreign Policy*, Washington, D. C. : The Brookings Institution, 1952, pp.47－49.

(34) W. G. Goddard, Formosa : *A Study in Chinese History*, Univ . of Michigan Press, 1966, pp.160－161.

(35) Chen shao-hsing, *Social Change in Taiwan*, studia Taiwanica No.1, Taipei, 1956, pp.1－20. Chen shao-hsing ed., *Formosa*, Stanford Univ. Press, 1956, pp.104－122.

(36) 馬若孟（Ramon H.Myers）著、陳其南・陳秋坤編訳『台湾農村社会経済発展』、台北、牧童出版社、1978年を参照。

(37) 呉文星「日拠時期台湾社会領導階層之研究」、国立台湾師範大学歴史研究所博士論文、1986年を参照。本論文は、のちの1992年、同書名にて正中書局より出版されている。

(38) 呉文星「日拠時期台湾的放足断髪運動」、瞿海源・章英華主編『台湾社会与文化変遷』上冊所収、台北、中央研究院民族学研究所、1996年、69－108頁を参照。

(39) 前掲呂紹理論文を参照。

(40) 王泰升「日治殖民統治下台湾的法律改革」、『台湾法律史的建立』国立台湾大学法学叢書（107）所収、台北、台湾大学法学叢書編輯委員会、1997年、159－182頁を参照。

(41) 前掲范燕秋論文、9－100頁、161－202頁を参照。

(42) 王仲孚・王暁波編『「認識台湾」教科書参考資料』、台北、台湾史研究会、1997年を参照。

(43) 国立編訳館国民中学認識台湾（歴史篇）科教科用書編審委員会編『認識台湾（歴史篇）』、台北、同会、1998年 8 月、61、62、65、75、76、80頁を参照。

(44) 教育部編『国民中小学 9 年一貫課程綱要』、台北、同部、2003年、3－5頁を参照。

(45) 教育部編『国民中小学 9 年一貫課程綱要 ― 社会領域学習』、台北、同部、2003年、22－23頁を参照。

(46) 杜正勝「一個新史観的誕生」、『当代』第120期、1997年 8 月、21頁。

(47) 教育部編『国民中小学 9 年一貫課程綱要 ― 社会領域学習』、35－42頁を参照。

(48) 張淑玲「『歴史月刊』与国中歴史教学 ― 以台湾史教材為中心」、国立台湾師範大学歴史学系碩士論文、2004年 7 月、66、98－108頁を参照。

(49) 以下を参照。張順妹「国（初）中歴史教科書中台湾原住民教材研究（1952－2007）」、国立台湾師範大学歴史学系碩士論文、2009年 7 月、101－141頁。朱靖瑜「国中台湾史教科書中的国際理解概念分析」、国立台湾師範大学歴史学系碩士

論文、2010年7月、63－150頁参照。

(50) 以下を参照。『国民中学社会』1下、新北、康軒文教事業公司、2004年、64－91頁。『国民中学社会』第2冊、台南、南一書局、2004年、6－25頁。『国民中学社会』1下、台南、翰林出版公司、2008年、70－89頁。

(51) 林以婕「国家権力、知識結構教育体系 ― 国中歴史教科書之台湾書写研究」、国立高雄師範大学台湾歴史文化及語言研究所碩士論文、2017年7月、88－109頁を参照。

(52) 郭淑美「高中歴史教科書研究 ― 以台湾史教材為中心（1948－2006）」、国立台湾師範大学歴史学系碩士論文、2006年6月、18－24頁を参照。

(53) 杜正勝「歴史教育与国家認同 ― 台湾歴史教科書風波的分析」、『台湾心 台湾魂』、高雄、河畔出版社、1998年、149－161頁。

(54) 教育部高級中学課程編輯審査小組編『高級中学課程標準』、台北、同部、1996年、92－97頁。

(55) 黄秀政「高中歴史科教科書的開放与審査」、『人文及社会学科教学通訊』第10巻第5期、2000年2月、7頁。

(56) 前掲郭淑美論文、20頁。ここで比較対象とした6種の版本は、三民版、正中版、南一版、建宏版、康熙版、龍騰版である。

(57) 普通高級中学課程発展委員会編『普通高級中学課程暫行綱要』、台北、同部、2005年、44－49頁。

(58) 8種の教科書の内訳は、三民版、全華版、南一版、東大版、泰宇版、康熙版、翰林版、龍騰版。前掲郭淑美論文、207頁。

(59) 戴宝村「解厳歴史与歴史解厳：高中歴史教科書内容的検視」、『台湾文献』第58巻第4期、2007年12月、424頁。

(60) 施泉楷「高中歴史教科書台湾史教材版本之比較研究」、国立台湾師範大学歴史学系碩士論文、2021年1月、159－162頁を参照。

(61) 林玉茹「日治時期台湾史研究的回顧」、『戦後台湾的歴史学研究（1945－2000）』第7冊台湾史所収、台北、国家科学委員会、2004年、201－288頁。中央研究院台湾史研究所台湾史研究文献類目編輯小組『台湾史研究文献類目』2004－2016年度、台北、同所、2017年。

(62) 若林正丈・呉密察主編『跨界的台湾史研究 ― 与東亜史的交錯』、台北、播種者文化公司、2004年、65－198頁を参照。

(63) 譚光鼎「国家覇権与政治社会化之探討 ― 以「認識台湾」課程為例」、『教育研究集刊』第45輯、2000年7月、113－135頁を参照。

（訳　末武美佐）

ある日本人研究者の軌跡
——佐藤慎一郎の「中共研究」を考察する

林　志宏

中央研究院近代史研究所副研究員

はじめに

　1985年3月10日から4月6日にかけて、東京大学の招聘により、歴史家周一良（1903－2001）が来日した。彼はこの旅行を「温故知新」と表現していた。長らく会うことがなかった旧友との再会のほか、学術交流を通じて戦後の日本社会の発展を視察し、「多くの新たな友人と出会った」という。周が佐藤慎一郎という日本人に会い、次のように語ったことは注目に値する。

　　彼の伯父である山田良正は、孫文を支援し恵州で犠牲になった。彼の家族は孫文や当時の革命家たちと親しく、彼は私に父親が廖仲愷から贈られたという対聯を見せてくれた。この人道主義者の老人は、私たちとは全く異なる立場と観点を持っているが、彼が語る昔話や、彼が私たちに与えた批評には耳を傾ける価値がある。[1]

　彼は、この新しく知り合った日本人に対する自分の気持ちを短文で表現し、「諍友」としての印象を語った。しかし、周の文章は、深い意味を持ち合わせているわけではなく、筆者は佐藤の輝かしい家族の背景を知るだけで、その正確な来歴を知る手段を持たなかった。

　佐藤慎一郎（1905－1999）は、戦前と戦後を問わず並外れた人生を送った。戦前、彼は家族の関係で中国に行き、日本の満州植民地化の活動に参加した。戦後、彼は日本の知識人界で活躍し、「中国問題研究者」と目されることになっ

第一部　歴史教育と歴史認識　39

た。彼は、過去の中国での観察と経験から、拓殖大学に教員として採用され、人民公社や農業集団化についての中共政権の政策に論評を加えていた。田中角栄首相（1918－1993）が中華人民共和国を訪問し「国交の正常化」を広く唱えたとき、彼は不満を表明し、政府に反対の意見を表明した。21世紀初頭になると、1970年代の日中「国交正常化」政策を「危機」という比喩で検討する人物も現れ、そこで佐藤は頻繁に言及される人物となっていくことになる。

　これまで、人物の分析を個別におこなう研究はそれほど多くない。筆者が佐藤を議論の対象に選んだのは、主に彼の個人的な仕事が政治や官僚の領域になく、せいぜい日本の一人の知識人であったからである。佐藤の残した言論は、学問的な客観的な要素をもつものの、主観的な性格がないというわけではない。言い換えれば、戦後の国際冷戦の現実に対する主観的な懸念をもち、客観的な中国経験によって研究を行なってきたのであり、これに基づいて、彼は現代日本の関連領域の分野で重要な学者となっていた。佐藤の生涯は、常に20世紀の日本の運命に関わっており、彼が注目し思考した問題は、すべて日本の対中外交の変化と関連している。したがって、さまざまな段階で佐藤の考えを明確にすることは、帝国時代と帝国後の日本の発展を観察する助けとなる。そして、中国共産党に対する彼の議論は、戦後の日本の左翼知識人の外側に存在する声である。

　本論のもう一つの観点は、冷戦初期における日本と東アジアの関係を考察することである。50年近く続いた国際冷戦は1990年代初頭に終結したが、依然として学術的研究の注目の的となっている。この20年間、関連する研究は、地政学の視点だけでなく、文化的なレベルにまで発展してきたと言えよう。[2]しかし、日本をめぐる議論は、米国の占領とその改革と変革に焦点が当てられたままである。ギャバン・マコーマック（Gavan McCormack）が指摘しているように、米国の日本に対する影響は、それだけでなく、あたかも「極東の英国」を彷彿させる如くアジアに冷戦の局面を作り出し、共産主義勢力に対する基地として日本を利用したのである。[3]残念ながら、このような洞察に満ちた議論は、日本の自主性を強調するものではなく、日本の官民の反応を見るに至っていない。本論では、佐藤慎一郎を例にとり、彼を国際冷戦

と東アジアの文脈、特に日本に関連する言論の文脈のなかに位置づける。筆者は、佐藤の「中共観察」は学術的なパッケージに包まれ、社会主義文化とその日常生活の理解を通して、中国の国情に合わない中国共産党の統治の不適切さを証明していると考えている。彼の研究は、全体主義に対する自由民主の勝利の一次元的な解釈に役立つと言えよう。

以下、これらの分析を通じて、冷戦研究に文化的な新たな一頁が加わることを期待する。

1.「支那通」佐藤慎一郎とは

周一良が語ったように、青森県弘前市で生まれた佐藤慎一郎の家系の歴史は、近代中国の党と政府と深い係わりを持っている。孫文（1866－1925）の革命運動に従った伯父の山田良政（1868－1900）は、恵州蜂起の失敗後、清軍に逮捕され殺され[4]、台北の国民革命忠烈祠に祭られている日本籍で唯一の革命殉教者である。また、佐藤のもう一人の伯父である山田純三郎（1876－1960、良政の弟）は、上海の東亜同文書院卒業生であり、中国国民党と浅からぬ関係を持っていた。1913年9月の第二次革命の敗北後、純三郎は宮崎滔天（1871－1922）に代わって、日本の朝野との連絡を図るための孫文のパイプ役を務めていた。孫の死後、純三郎は長期にわたり上海に住み、中国と日本の交流に生涯を捧げ、しばしば国民党政府の高官と交流していた[5]。

（1）満州国民政省時代の佐藤慎一郎

佐藤慎一郎は、その家系の背景から中国の状況を早くから理解しており、若い頃は東アジア発展の夢を抱いていた。1924年3月末、亡き伯父良正の跡を継いで青森県師範学校を卒業し、翌年満州へ旅立った。佐藤は当初、関東州公学校と水師学堂に勤務し、旅順師範学堂附属教員養成部研究科には在籍していない。1928年7月、佐藤は関東州内大連土佐町公立学校で教鞭をとり、これを機に漢民族社会のなかで生活することを試みた[6]。9.18事件をきっかけに、佐藤は関東庁主催の中国語試験に合格し、体育教育に従事し、1932年11月に小学校での体操の普及方法についての意見を述べていた[7]。

第一部　歴史教育と歴史認識　41

所謂「満州国」の樹立は、日本国民の間に「満州熱」を巻き起こし[8]、佐藤もその熱気のなかに包まれていた。彼は満州国機関の行政事務部門で働き、1932年12月から1938年12月まで民政部の文書科に務めていた[9]。しかし、満州新政権の公職にあった佐藤は、必ずしも日中問題を植民者の立場から見ていたわけではなかった。むしろ中国へ同情の態度がしばしば表れていた。その最も顕著な例の一つが12.9抗日デモ運動の展開への関心であった。1934年7月、彼は満州国政府から北京に行き、華北の状況を視察するよう命じられた。当時、日本は中国国内で万里の戦役を開始し、その後熱河を占領するなど、両国関係は緊張の危機に瀕していた。南京国民党政府は、この時、譲歩の原則を採用し「塘沽協定」に署名して紛争を一時的に解決した。このため中国の多くの人士の不満を引き起こしていた。1935年12月9日、共産党に密かに扇動された北京地区の大学生と中学生が街頭に出て、政府に対して「内戦をやめ抗日のために団結する」要求、嘆願とデモ行進を行った。佐藤は個人的な立場で抗議に参加していたが、後の回想によれば、学生たちの愛国心を承認する彼の気持ちの表れであったという[10]。

　満州国公職在任中、佐藤は徐々に「支那通」、つまり中国情勢を広く理解する日本人となっていく。その契機は、彼が常に通訳翻訳に協力していたことである。例えば、1936年10月、佐藤は吉林省知事の李銘らが東京を視察する際の通訳を務めていた。日中戦争勃発前夜には、日本人の接待、視察の手助けも行っていた[11]。佐藤は中国語に造詣が深かったことから、『察綏蒙民経済的解剖』を翻訳し、急いで完成したと語りながらもその実力が高く評価されていた[12]。

　さらに重要なことは、都市化がもたらした農村の破産という社会現象に対して、佐藤は華北滞在中に山東省における農村建設の有効性を調査し、多くの論文を執筆したことである。1935年12月、満州国民政部総務司の役職名義で山東省定県に行き、梁漱溟（1893－1988）に会見している[13]。その後、鄒平県の実験規程や山東県政建設実験区などの資料を翻訳し出版した[14]。その他中国農村部の豪紳、官僚、役人が庶民を搾取している状況を研究し、その問題の本質を語っていた[15]。彼の究極の関心事は、中国社会だけでなく、満州の植民地統治にもあった。佐藤は、日本が満州を武力支配したにもかかわ

らず、社会のほとんどが漢民族であったと考え、民族が異なり、文化内容も異なるため、大和民族がその「指導」の正当性を持つためには、農村の現状に合わせ、それでもって統治の政策として採用する必要があると考えていた。植民地当局が展開していた「街村制度」は、「官僚主義」の色彩が強すぎると感じ、中国の農村建設運動を参照する必要があると考えていた。[16]

(2) 官僚の訓練と漢民族社会の調査に参加する

民政部の仕事が終わってからまもなく、佐藤は植民当局に重用され大同学院で講義を行うとともに、総務庁調査官、官房参事官、建国大学研究院研究員を歴任した。[17]大同学院は満州国の高等官僚の訓練を専門としていた。各地の参事官あるいは中央政府部門の幕僚になる前に、学院で必要な課程を経て任官することになる。[18]一方総務庁の設置は、日本植民地当局によるさらなる支配を促進し、中国東北部の旧勢力を解体して、中央集権化の効果を得ることを目的としていた。[19]大同学院と総務庁はどちらも植民地の中核機関であり、このことから佐藤の能力が高く評価されていたことがわかる。1940年の著書『満州及満州人』で、総務長官星野直樹（1892－1978）と大同学院長井上忠也（1879－1950）に序文執筆の依頼ができたのはこうした事情があった。[20]こうして佐藤の満州における対人関係がますます浮き彫りになっていった。

佐藤の職務遂行能力を示すもう一つの例は、1941年に満州国警務総局保安局から、ハルビン市の有名なスラム街「大観園」の調査を依頼され、報告書を完成させたことである。この報告書は、新しい写真技術を用いて、449人の商人、物乞い、妓女、苦力にインタビューし、「科学的」な視点を用いて、街路や路地に散らばる「隠語」や「よからぬ話題」など、漢族社会の底辺の状況を記録し、地下経済の運営と暗黙のルールを探っていた。その結果、この報告書は「極秘」とされ、厚生省が社会病理学の研究のみに使用し、1982年まで公開されることはなかった。[21]この調査に参加した者は、「戦争の影」に影響され戦後沈黙し、小説の題材やプライベートなインタビューを通じて、漠然と発言するだけに過ぎなかった。[22]

多くの日系居民にとって、1945年8月15日の帝国の敗北は青天の霹靂であっ

たと思われる。満州にいた佐藤にも、生死を分ける歳月が待ち構えていた。彼はソビエト軍の無差別な残虐行為を目撃し、後に国民党と共産党に逮捕され、何度も死の危険に直面したが、中国の民間人の人道支援と温情も体験した。日本の敗戦を知った佐藤は、すぐに新京（現在の長春）の日本人会に入会し、日本人の帰国を支援した。この時、亡国を深く感じとり「これからの私は、一人でも多くの日本人を、無事日本へ送り帰そう。そうしてまた日本民族が満洲で築いた文化を、一つでも多く、そのまま満洲人に引き渡そう」と考えていた。[23]　後に佐藤は、義兄・竹内徳亥（1888－1946）が中国共産党に射殺されるなど、その冷血さと冷酷さを実感し自身の見聞を記した。

2．「中国問題研究者」から「反共専門家」へ

　佐藤慎一郎の満州での体験や悲劇的な記憶は、戦争が終わっても消えず、その後の彼の人生に深く影響を与えていた。さらに冷戦情勢の進展は世界の政治情勢に混乱をもたらし、佐藤の立場には新たな位置づけが必要となっていた。この時、彼はすでに戦時中の「支那通」の代表ではなくなり、「優れた中国研究者」へと変貌を遂げた。[24]

　興味深いのは、中国問題について繰り返し発言してきたこの学者が、当時の日本の一般的な知識青年の左傾化した姿勢に真っ向から反対している点である。彼は共産主義のイデオロギーに深く嫌悪感を抱いた。彼はまず拓殖大学の教員の機会を得てから関心が中国の農村問題や中国共産党の土地改革政策に向っていくことになる。これらの事実は、佐藤の思想の一貫性に密接に関連している。

（1）佐藤慎一郎の「反共主義」

　佐藤慎一郎の思想が戦前と戦後へと続いたことを検討するためには、1950年代の日本と国際社会との関係、特に冷戦の雰囲気が東アジアに与えた影響を明らかにする必要がある。端的に言えば、戦後、日本はもはや東アジアのリーダーであると自負しているわけではないが、民主主義と共産主義のイデオロギーの対立により、アジアの地政学において重要な国となっていた。日

本は当初、アメリカによって占領された。その後、朝鮮半島で朝鮮戦争が勃発したことで、東アジアの戦略に変化がもたらされると、日本は敗戦から生まれ変わり復興への道を歩み始め、アジアにおける米国の最も忠実な同盟国となった。吉田茂（1878－1967）、鳩山一郎（1883－1959）、岸信介（1896－1987）が組閣した後、日本は親米政策をとり経済発展に力を入れた。この時、⁽²⁵⁾戦前の反共主義の原則の大部分が受け継がれていた。また、このことが戦後の日本の政界の中核的なイデオロギーを形成し、同時に同様の考えを持つ人々の支持を引き付けたことは言及する価値があるであろう。「中国経験」を持つ佐藤は、まさにこのグループに存在していた。

　帰国した佐藤は、戦後の中国の状況について複雑でもつれた感情を抱いていた。一方では、1949年は国民党とその政権が敗北しつつある時期と重なり、中華民国政府は台湾に移り、国民党と共産党との間の内戦の勝敗が徐々に明らかになっていた。台湾に撤退した中華民国は、「戦勝国」として日本と「日華平和条約」を締結し、双方が代表団を派遣し日中関係と台湾・日本関係の二重構造が正式に形成された。かつての「支那通」の佐藤にとっては、内⁽²⁶⁾心複雑な心境であった。1954年3月、随員として佐藤は山田純三郎とともに台湾を訪問し、蔣介石（1887－1975）と陳誠（1898－1965）の正副総統の就任式に出席し多くの政府要人と接触した。その後、彼はその時の経験を語り、⁽²⁷⁾自分の気持ちを明かしている。蔣介石が反体制派を政治的に排除したことについて、彼は強い嫌悪感を表し、中国共産党の成功には道理があると認めていたのである。佐藤の心理を詳細に調べるならば、1950年代の日本が少な⁽²⁸⁾くとも当時の中華民国と蔣介石政権に好感を持ち得なかったのは、反米・左翼的な国内の雰囲気と関連しているのかもしれない。⁽²⁹⁾

　しかし、佐藤慎一郎の態度が変わり始めたのは、彼が拓殖大学の教員になってからのことである。1900年に日本で12番目の私立大学として創立された拓殖大学は、桂太郎（1848－1913）が植民地経営に必要な人材を育成することを目的として「台湾協会学校」として設立された。校名は、東洋協会専門学校、東洋協会植民専門学校と様々な段階を経て、1918年に「拓殖大学」と改称された。校名の変更は、大正期のアジア主義の高揚をはじめとした大日本帝国の拡大や、地域研究を中心とした東洋学の重視など、大日本帝国の拡大

第一部　歴史教育と歴史認識　　45

の意義を象徴していた。その中でも、東洋協会は、アジアの各方面のさまざまな側面に関与しているため、役人、実業家、学者の意見交換の場としても機能してきた。機関紙『東洋』は、戦前に長野朗（1888－1975）や満川亀太郎（1865－1946）など、中国共産党の研究で知られる専門家や学者の論文を多数掲載している。1955年6月、拓殖大学は東洋協会の精神に則り、共産主義中国で居住体験がなく、戦前の中国での経験を持つ人々を集め「海外事情研究所」を設立することを決定した。

　海外事情研究所のメンバーは、基本的に戦時中の日本の防共・反共の立場に関係している。日本の大陸政策とその拡大の需要により、多数の人員を訓練して中国に派遣し、実地調査を行い膨大な資料と文献を完成させた。このような約半世紀にわたる知的教育の伝統は、戦争が終わっても消え去ったわけではなかった。戦後、「中国共産党がなぜ勝利したのか」が世界の注目を浴びると、過去の戦争で役立った情報収集・分析能力は学術研究に転じた。その結果、学者や研究機関の存在は、日本の軍事、外交から、民間の団体に置き換えられた。佐藤の当初の「支那通」の役割は変更され、海外事情研究所で「中国問題研究者」となったのである。しかし、戦後の日本の中共党史研究家とは異なり、佐藤は左派に全面的に同情的だったわけではなく、むしろ共産主義を否定する立場を堅持していた。海外事情研究所に勤務した草野文男（1915－1996）や小竹文夫（1900－1962）のように、彼は関連情報を蓄積するだけでなく、毛沢東（1893－1976）の個人崇拝、土地改革、さらには人民公社を厳しく批判した。

　このような反共産主義的な態度や中国共産党に対する「批判的で否定的な見方」は、多かれ少なかれ政治的な選択にも反映されていることは指摘しておくべきである。1955年に日本の外務大臣重光葵（1887－1957）が「二つの中国」構想を提唱すると、拓殖大学や海外事情研究所もこれに賛同し、中華民国を支援する立場をとった。例えば、拓殖大学学長矢部貞治（1902－1967）は、二度の台湾訪問で蒋介石と会談していた。戦後、佐藤が拓殖大学海外事情研究所と縁が結ばれたことは、それとは無関係であるとは言えない。政治上、佐藤の立場を考察するに足ることは、愛知大学との関係である。周知の通り、愛知大学は、帝国期の植民地大学（京城帝国大学、台北帝国大

学、新京建国大学）の教職員を加え、同文書院を核として、「外地」の大学から復員した学生を受け入れることを目的として設立された。戦後、日本社会では、東亜同文会や同文書院のかつての中国での活動は否定的であったため、愛知大学内では一時期、関連研究はタブー視されていた。[35]しかし、佐藤は1969年頃から愛知大学との関係を築き、霞山会で文化大革命後の中共社会の状況についての講演を行ったり、山田兄弟の縁から口頭インタビューを行い、その録音記録は霞山文庫に収められている。[36]

（2）土地改革、人民公社、農業集団化に反対する

　佐藤の中国共産党に対する発言に特定の立場や観点があることは、想像に難くない。佐藤の見解は、大きく分けていくつかの特徴に集約できる。まず彼は中国共産党の中華人民共和国建国後の一連の思想改造運動を否定し、中国共産党がそれを利用して革命を宣揚し、完全な支配を達成したと認識している。「三反」運動が始まったとき、佐藤は陸志韋（1894－1970）、斉思和（1907－1980）、聶崇岐（1903－1962）、沈迺璋（1911－1966）などが自分の子どもや学生から批判され、親米主義協力者という罪名を貼られたことについて語った。また、中国各地の学校で学生会や委員会が組織され、それらが党の意思や政策を実践するために活動していることに対して、佐藤は伝統的な中国の親族関係の急激な改変であると深く懸念していた。[37]中国共産党は「新しい人間を作る」という理念を強調しているが、[38]その本質は基層社会の伝統的な信念を破壊することだと見なした。また佐藤は、いわゆる「中国革命」は、実際には「三宝」（軍隊、民族統一戦線、共産党）を通じて人民の心を支配することであることを読者に常に思い起こさせている。[39]このような党の過度な政策の拡大の結果、高等教育の質は低くなり、真に国に有益な知識階級の形成が不可能となっている。[40]

　第二に、佐藤が中国共産党の政策に対して最も批判的なのは、土地改革である。彼の見解を詳しく見るならば、このことは戦前の「中国経験」に由来していることがわかる。満州国では、広大な農村の破産の現状も植民当局が早急に解決すべき課題であったため、当局はさまざまな調査を開始し、模範的な実験村の設立を呼び掛けていた。[41]前述したように佐藤が自ら山東省に

第一部　歴史教育と歴史認識　47

赴き、地方建設の有効性を視察したこともこのような背景からの動きであった。彼にとって、中国の広大な土地と豊富な資源の大部分は農村にあり、農民は総人口の大多数を占めているため、経済発展は農村の建設、特に農業関連金融機関の変革に焦点を当てるべきと考えていた。このようにして初めて、中国の農民は自分の土地の耕作に専念でき、道具を改良し、家畜を育てるだけの余力を持つことができる。中国共産党の土地政策は「改革」というが、それは「革命」であり、完全に闘争の本質に基づいており、農民を動員して地主を打倒し、生産力を発展させるという名目で生産関係を変えるものである。[42] 佐藤は、「満州国のときにも農村問題が生じたが、解決策は暴力に訴えることではなかった」と述べた。今日、日本人は中国共産党の土地改革を称賛しているが、これは「無知」である。彼は、農村の問題を真に解決する唯一の方法は、過去のように農村建設運動を促進することにあると主張した。[43]

　戦後の著作で、佐藤は人民公社の評価について最も力を注いでいた。彼は、集団化を、毛沢東（1893－1976）の利己的な欲望を満たし、「大同世界の実現」の夢であると退けた。彼はまた、満州国の「大同」のスローガンを例にあげ、妄想以外の何物でもないと警告した。[44] 佐藤は1959年の著書『新中国の命運をかけた人民公社』でこれらのことを語り、当時参議院議員だった高橋衛（1903－1986）が「序」を書いていた。高橋の論点は、佐藤の考えを反映し、人民公社は壮挙と言えるものではなく、長い歴史的起源を持ち、農村の破産問題を解決するためのものである。そのため、人民公社は戦時の「集団部落」の継続と見なすことができると直言している。また高橋は、佐藤の本書編纂は、自身の観察や感想の記録であるだけでなく、その分析が確かな情報に基づいているとも述べている。したがって、高橋は結論として、この書物は戦後日本の政治状況の左翼的な風潮傾向に反省を促し、中国共産党のプロパガンダに惑わされるべきではないと述べた。[45]

　それ以来、佐藤の中国共産党の分析は、特に人民公社や農業集団化などの問題で、各層から大きな注目を集めるようになった。1960年代以降、アジア経済研究所の委嘱を受けて香港での数度の調査を行い（次項参照）、著書を執筆し東畑精一所長（1899－1983）に認められている。[46]『中国共産党の農業集団化政策』の付録の年表は注目に値する。その年表から農業集団化に関す

る佐藤の研究は、清朝末期から中華民国初期にまでさかのぼることができ、上記の高橋の発言と呼応している。このため、国際歴史学会（The International Committee of Historical Sciences, ICHS）は、その学術的貢献を顕彰し、農業集団化を「データの観点からその発展を詳細に、歴史的に追及した」と評価している。民間の財団が編集した『中国経済総覧』にも、佐藤は人民公社の状況について執筆している。彼が1966年10月26日に張公権（1889－1979）に会ったとき、両人はこの話題に焦点を当て、毛沢東の転倒した行動を批判していた。

3．冷戦期の「東洋のカサブランカ」

　赤色中華を前にして、佐藤慎一郎はもはや書斎に身を置くだけの学者ではなく、世論を通じて反対の声を伝えていくことになる。1964年、『中国共産党をどう見るのか』は、佐藤が「中国問題研究者」の立場で執筆を依頼された著作である。彼は、中国共産党がソビエト連邦に傾斜し、自国の文化的伝統を完全に無視し、民族革命の真の意味を誤解していると語った。ほぼ同時期に、多くの日本人は中国共産党の動向に関心を抱き始め、各地で報告や講演活動が盛んにおこなわれるようになった、そのため佐藤は、中国情報を得るためのチャネルに特別な注意を払うようになった。その結果、彼は中国本土に最も近い「東洋の真珠」である香港を選ぶことになった。

（1）戦後の香港の情勢と米国の影響
　冷戦の進展と共産主義の鉄のカーテンの形成により、香港が突然、特別で重要な地域になったことは疑問の余地がない。欧米の民主主義と資本主義陣営の世界にとれば、香港は中国で何が起こっているかを監視し、封じ込めの戦略的利益を発揮することに利用できるからである。一方、共産政権の中国にとって、香港は対外関係を保つ窓口となり、時には英米同盟を分断する役割を果たした。このため、冷戦期の香港は、民主主義と共産主義の対立の間にある架け橋のような存在であった。しかし、この状況は、中国、祖国、中華民国、中華人民共和国の間の各勢力の対立に現れる、香港内部の民衆の

第一部　歴史教育と歴史認識　49

アイデンティティの混乱も生み出している。歴史の授業を例にとると、香港大学では植民教育があるが、祖国への強い感情を持った教育もあり、中国共産党が階級闘争史観さえもここで広めていた。香港は複雑で多様な地域であったのである。

これらの側面は、香港には国民党と共産党と「第三勢力」等の政治的宣伝が存在していたことを端的に示している。香港の第三勢力は、顧孟餘（1888－1972）、張発奎（1896－1980）、張君勸（1887－1969）などによって結成され、その立場は国民党と中国共産党の間にあり政治上、自由民主を維持することを強く主張し、大陸の「赤化」と困難のなかからの出路を見いだすことを望んでいた。彼らは反共の意見を表明する立場としてマスコミを利用した。しかし、1953年以降、台湾の国民党がこれらの政党を取り込むと米国がもはやそれを支持しないという事実の下で徐々に委縮する傾向に向かった。1950年1月に英国が中国共産党政権を承認したことで、香港における国民党の政治活動は制限され、公然と活動することはできなくなり、「海外での工作指導」に移らざるを得なくなった。国民党は労働者階級に対して積極的に運動し、華人商会の指導権を勝ち取ろうとさえしたが、明確で長期的な目標を欠き、期待できる結果を得られなかった。香港に関して、中国共産党は「長期計画と全面活用」の政策を採用し、香港が政治的、経済的配慮に基づいて現状を維持することを可能にし、同時に大衆組織を発展させ、香港の英国政府を打倒することを目指さずに労働組合を通じて中共に有利な世論を作り出すための学校や新聞を運営していた。香港の両党の宣伝活動は、映画産業、メディア産業と不可分の関係にあり、しばしば左派と右派のイデオロギー闘争の真っ只中にあった。

異なるイデオロギーに直面して、冷戦初期の香港の人々の心理はどうであったのか。1960年代、ある日本人は、この時代の香港に住む住人を「迷える子羊」に例え、次のように語っている。

　香港は反共ムードを持つ都会である。しかし実際はひとにぎりの中共系、ひとにぎりの国府系、ひとにぎりの反中共反国府系──第三勢力の積極分子がいるだけで、大多数の住民は"迷える小羊"であろう。この迷える小

羊たちは難民が多く、もともと若干の反共的傾向を持ってはいたが、祖国における人民公社の失敗や食糧難、さらに国府系や反共第三勢力の宣伝に利用されるような事態が続くとともに、完全に「反共ブーム」にのっかかってしまった。京劇の大成功でもわかるように、祖国への大きな郷愁を抱きながら、祖国へ復帰は考えず、政治に無関心となり、香港での"甘い"生活にひたり、ひたすら目先の利益を追っかけるということになるのである[57]。

　この観察は実際に近いのかもしれない。一般的に、この時期、大衆は香港の英国政府の「政治的中立の立場」を支持し、中国共産党に対して良い印象を持っていなかった。それだけでなく、国民党の統治能力のなさも嫌っていた[58]。その結果、衣食住を前提として、戦後の香港人にとって「政治意識の欠如」が最大公約数となっていた。

　冷戦期の香港の国際情勢を考えると、米国が香港に与えた影響を見なければならない。第二次世界大戦後、米国はさまざまな反共政策を積極的に推進し、文化交流と経済援助を利用して世界中の人々の心をつかもうとした。同時に「反共主義」を、自国の文化産物と「自由」（freedom）との象徴的な関連性（symbolic associations）を強化するための呼びかけとしていた[59]。その中で、香港には中国本土からの難民が多数おり、欧米の人道主義者がその動きに注目するようになった。ある学者が語ったように、米国の慈善団体が支援する米国の香港難民調査は政治的志向を持ち、北京政権の悪を訴える団体組織である[60]。新亜書院などの教育機関は補助金を受け取り、中国文化の伝達のための陣営となっていた[61]。また香港の米国新聞処は、亡命作家を集めて、張愛玲（1920－1995）が書いた「秧歌」や「赤地之恋」などを含む数多くの「反共小説」を刊行していた。要するに、米国は文化的なプロパガンダを利用して、中共の非中国性（un-Chinese character）を識別する「華夷」の基準を形成していたのである[62]。

　上述の文化的冷戦のプロパガンダの性質を明らかにすることは無意味ではない。実際、冷戦の絶頂期に、米国は心理、社会、政治学者のグループを協力させて、「敵」の行動に関する決まった固定した青写真を策定させた。こ

れらの学者たちは、共産主義社会を悪魔化し固定化しただけでなく、朝鮮戦争とベトナム戦争の意思決定に影響を与えようとした。[63]一方、中国共産党の香港問題に対する見方は、脅威と誘惑が共存する場であった。その結果、香港は鉄のカーテン内で外貨の取り引きや地元の製品を輸出し、必需品や戦略品を輸入する「突破口」となった。[64]さらに「自由民主の窓」を条件として、香港の繁栄は共産主義に未来への憧憬と想像のかすかな光を与え、さらに「良い統治」へと進む可能性も与えていた。

(2) 佐藤の香港訪問と「日中正常化」に対する姿勢

難民からソビエトの情報を引き出す米国の方法の助けを借りて、[65]佐藤はこの分野の日本での先駆者となった。1967年の左派の暴動後、翌年彼と拓殖大学の一行は香港への代表団を組織し、[66]積極的に調査を開始し、少なくとも3年連続して香港でインタビュー活動を行なった。

香港と日本の関係は非常に早く、1842年10月にさかのぼる。[67]しかし本当の意味での大きな接触は、1941年12月8日の太平洋戦争の勃発後であった。戦前、香港は自由港として知られており、政治的には英国の植民地管轄下にあったものの、商業貿易のターミナル地点であり国際社会の情報センターでもあった。米国、ソビエト連邦、日本は、事務所を開設し秘密裏に諜報情報を収集していた。中国も遅れずに共産党員がロビー活動を行なっていた。[68]1934年、香港総督率いる警務処刑事課は政治部（Special Branch）を設立した。[69]日中戦争が勃発した後も、ここには国民党の地下要員が潜伏していた。[70]

日本が香港を占領した後、日本側は皇民化教育を積極的に推進し、至る所に日の丸が掲げられ、各地区や建物の名称が改められたりした。それらが修復されるまでに3年8か月を要した。この期間、日本はすべての軍事的および政治的支配を及ぼし、文化的統治にもある程度の影響を与えた。[71]自治組織（街坊）や「東亜共存共栄」精神の宣揚は、戦後もある程度引き継がれていた。例えば、終戦後、香港の英国政府は植民支配を再開し、「不干渉主義」で市民を統治し、「自由」（政治言論、金融政策、中継物貿易など）をスローガンとして推進し、一種の「非イデオロギー的イデオロギー」を形成し

た。したがって、日本占領期は、香港の歴史における分水嶺であったといえよう。

　戦争の残酷な記憶が、その後の日本と香港の交流を止めなかったことは注目に値する。戦後、多くの戦犯裁判や訴訟が提出されたが、香港における日本の商業と経済は止まず、中国をも凌駕していた。例えば、1947年12月7日、駐日中国商務代表の唐菊生は、「香港は上海に取って代わり、中日貿易の中心地となり、中国が輸入を許可していない高級品が大量に日本から香港に流入し、中国に密輸されている」と述べた。翌年7月には、駐日香港英国代表部も「現在、香港政府は日本と貿易を奨励したり制限したりはしていない。政府が行なったのは、香港と日本の貿易を可能にする機関を設立しただけだ」と述べている。どちらの発言も、戦後初期、香港政府は商業開発と自由貿易の姿勢で、日本の民間との交流を続けていたことを示している。

　戦後、日本の香港に対する関心は、当然、米国にとって無視できないものであった。第2次世界大戦後の初期に日本は、財政上逼迫し、その影から抜け出すために米国の援助に頼っていた。東アジアの近隣諸国と同様に、米国の対日文化教育援助は、学術研究の条件を大幅に改善し、多くの関連活動が開始された。その後日本が米国の学問的・知的覇権の足跡をたどることも予測された。このことは、日本国内に争議を巻き起こすことになった。例えば、1962年、フォード財団（Ford Foundation）が近代中国研究を口実に東洋文庫に多額の資金を注ぎ込んだことは、日本の若い世代の中国研究者から厳しい批判を引き起こした。佐藤がそのような風潮のなかに身を置いていたことで時代の雰囲気を嗅ぎ分けることができる。1960年に井上勇（1901－1985）によるフランスのジャーナリスト、ロバート・ギラン（Robert Guillain, 1908－1998）の書の翻訳に佐藤が参加したことは、佐藤の立場が当時の米国の東アジアの見方に基づいていることを十分に示していた。なぜなら、ギランの仏語書籍の原題は文字通り「6億人の中国人」であったが、日本語版は意図的に英語の翻訳を採用し、「6億匹のアリ」に変更していたからである。それゆえに佐藤の香港訪問は、この観点から検討すべきことになる。

　佐藤は1968年12月から「第二次大戦期のカサブランカ」と言われた香港に

第一部　歴史教育と歴史認識　53

しばしば滞在し、彼は鉄のカーテンから逃れてきた中国人に繰り返しインタビューし、その人たちの言動を通じて中国共産党の政治状況を解釈した。中国共産党の農業集団化政策に関するこれまでの分析とは対照的に、佐藤はもはや赤色政権内の日本人からの一方的な発言を聞いたりせず、関連する文献報告を読むだけでなく、脱出者らの態度を理解し、中国共産党の支配状況を批評した。逃亡難民を紹介した者のなかには、日本軍に父親を殺された者もいたという。それにも関わらず彼らは積極的に佐藤を助けていた。佐藤は、インタビューを通じて難民には2つの特徴があることを発見している。つまり彼らは毛沢東政権下で育った人たちであり、農村部から来たということと、密集した中国の大衆と若者が一般的に共産党に幻滅していたことである。また、1969年8月には、広東省陽江県で大規模な脱走事件が発生し、58人の農民が命がけで国境を越えて香港に入り、九龍の古いアパートに身を潜めていた。佐藤は、紅衛兵の元メンバーを含むこの人々を訪問した。その訪問記録によれば、社会主義の建設に積極的に参加していたこの知識青年は、未来に希望がないと感じ、自暴自棄になり自由を求め行動したという。佐藤は、40日間の香港滞在中、脱走者たちと生活し、彼らの強靭な精神力を存分に体験した。その後も、佐藤は時折難民から詳しい情報を伝える手紙を受け取っていた。

　これらのインタビューの内容は、後に佐藤の文化大革命に対する断固たる批判の基礎となった。また、彼は2つの中国の問題では中華民国の台湾政府を選ぶことになった。この頃から、佐藤は台湾の国際関係研究所と協力関係を持ち、毎年セミナーに参加するようになった。国際関係研究所の前身は、抗日戦争中に組織された「国際問題研究所」であり、日中問題の専門家である王芃生（1893－1946）が議長を務めていた。戦後、蔣経国（1910－1988）の要請により、「匪情研究」を主題とし、卜道明（1902－1964）や呉俊才（1921－1996）らによって設立された。後に政治大学の組織に属し、「敵前養士（敵陣の前にいる兵士）」の役割を演じていた。その期間は、「中国大陸問題」の名称で数多くの学術会議や討論会を開催した。このセミナーの当初の目的は、「共産主義に反対する中華民国の決意と活力を日本の研究者に示す」ことにあった。佐藤は日本側の中国問題研究者の身分で会議に出席し、「中国の伝統文

化を受け継ぐのは中華民国であり、中国共産党ではない。したがって、日本は中華民国が中国を代表する正当な政府であると考えている」と強調していた[84]。

　1970年代初頭、中華民国が国際情勢の暴風雨のなかに陥ったとき、国連での議席を失い、最も重要な外交同盟国である米国が、中国共産党と上海コミュニケを発表した。言い換えれば、その時点では、「武力反攻」はもはや実質的な意味を持たず、国際社会での認可と生存を求めることが、台湾の中華民国の緊急の課題となっていた。このため、国際関係研究所では、温かさと支持を求めるだけでなく、同じ立場の外国の学者を積極的に引き付けるために、学術交流に関するセミナーを頻繁に開催していた。しかし、佐藤にとっては、これらの活動に参加することは、議論を通じて中共の情報を交換し[85]、同時に戦前の「満州での経験」からの当初の見解を貫くことでもあった。1972年9月に日本が中国との国交樹立を決定したとき、すべてがより複雑になった。反共を主張する佐藤は、必然的にそれに反対し、そのために日本の民間団体を率いて抗議活動や演説を行った[86]。

　「日中国交正常化」は、周恩来（1898－1976）の招きで田中角栄首相が中華人民共和国を訪問したことから始まり、その後、国交回復のための共同宣言に署名した[87]。この時、佐藤は田中を信用できないとし、中華民国との外交関係を裏切る、"利益のために正義を裏切る"悪党であると強く批判する文章を書いていた[88]。話が戯画的に展開したのは、中国共産党が会議を利用して田中角栄を故意に侮辱したことにある。このことは佐藤の見解の正しさがほぼ確認できるものであった。田中が周恩来を訪れたとき、周は『論語子路』の「言必信、行必果（言うことは必ず偽りがなく、行うことは潔い）」と書き、毛沢東と面会した時、毛沢東は「楚辞集注」を贈り屈原を引用していた。佐藤は、これらの贈物の裏には、深い別の意味があると考えていたが、メディアはそれを見抜けなかった。彼は、二人の中国共産党の指導者が古典文学の「しゃれ言葉」の機能を最大限に活用した、つまり、彼らの本当の考えを直接表現するのではなくそこに隠し持っていたと解釈したのである。また、その際、日本と中国は国交を樹立し、日本が開発のために300億円の円借款を提供していた。「言必信、行必果」は、両国がついに合意に達し、外

第一部　歴史教育と歴史認識　55

交関係を締結したことを象徴していた。しかし、この言葉の後には出されていない「硜硜然小人哉（このような人は必ずしも大人ならず、むしろ小人に近い」が続くが、それは中国の指導者が間違いなく伝えたいことであった。この状況に対して、佐藤は語った：日本のすべての国民はこの汚点を被った、と。少なくとも10年後まで、彼はまだその見解を持ち続けていた。[89]文化大革命が終わった後、鄧小平（1904－1997）の時代が到来しても、総人口の80％が農民である国は、独裁政権の統治下にとどまれば、国家の安定に向けて進むことはできない、と彼は感じていた。[90]

おわりに

　佐藤慎一郎の反共の言論は、常態として日本社会に存在しているのか、それとも氷山の一角なのか。資料に限りがあるため、的確に答えることは困難である。しかし、近年来、日本社会に反響を引き起こした、政治的立場で書かれた右傾の書物が２冊刊行されている。１冊は、政壇で活躍する桜井よしこ（1945－）が2000年に書いた『日本の危機』で、周恩来の掛け軸の贈与とそれに対する佐藤の抗議について語っている。[91]３年間で24刷され、ベストセラーとなっている。もう一冊は、2016年に鬼塚英昭（1938－2016）が生前出版し、佐藤を称賛し田中角栄を裏切り者と批判している。[92]これらの本は、右傾の立場で議論をしているものの、実際には佐藤の個人的な考えを客観的に提示しているとはいえないかもしれない。中華人民共和国の研究者からの、佐藤の言動に対する批判は、全く意味を持たないものであり、[93]検討の必要はない。

　佐藤の生涯にわたる行動や発言を振り返ってみると、読者はそれほど唐突で驚くことはないかもしれない。戦前、彼は日中外交で排日の風潮に遭遇した時、民族国家の立場から物事を見ず、日本を代弁することもせず、依然として人類の普遍的な価値に関心を持っていた。満州国が崩壊するまで、佐藤は戦争の惨禍によって引き起こされた国家や民族間の亀裂をどう乗り越えるかを考え続けていた。彼は戦後、自分の過去を振り返った時、「満洲国は亡んでも、日本人と満洲人との死線を越えての暖い交流は、はっきりと生き続

けていたのです。私は中国民族は民族の枠をのり越えて、異民族とともに生きていける幅広い民族であると信じています[94]」と語っていた。考えさせられる一文である。

　今日、第二次世界大戦時の政治、社会、経済的な断絶や継続性を考える時、佐藤の言葉はそれに対する脚注になるかもしれない。

　本論の議論を通じて、佐藤の戦後の活動や発言の多くが、漠然とではあるが戦前から辿ることができるものであり、その後の東アジアの冷戦状況に対する彼の見解に反映されていることがわかる。彼の思考には連続性がある。その人を理解するためには、自分自身の解釈のために、その見解を恣意的に切り離したりするのではなく、長期に渡る一貫性に注意を払う必要がある。この観察が完全に正しいわけではないが、佐藤の心理や言葉を考えると、時間と空間がもたらす変化を理解することができるかも知れない。満州国時代の官僚体制が戦後の東アジアでどのように続いたかについての最近の調査は、少なくとも冷戦の二元論と権威主義の台頭を再理解する課題を提供している[95]。佐藤の「歴史理解」は、満州国時代から戦後にかけての歴史の証言である。

［注］
(1)　周一良「扶桑四周」『周一良集』4 巻（瀋陽：遼寧教育出版社、1998年）、419頁。
(2)　冷戦期には、政治、社会、経済等の闘争に加えて、米国とソビエト連邦は文化レベルでの異なる考えの対立を生み出していた。すなわち「文化の冷戦」（cultural Cold War）である。以下を参照：Michael F. Hopkins, "Continuing Debate and New Approaches in Cold War History," *The Historical Journal*, 50：4 (December 2007), pp.929-933; Gordon Johnston, "Revisiting the cultural Cold War," *Social History*, 35：3 (August 2010), pp.290-307. 簡単に言えば、「官方文化」を出口として、明確に、または隠された形式をもって、交流の計画、国際フェスティバル、学術シンポジウム、貿易展示会、巡回公演、博覧会への出展などの「文化」を利用し外交、宣伝活動を行ってきた。Robert Haddow, *Pavilions of Plenty: Exhibiting American Culture Abroad during the 1950s* (Washington DC: Smithsonian, 1997)；Frances Stonor Saunders, Who Paid the Piper? *The CIA and the Cultural Cold War* (London: Granta Books, 1999).
(3)　Gavan McCormack, Client State: *Japan in the American Embrace* (London and New York: Verso, 2007).
(4)　葛生能久『東亜先覚志士記伝』（東京：黒龍会出版部、1934年）下、454頁；中

村義等編『近代日中関係史人名辞典』（東京：東京堂出版、2010年）、593頁。

(5) 山田純三郎「50年の大陸生活」『世界の動き』4巻3号（1949年2月）、6－7頁。栗田尚弥『上海東亜同文書院：日中を架けんとした男たち』（東京：新人物往来社、1993年）、96－119頁；武井義和「孫文支援者であった山田純三郎の戦前から戦後における日中関係観とアジア観——孫文死後の山田の主な発言と行動を手掛かりとして——」『同文書院記念報』27巻（2019年3月）、17－31頁；佃隆一郎「山田純三郎と『中国新軍閥混戦』——孫文死後数年間の山田の軌跡——」『愛知大学東亜同文書院大学記念センターオープン．リサーチ．センター年報』3号（豊橋：愛知大学東亜同文書院大学記念センター、2009年）、367－377頁。

(6) 佐藤慎一郎「日中交流私考」『海外事情』27巻4号（1979年4月）、47頁；（執筆者不明）「佐藤慎一郎先生関係年譜（未定稿）」、長塩守旦監修『日中提携してアジアを興す 第2集 我が生涯は水の如くに』（東京：志学会、2001年）、9頁。

(7) 佐藤慎一郎「体育講習」『南満教育』121号（1932年11月）、45頁。

(8) Louise Young, *Japan's Total Empire: Manchuria and the Culture of Wartime Imperialism* (California: University of California Press, 1998); Sandra Wilson, *The Manchurian Crisis and Japanese Society, 1931-33* (Oxon and New York: Routledge, 2002), pp.123－216.

(9) 挙国社編『大満洲帝国名鑑』（出版地不詳：編者印行、1934年）、17頁。

(10) 佐藤慎一郎「日中交流私考」、48頁；佐藤慎一郎『汨羅の淵に佇んで中国の激動史を見る——中華人民共和国誕生陣痛——』（大阪府堺市：大湊書房、1985年）、24－25頁。

(11) JACAR（アジア歴史資料センター）Ref.C05034820900、第4682号 11. 10. 5「満洲国吉林省長一行見学の件（防衛省防衛研究所）」；曲秉善「七七事変前随清水良策赴中国内地"視察"」、全国政協文史資料委員会編『文史資料存稿選編：日偽政権』（北京：中国文史出版社,2002）、86頁。

(12) 本書は、内政研究会叢書の第2冊にあたる。賀揚霊『察綏蒙民経済的解剖』（上海：商務印書館、1935年）。佐藤の発言より引用した。：佐藤慎一郎訳「察哈爾・綏遠蒙民経済の解剖（其の9）」『内務資料月報』2巻10号（1938年10月）、44頁。

(13) 佐藤慎一郎「山東郷村建設研究院概況」『民政部調査月報』1巻7号（1936年7月）、83－98頁；（執筆者不明）「佐藤慎一郎先生関係年譜（未定稿）」、10頁。

(14) 佐藤慎一郎「山東鄒平実験県実験規程集」『内務資料月報』1巻1号（1937年7月）、31－38頁；佐藤慎一郎「山東鄒平実験県実験規程集（二）」『内務資料月報』1巻2号（1937年8月）、61－81頁；佐藤慎一郎「山東鄒平実験県実験規程集（三）」『内務資料月報』1巻3号（1937年9月）、46－66頁；佐藤慎一郎「支那に於ける縣政建設実験区設立関係規程」『民政部調査月報』1巻8号（1936年8月）、101－114頁。

(15) 佐藤慎一郎「支那農村に於ける経済的剥奪関係」『民政部調査月報』2巻1号（1937年1月）、1－22頁。

(16) 佐藤慎一郎「定県に於ける県政建設運動（前）」『民政部調査月報』2巻3号（1937年3月）、48頁。「街村制」は1937年12月に公布、当時、民政部は佐藤慎一郎、

蛸井元義、山崎健太郎、井上實らに調査を委託した。奥村弘「「満州国」街村制に関する基礎的考察」『人文学報』66号（1990年3月）、15－39頁。

(17) 佐藤の履歴を参考のこと：「佐藤慎一郎先生関係年譜（未定稿）」、10頁；中西利八編『第三版 満洲紳士録』（東京：満蒙資料協会、1940年）、938頁；中西利八編『第四版 満洲紳士録』、434頁。『満洲帝国大同学院同窓会名簿』所載：佐藤慎一郎退職転任総務庁企画処調査官室。大同学院同窓会本部編『満洲帝国大同学院同窓会名簿』（新京：編者印行、1941年）、7頁。

(18) （執筆者不明）「執政令. 大同学院官制」、国務院総務庁編『満洲国政府公報』23号（1932年7月11日）、1頁。大同学院の創立は、1932年7月1日、以下を参照：貴志俊彦、松重充浩、松村史紀編『二〇世紀満洲歴史事典』（東京：吉川弘文館、2012年）、336－337頁；林志宏「地方分権與「自治」──満洲国的建立及日本支配」、黄自進、潘光哲主編『近代中国関係係史新論』（新北市：稲郷出版社、2017年）、643－683頁；林志宏「冷戦体制下における大同学院同窓会──日本と台湾の場合」、佐藤量、菅野智博、湯川真樹江編『戦後日本の満洲記憶』（東京：東方書店、2020年）、254－258頁。

(19) 中央檔案館、中国第二歴史檔案館、吉林省社会科学院編『日本帝国主義侵華檔案資料選編：偽満傀儡政権』（北京：中華書局、1994年）、437－438頁。総務庁の機能については、以下参照：長谷川雄一「『満州国』創建期における政軍関係──関東軍の政治的役割──」『亜細亜法学』18巻2号（1984年5月）、143－168頁。

(20) 佐藤慎一郎『満洲及満洲人』（新京：満洲事情案内所、1940年）。

(21) 満洲国警務総局保安局編『魔窟. 大観園の解剖』（東京：原書房、1982年）；厚生省研究所人口民族部編『漢民族の社会病理学的実態調査参考資料：満洲国哈爾濱傅家甸』（出版地不詳：編者印行、1943年）1頁。

(22) 調査を実施した日本人は、後藤令次、佐藤慎一郎、加藤豊隆である。名字に藤の字があるので、当時冗談めかして「三藤組」と呼ばれていた。戦後、加藤豊隆は、「大観園」を執筆し、1971年7月『芸文』に掲載した。後に『小説 大観園』（松山市：愛媛通信社、1974年）、169－243頁に収録した。

(23) 佐藤慎一郎「どたん場における人間学──敗戦. 亡国. 獄中記──」『佐藤慎一郎選集』（東京：佐藤慎一郎選集刊行会、1994年）、196頁。

(24) 長谷部茂「東洋学教授. 佐藤慎一郎の人と学問：新生中国、中共に対峙した拓殖大学地域研究の学統」『海外事情』69巻4号、（2021年7月）、71頁。

(25) 黄自進『「和平憲法」下的日本重建（1945－1960）』（台北：中央研究院人文社会科学研究中心亜太区域研究専題中心、2009年）、94－101頁、135－158頁、195－231頁。

(26) 楊子震、「中国駐日代表団之研究──初探戦後中日. 台日関係之二元架構」『国史館館刊』19期（2009年3月）、51－85頁。

(27) 武井義和『孫文を支えた日本人 山田良政. 純三郎兄弟』（名古屋市：あるむ、2011年）、54頁。

(28) 佐藤慎一郎「明暗二つの台湾」防衛庁防衛研修所編『研修資料』3集（東京：防衛研修所、1954年）、217－226頁。

(29) 野村浩一（1930－2020）は青春時代を振り返り、大略つぎのことを語っている。1951年にサンフランシスコ条約が調印され、1952年にメーデー事件が起こった。……わたしは党派とはなんらの関係もなかったが、しかしその時は将来社会主義が実現するだろうという強い思いを抱いていた。多くの学生もある程度はそう感じていただろう。学生気質ではあったが。村田雄二郎訪問，紀曉晶訳「野村浩一訪談録」『国際漢学』2期、2010年、29頁。

(30) リン　ヒュング「政治と知識：東洋協会の情報．政治構想」『拓殖大学百年史研究』、合併1－2号（1999年3月）、32頁；長谷部茂「東洋学教授．佐藤慎一郎の人と学問：新生中国．中共に対峙した拓殖大学地域研究の学統」、71－72頁。

(31) 長谷部茂、同上。

(32) 張屹、徐家林「異域之眼：日本的中共党史研究」『党史研究與教学』2期、2021年、94頁。

(33) 戦後の中国共産党史を研究する学者は、戦中に情報人員になった人物と純粋に学術的な背景をもつ学者に分類できる。許瑛「1945年－1972年日本学術界対中国革命的研究」『遼寧大学学報（哲学社会科学版）』36巻2期（2008年3月）、27頁；張屹、徐家林「異域之眼：日本的中共党史研究」、86頁。

(34) 馬場公彦「“文化大革命”在日本（1966－1972）：中国革命の日本に対するその衝撃と波紋」『開放時代』7期、2009年、58頁。金田進編『鳥取県百傑集：近代百年』（鳥取：山陰評論社、1970年）、131－136頁；林果顕「1950年代台湾的日本出版品進口談判」『国史館館刊』71期（2022年3月）、150－153頁。

(35) 馬場毅、黄英哲「介紹日本愛知大学所蔵中国近代史関係資料――霞山文庫與山田良政、純三郎檔案――」『近代中国史研究通訊』26期（1998年9月）、140頁。

(36) 霞山会編『霞山会50年史』（東京：編者印行、1998年）、226頁；今泉潤太郎、藤田佳久「孫文、山田良政．純三郎関係資料について」『愛知大学国際問題研究所紀要』97号（1992年9月）、413－513頁；伊藤隆、季武嘉也編『近現代日本人物史料情報辞典　4』（東京：吉川弘文館、2011年）、270頁。「霞山」は東亜同文会の創設者近衞篤麿（1863－1904）の号。

(37) 佐藤慎一郎「中共における思想改造運動」『アジア問題』8号（1953年9月）、30－39号。

(38) 「新しい人間」の概念は、晩清の梁啓超（1873－1929）の「新民説」から派生し、中国共産党がソビエトの経験を広め、中華人民共和国の思想改造の基準となった。王汎森「従新民到新人――近代思想中的「自我」與政治」、王汎森等著『中国近代思想史的転型時代』（台北：聯経出版股份有限公司、2007年）、171－200頁；余敏玲『形塑「新人」：中共宣伝與蘇聯経験』（台北：中央研究院近代史研究所、2015年）、18－30頁。

(39) 佐藤慎一郎「中国共産党の社会統制力の実相」『アジア問題』3巻2号（1955年8月）、72－81頁。

(40) 佐藤慎一郎「中国の高等教育と知識階級の諸問題」『アジア問題』8巻2号（1958年2月）、78－88頁。

(41) 井上實「農本建設の起点　模範村の経営につき」『大亜細亜』3巻3期（1935年

３月）、２－９頁。林志宏「重建合法性――満洲国的地方調査、模範村及其『教化』」『中央研究院近代史研究所集刊』117期（2022年９月）、99－106頁。

(42) これらの議論はそれぞれ1960年代初期に行なわれた。佐藤慎一郎「中国における経済建設の諸問題」、アジア経済研究所編『中国における経済建設の諸問題』（東京：アジア経済研究所、1961年）、105頁；佐藤慎一郎「中国大陸における農業の現状と将来（下）」『師と友』14巻２号（1962年２月）、23頁。

(43) 長谷部茂「東洋学教授・佐藤慎一郎の人と学問：新生中国・中共に対峙した拓殖大学地域研究の学統」、71－83頁。

(44) 年号の「大同元年」、新京の「大同大街」、「大同学院」等。佐藤慎一郎「中国民族の幻想――人民公社」『月刊世界政経』１巻２号（1972年４月）、24－32頁。

(45) 高橋衛「序」、佐藤慎一郎『新中国の命運をかけた人民公社』（東京：鋼書房、1959年）、１－２頁。

(46) 佐藤慎一郎『中国共産党の農業集団化政策』（東京：アジア経済研究所、1961年）；佐藤慎一郎『農業生産合作社の組織構造』（東京：アジア経済研究所、1963年）；佐藤慎一郎『人民公社の組織構造』（東京：アジア経済研究所、1964年）。東畑精一は著名な農業経済学者、村上保男『日本農政学の系譜』（東京：東京大学出版会、1972年）、220－236頁。

(47) 国際歴史学会会議日本国内委員会編・宮長為、趙徳生、高楽才訳『戦後日本的中国現代史研究綜述』（延邊：延邊大学出版社、1988年）、19－20頁。国際歴史学会、1926年、ジュネーブで成立、Karl Dietrich Erdmann, *Toward a Global Community of Historians: The International Historical Congresses and the International Committee of Historical Sciences, 1898-2000* (New York and Oxford: Berghahn Books, 2005).

(48) 佐藤慎一郎「第二章　人民公社」、民主主義研究会編『中国政治経済総覧　昭和41年版』（出版地不詳：民主主義研究会、1966年）、353－362頁。

(49) 姚崧齡編著『張公権先生年譜初稿』下（台北：伝記文学出版社、1982年）、1187－1188頁。

(50) 佐藤慎一郎「中国の民族問題と中共政策の根本矛盾」、時事問題研究所編『中共をどうみるか』（東京：時事問題研究所、1964年）、94－106頁。

(51) 例えば、佐藤と親交のあった大同学院同窓会は、中国共産党の動向に関わる講演会を開催し、そのテーマに精通している『読売新聞』記者が講演した。（署名なし）「最近の中共事情をきく」『大同学院同窓会報』27号（1966年６月30日）、５頁。

(52) 麦志坤著、林立偉訳『冷戦與香港：英美関係1949－1957』（香港：中華書局、2018年）、13－43頁。

(53) 林啟彦「戦後香港地区的中国近代史教研成果」、香港中国近代史学会編『中国近代史研究新趨勢』（台北：台湾商務印書館、1995年）、18頁；朱維理「1960年代以来香港初中中国歴史及歴史課本與二戦後歴史記憶」『思與言：人文與社会科学期刊』55巻２期（2017年６月）、134頁。

(54) 黄克武「顧孟餘與香港第三勢力的興衰（1949－1953）」『二十一世紀』162期（2017

年 8 月）、47－63頁。

(55) 齊鵬飛「『長期打算、充分利用』――1949年至1978年新中国対於香港問題和香港的特殊政策」『中共党史研究』2 期、1997年、23－30頁。

(56) Jing Jing Chang, *Screening Communities: Negotiating Narratives of Empire, Nation, and the Cold War in Hong Kong Cinema* (Hong Kong: Hong Kong University Press, 2019); Sangjoon Lee, *Cinema and the Cultural Cold War: US Diplomacy and the Origins of the Asian Cinema Network* (Ithaca: Cornell University Press, 2020).

(57) 姫宮栄一『香港：その現状と案内』（東京：中央公論社、1964年）、157頁。

(58) 朱維理「香港的『中国』歴史意識：1960年代以来初中国歴史教科書與社会論述的転変」『思想』31期（2016年 9 月）、115頁。

(59) Walter L. Hixson, Parting *the Curtain: Propaganda, Culture, and the Cold War, 1945－1961* (New York: St. Martin's Press, 1997).

(60) Laura Madokoro, "Surveying Hong Kong in the 1950s: Western Humanitarians and the 'Problem' of Chinese Refugees," *Modern Asian Studies*, 49:2 (March 2015), pp.493-524; Glen Peterson, "Crisis and Opportunity: The Work of Aid Refugee Chinese Intellectuals (ARCI) in Hong Kong and Beyond," in Priscilla Roberts and John Carroll ed., *Hong Kong in the Cold War* (Hong Kong: Hong Kong University Press, 2016), pp.141-159；王 梅 香「冷 戦時期非政府組織的中介與介入：自由亜洲協会、亜洲基金会的東南亜亜文化宣伝（1951－1959）」『人文及社会科学集刊』32巻 1 期（2020年 3 月）、123－158頁。

(61) Grace Ai － Ling Chou, *Confucianism, Colonialism, and the Cold War: Chinese Cultural Education at Hong Kong's New Asia College* (Leiden and Boston: Brill, 2011).

(62) 翟韜「冷戦語境下的新"華夷之辨"――美国対華宣伝與両岸政権象的塑造」『史学月刊』2 期、2016年、79・98頁。

(63) Ron Robin, *The Making of the Cold War Enemy: Culture and Politics in the Military-Intellectual Complex* (Princeton and Oxford: Princeton University Press, 2001).

(64) 丁中江「序」、江南『香港記行』（台中：台湾日報社、1966年）。「江南」は、劉宜良（1932－1984）の筆名。

(65) 藤岡真樹「冷戦初期のアメリカ合衆国の大学におけるソ連研究の諸相：ハーヴァード大学難民聞き取り計画と学知の停滞」『史林』99巻 3 号（2016年 5 月）、419－456頁。

(66) 陳湛頤、楊詠賢編『香港日本関係年表』（香港：香港教育図書公司、2004年）、303頁。

(67) 日本の「観音丸」の船員は、フィリピンに漂流し、10か月を経てマニラからマカオまで航行し、香港に 2 、3 日停留したという。対外関係史総合年表編集委員会編『対外関係史総合年表』（東京：吉川弘文館、1999年）、878頁。

(68) Chan Lau Kit-ching, "The Perception of Chinese Communism in Hong Kong, 1921-1934," *The China Quarterly*, 164 (December 2000), pp.1044－1061.

(69) 1920年代末、香港に対する共産主義の脅威が増大するなか、英国警察の刑事調

査科は1930年に反共小組－政治部（the Political Department）を設立した。1933年、小組の英語名は「Special Branch」に変更されたが、元の中国語の名称は変更されなかった。特別部は国家安全保障問題を担当し政治的、機密性の高い情報を収集し、テロやその他の極端な政治的転覆の脅威を回避するために、英国および英連邦警察によって広く運用されていた。H. L. Fu and Richard Cullen, "Political Policing in Hong Kong," *Hong Kong Law Journal* 33:1 (2003), pp.203-204.

(70) 劉維開「淪陥期間中国国民党在港九地区的活動」、港澳與近代中国学術研討会論文集編輯委員会編『港澳與近代中国学術研討会論文集』（台北：国史館、2000年）、477－499頁。

(71) 曾香屏「日本統治下的香港──以日本文化的移植為中心──」（台北：淡江大学日本語文学系碩士論文、2013年、未刊稿）；崇潤之「太平洋戦争期間日本対香港的文化統制」（蘇州：蘇州科技大学歴史学碩士論文、2018年、未刊稿）。

(72) 杜賛奇（Prasenjit Duara）は、それを「新帝国主義」（new imperialism）と表現している。杜賛奇著，趙洪瑋、韓威訳「1941－1966年香港與東亜新帝国主義」『中国海洋大学学報（社会科学版）』4期、2008年、25頁。Prasenjit Duara, "Hong Kong as a Global Frontier: Interface of China, Asia, and the World," in Priscilla Roberts and John Carroll ed., *Hong Kong in the Cold War* (Hong Kong: Hong Kong University Press, 2016), pp.211-230. 第二次大戦後の英国の香港植民地支配は、各社会問題に対して穏やかな方式に変化したと語る研究者もいる。鄺智文『重光之路──日據香港與太平洋戦争』（香港：天地図書有限公司、2015年）、22頁。

(73) 「唐菊生氏談対日貿易前途可慮」『大公報』（上海）、1947年12月7日、第6版。

(74) 「香港対日貿易関係　不難達到出入平衡　駐日代表堅力最近返港談話」『大公報』（香港）、1948年7月27日、第6版。

(75) 白玉平、曲鉄華「冷戦時期（1945－1975）美国基金会対日本教育援助項目探析──兼論戦後日本教育発展歴程中的美国因素」『東北師大学報（哲学社会科学版）』（長春）、2017年4期、201頁。

(76) 小野信爾「Ａ．Ｆ資金問題と中国学術代表団招請運動──懐柔と分裂の策動への反攻」『歴史評論』159期（1963年11月）、14－23頁。

(77) 仏文版：Robert Guillain, *Six cent millions de Chinois* (Paris: Julliard, 1956). 後に英文版が刊行された。*The Blue Ants: 600 Million Chinese under the Red Flag*，日文翻訳書名はこれを使っている。ロベールギラン著，井上勇訳『六億の蟻：私の中国旅行記』（東京：文芸春秋新社、1957年）。佐藤が解説している個所は、242－257頁。

(78) 江南『香港記行』、44頁。カサブランカ（Casablanca）は、モロッコ（Morocco）の最大都市で大西洋岸に位置している。第二次大戦中に親ドイツ派のヴィシー政権に支配されていたが連合国に占領され、そこには多くのスパイが活動していた。冷戦時代の香港の地位は、カサブランカをもって比喩されていた。このことは、劉宜良によって言われている。

(79) 瀬川五郎等「訪韓、訪台で感じたことども」『大同学院同窓会報』41号（1970年1月1日）、5頁。

(80) 湯ノ恵正行編、佐藤慎一郎著『中国人から見た中国の現状──中国人の物の考え方──』（大阪：新教育懇話会、1983年）、13－14頁。

(81) 佐藤慎一郎「雲外の天は常に青天なり」『海外事情』17巻12号（1969年12月）、49－56頁。香港難民は佐藤に手紙を寄せている。「大陸女子找対象　看他配到多少糧　七追六先五可以　二下不要問老娘」『聯合報』、1977年3月28日、第3版。

(82) 張雅晶「"文化大革命"時期日本人的文革論」『史学月刊』3期、2001年、83頁。

(83) 劉曉鵬「敵前養士：「国際関係研究中心」前伝、1937－1975」『中央研究院近代史研究所集刊』82期（2013年12月）、145－174頁。

(84) 「欲謀與匪進行談判　應記過去教訓　中日学者忠告民主国家　大陸問題座談会昨閉幕」『聯合報』（1971年12月25日第2版）。

(85) 「内部文献」は台北の某機関から手に入れていることがその裏付けとなる。佐藤慎一郎「昆明連区政治部秘資料──ニクソンは何故呼びつけられ、田中角栄前首相はどうあしらわれたか」『諸君！ 日本を元気にするオピニオン雑誌』7巻10号（1975年10月）、177頁。

(86) 「日各民間団体拡大活動 反対田中内閣媚匪　將在東京挙行大規模群衆大会喚起戦後遺回軍民毋忘我恩徳」『聯合報』1972年9月18日、第1版。

(87) 林金莖「戦後の日華関係と国際法」（東京：有斐閣、1987年）第6章、93－123頁。

(88) 佐藤慎一郎「中国人の心」『海外事情』21巻2号（1973年2月）、19－26頁。

(89) 佐藤慎一郎「中国から見た日中条約」『師と友』31巻1号（1979年1月）、23－29頁；佐藤慎一郎「中国人から見た日中友好と中国大陸の現状（二）」『師と友』35巻9号（1983年9月）、21－24頁。

(90) 佐藤慎一郎「鄧小平時代の到来」『月刊カレント』18巻5号（1981年5月）、11頁。

(91) 桜井よしこ『日本の危機』（東京：新潮社、2000年）。

(92) 鬼塚英昭『田中角栄こそが対中売国者である：「佐藤慎一郎、総理秘密報告書」を読み解く』（東京：成甲書房、2016年）。

(93) 天津社科院研究員が佐藤慎一郎を「はなはだ常識から外れている」と語った。周建高『日本人善学性格分析』（天津：天津社会科学院出版社、2007年）、222頁。

(94) 佐藤慎一郎「中国人から見た日中友好と中国大陸の現状（四）」『師と友』35巻11号（1983年11月）、20－25頁。

(95) Rolf I. Siverson, "From Chimera's Womb: The Manchukuo Bureaucracy and Its Legacy in East Asia," *International Journal of Asian Studies*, 17 (January 2020), pp.39-55.

付記：本論文は、中央研究院プロジェクトによる研究成果（「帝国のプロセスとその継続：冷戦期の大同学院同窓会」）の一部である。

（訳　小山三郎）

日本人観光客は台湾をどう見てきたか
──台湾旅行の100年史

小牟田哲彦

作家

はじめに

　新型コロナウイルスの流行前にあたる2019（令和元）年に台湾を訪れた日本人観光客は、約216万7,000人だった。[1]これは、同年に訪台した外国人旅行者の28.8パーセントを占めており、2番目に多い韓国からの約123万9,000人を大きく引き離して最も多い。日本から見ても台湾は海外旅行先として人気が高く、日本最大級の海外旅行情報サイトとして知られていた「エイビーロード」が2008（平成20）年から2019（令和元）年まで毎年実施していた海外旅行調査によれば、2014（平成26）年に調査対象者間におけるレジャー目的での渡航先比率（渡航率）の数値で台湾が初めてトップに立ち（それまで毎年トップだった韓国を逆転）、以後、2018（平成30）年まで5年連続トップのままだった［次頁の**表1**］。[2]台湾の観光産業にとって日本からの観光客の存在は極めて大きく、また日本の海外旅行業界にとっても台湾の存在が重要であることは、これらのデータからも疑う余地がない。

　だが、地理的に近く廉価な費用で旅行しやすいはずの台湾への観光旅行客がこれほど安定して多くなったのは、実は21世紀に入ってからのことである。日本人が台湾へ観光旅行ができるようになってから100年以上の歴史があるが、立地条件や旅費の多寡だけではなく、平均的日本人が台湾に対して抱く観光旅行先としてのイメージは、この100年間で大きく変遷しており、それが日本から台湾への旅行者数や旅行者層の変化にも大きく影響していると考えられる。

第一部　歴史教育と歴史認識　65

表1 「エイビーロード海外旅行調査」における「レジャー渡航先」比率の推移

調査対象年度	1位	渡航率	2位	渡航率	3位	渡航率	4位	渡航率	5位	渡航率
2007年	韓国	17.3	ハワイ（オアフ島）	12.3	台湾	10.3	グアム	9.1	香港	7.5
2008年	韓国	18.2	ハワイ（オアフ島）	12.1	台湾	10.7	グアム	9.6	香港	8.3
2009年	韓国	23.2	ハワイ（オアフ島）	12.2	台湾	10.0	グアム	8.0	上海	7.9
2010年	韓国	20.8	ハワイ（オアフ島）	11.7	台湾	10.8	グアム	8.4	香港	7.1
2011年	韓国	23.6	ハワイ（オアフ島）	11.8	台湾	11.5	グアム	8.2	フランス	7.4
2012年	韓国	20.3	ハワイ（オアフ島）	13.5	台湾	12.1	グアム	8.4	フランス	7.5
2013年	韓国	15.4	台湾	12.8	ハワイ（オアフ島）	12.7	グアム	7.7	フランス	7.5
2014年	台湾	14.3	ハワイ（オアフ島）	13.5	韓国	12.5	フランス	7.7	グアム	6.5
2015年	台湾	15.9	ハワイ（オアフ島）	13.0	韓国	10.0	グアム	7.0	タイ（ビーチリゾート以外）	6.2
2016年	台湾	18.8	ハワイ（オアフ島）	12.7	韓国	12.1	グアム	6.2	香港	5.9
2017年	台湾	17.5	ハワイ（オアフ島）	13.6	韓国	11.2	香港	7.1	タイ（ビーチリゾート以外）	5.9
2018年	台湾	16.3	韓国	13.6	ハワイ（オアフ島）	13.4	香港	7.6	タイ（ビーチリゾート以外）	6.8

注：「渡航率」（単位：パーセント）は調査対象者が当該年に渡航したと回答した海外旅行先の調査対象者全体に対する比率。

出所：「エイビーロード海外旅行調査」の2008年～2019年の各年版より作成。

観光旅行先のイメージの高低は、旅行先の決定に際して重要な意義を持つ。そこで本論では、日本から台湾への観光旅行の歴史を第2次世界大戦の前後で2つに分け、それぞれの時代における台湾側の事情や日本側の国内事情を踏まえながら、日本人が台湾に対して抱いてきた観光旅行先としてのイメージの変遷について分析する。その変遷を知ることは、今後、台湾を訪れる日本人観光客の動向を理解するうえで重要な意義を有すると考える。

1．第2次世界大戦前の日本発台湾観光事情

（1）日台間の定期旅客航路

　日本から台湾への観光旅行の歴史は、下関条約によって台湾が日本領となった翌1896（明治29）年に、神戸と門司から基隆への定期旅客航路が開設されたことにより本格的に始まった。日本の鉄道院（のちの鉄道省・国鉄。現・JRグループの前身）や台湾鉄道部の検閲も受けて市販されていた『公認汽車汽舩旅行案内』の1919（大正8）年6月号を開くと、日本郵船と大阪商船の2社が、両社あわせて3日に1便のペースで神戸から北九州の門司を経て基隆まで3泊4日の定期航路を就航させている。大阪商船はこのほか、横浜から神戸や門司、長崎などを経由して基隆、澎湖島、打狗（現・高雄）へと至る長距離航路を片道12〜13日かけて運航したり、大阪・神戸とフィリピンや香港を結ぶ定期航路を途中で基隆と打狗（現・高雄）に寄港させている。

　昭和時代（1926年以降）に入ると、就航する旅客船も大型化して、船内の旅客サービスもより豪華になっていく。前掲『公認汽車汽舩旅行案内』によれば、大正時代（1912〜1926年）に日台航路に就航している客船の総トン数はいずれも6,000トン前後。日本郵船の信濃丸をはじめ、19世紀末に建造されて日露戦争で徴用された古参船舶も多かった。ところが、戦前の代表的な全国版旅行ガイドブック『旅程と費用概算』の1931（昭和6）年版によれば、神戸〜基隆間の航路は月13〜14便、つまりほぼ2日に1便のペースで運航されており、「就航船は一萬噸級の優秀船で歐米航路の汽船に劣らぬ設備を有してゐる」、「各船とも善美をつくした浮宮（フローチングパレス）である」などと紹介されている。その後も新造船が投入され、その豪華な船内の様

画像1

近海郵船の富士丸（1937年竣工、総トン数9,138トン）。
台湾航路の中でもトップクラスの規模、スピードを誇った。
（『Taiwan : a unique colonial record』より）

画像2

富士丸の船内
（『Taiwan : a unique colonial record』より）

子は欧米向けの写真集(5)にも紹介されている［画像1・2］。

日台間を往来する旅客の大半はこれらの客船を利用したが、1935（昭和10）年には日本航空輸送（のちの大日本航空）が福岡〜那覇〜台北間に定期旅客航空便を開設したことにより、福岡から台北までその日のうちに到達することも可能になった。ただし、『旅程と費用概算』の1938（昭和13）年版によれば、所要6時間50分で結ぶ福岡〜台北間の片道運賃は110円で、これは神戸〜基隆間の客船3等運賃20円の5.5倍にあたる。

(2) 台湾島内の旅行事情

台湾の鉄道は、清国統治時代の1891（光緒17）年に基隆〜台北間で初めて開通したが、その後の島内の鉄道ネットワークは日本統治時代に拡大していった。特に、1908（明治41）年に開通した西海岸沿いの台北〜高雄間では昼夜に急行列車が運行され、1919（大正8）年の時点で昼は所要約10時間で直通した。17年後の1936（昭和11）年には所要8時間にまで短縮されており、順調なスピードアップが図られている。

世界三大山岳鉄道として今も名高い阿里山森林鉄道は、本来は森林資材を運搬する産業鉄道だったが、雄大な景観に接することができる日本国内屈指の山岳路線として、『旅程と費用概算』などの旅行ガイドブックでも詳しく

紹介されていた。また、幹線から外れた内陸部など道路事情の悪い地域には、「台車」と呼ばれる手押しトロッコが、線路の上を走る営業軌道として台湾全域で発達し、昭和初期（1930年頃）には全島で1,300キロ以上の台車路線網が存在したという。人力で走る簡易な乗り物ではあるが、台湾独特の立派な公共交通手段であり、日本本土からの観光客には物珍しい存在として旅行ガイドブックで紹介された。台湾総督府交通局鉄道部が毎年発行していた『台湾鉄道旅行案内』では、台車の安全な乗り方が解説されていた。

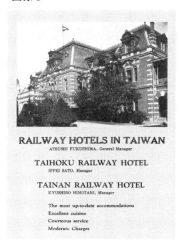

画像3

『Taiwan : a unique colonial record』に掲載されている鉄道ホテルの広告。日本統治時代らしく、「台北」の英字表記が「TAIHOKU」となっている。

旅行者向けの宿泊施設はそれらの鉄道駅周辺に多数営業しているのが通例で、旅行ガイドブックでは日本人が経営する旅館を「内地式」、台湾人経営の場合は「本島式」（『旅程と費用概算』では「台湾式」）と区別して紹介していた。宿の名称が「日の丸」でも台湾式、という旅館もあり、名称だけではどちらかわからないケースもあった。

台北駅前には、1908（明治41）年に当時の台湾では唯一となる西洋式ホテル・台湾鉄道ホテルがオープンしている。台湾総督府交通局鉄道部の直営で、ルネサンス様式の洋館3階建て、備品や調度品はすべてイギリスから調達され、内地の高級ホテルをしのぐほどの格式の高さを誇っていた。1936（昭和11）年には台南にも直営の鉄道ホテルが開業したことから、台北鉄道ホテルと改称している［画像3］。

（3）台湾旅行者向けの割引サービス

台湾側に日本本土からの観光客を迎え入れる交通機関や宿泊施設などの物理的環境が整うにつれて、旅費の割引サービスなども徐々に拡大していった。

北海道から九州まで日本列島内の主要鉄道路線を運営する鉄道省は、大阪

画像4

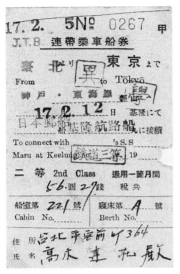

1942（昭和17）年に発行された台北から東京までの直通乗車券（所蔵：小牟田哲彦）

商船や日本郵船による定期航路を介して、台湾総督府交通局鉄道部が所管する台湾島内の鉄道との間で連帯運輸を行う関係にあった。これは、日本本土の鉄道駅から、台湾の鉄道駅までの直通乗車券を購入することができ、旅行者は事業者が異なる鉄道や船を乗り換える場合でも乗車券を買い直す必要がなかったことを意味する。台湾から日本本土へ向かう場合も同様である［画像4］。日本列島内の鉄道利用者にとって、台湾への旅行は本州から航路を挟んで鉄道で行けるという意味で、北海道や四国、九州へ渡ることと同じだった。

そのことを利用者により強く印象付け

表2　普通遊覧券の指定遊覧地方一覧（1932〔昭和7〕年6月1日現在）

	指定地方	遊覧地の例
1	上州温泉廻り	伊香保、榛名山、四万、草津
2	箱根廻り	湯本、小涌谷温泉、強羅、芦ノ湖
3	伊豆半島及び大島廻り	湯河原、熱海、伊東、下田、湯ヶ島、修善寺、長岡、大島
4	富士五湖廻り	山中湖、河口湖、西湖、精進湖、本栖湖、富士山
5	信越北陸温泉廻り	別所、戸倉、湯田中、赤倉、野尻湖、善光寺、浅間温泉、宇奈月、和倉、加賀温泉、永平寺、東尋坊、芦原
6	伊勢、紀州、大和廻り	伊勢神宮、勝浦、那智滝、瀞八丁、熊野本宮、赤目48滝、奈良、橿原神宮、吉野山、生駒山、高野山、和歌浦
7	天橋立、城崎廻り	城崎、玄武洞、天橋立
8	四国遊覧	高知、室戸崎、祖谷渓、鳴門、屋島、琴平、道後、小豆島
9	九州遊覧	大宰府、武雄、雲仙、島原、天草、阿蘇温泉、人吉温泉、霧島、鹿児島、指宿、桜島、青島、別府、耶馬渓
10	台湾遊覧	宜蘭、蘇澳、台北、草山、北投温泉、淡水、角板山、台中、日月潭、嘉義、阿里山、台南、高雄、四重渓

出所：『旅程と費用概算』（昭和7〔1932〕年版改訂増補）より作成。

た出来事が、鉄道省が日本全国の著名な観光地を対象としてJTB（ジャパン・ツーリスト・ビューロー）で発売していたクーポン式の遊覧券が、1931（昭和6）年に、台湾を指定遊覧地方として追加したことだった。日本列島外にある日本の領土、いわゆる外地を鉄道省が指定遊覧地方としたのは、台湾が唯一の例である。当時の指定遊覧地方は箱根や富士五湖、伊勢神宮といった、日本国内でも特に知名度が高く人気がある観光地が全国で10地域のみ指定されていた［前頁の**表2**］[7]が、台湾はそうした地域の1つであると公的機関によって認定されたことになる。

（4）戦前の日本人が抱いていた台湾のイメージ

このように、観光旅行先としての環境や割引制度は日本列島内の旅行と同じように充実していったのだが、当時の平均的な日本人が、台湾を箱根や伊勢と同レベルの観光地として認識していたかどうかは疑わしい。

1924（大正13）年から2012（平成24）年まで、第2次世界大戦中の一時休刊を挟んで88年間も刊行され続けた旅行雑誌『旅』には、戦前は台湾を含む外地の旅行記が頻繁に掲載されていた。その1925（大正14）年12月号には、台湾総督府交通局総長が、台湾赴任前に本土で抱いていた台湾のイメージを「苦熱の天地であり、マラリアの流行する島であり、且つ生蕃の横行する所」と表現し、「友人の中には私の健康を危惧して呉れたものすらあつた」と記している[8]。1929（昭和4）年2月号に掲載されている台湾各地での鉄道旅行体験記には、現地の人々が檳榔を噛んで唾を吐く習慣を嫌悪したり、汽車旅行中に購入する駅弁が高くてまずいといったマイナスの印象が、遠慮なく綴られている[9]。

1930年代（昭和5年以降）になると、『旅』の台湾特集でも「今日では台湾の衛生状態は内地よりかいい位」とか「（台湾の味覚の王者は）果物が第一」など、プラスの魅力をアピールする記事が増えていく[10]。毎年改訂されていた『台湾鉄道旅行案内』では、巻頭に当時の日本最高峰である新高山（現・玉山）の登山情報を詳細に記しており、高砂族と呼ばれた少数民族の生活圏に立ち入ることになる台湾の登山が、本土から来た日本人登山者にとっては稀少な異文化体験の機会にもなることが読み取れる。

ただ、そうした雑誌記事や登山情報においても、「台湾は内地とは異質の旅行先である」という旅行体験者や執筆者の共通認識が垣間見える。これらの資料からは、当時の日本本土に住む平均的日本人が、旅行先としての台湾を「旅行環境は概ね整備されているが内地とは異質な国内地域」と捉えていた、と解釈することができるだろう。

2．第2次世界大戦後の日本発台湾観光事情

（1）海外旅行自由化と同時に台湾旅行者が増加

　日本が第2次世界大戦に敗れたことで、台湾は日本の統治下から切り離され、日本にとっては外国となった。これにより、台湾は国内旅行先から海外旅行先へと切り替わったのだが、終戦直後からアメリカをはじめとする連合国の占領下に置かれた日本では、海外旅行の自由がなくなった。さらに、1952（昭和27）年にサンフランシスコ平和条約によって日本の主権が回復した後は、経済力が弱い日本から外貨が持ち出されることを制限するために、日本政府自身が日本国民の海外旅行を制限した。日本人が観光目的で自由に海外旅行ができるようになったのは、東京オリンピックが開催された1964（昭和39）年のことである（日本ではこれを「海外旅行の自由化」という）。

　台湾を旅行先とする旅行会社主催のパッケージツアーは、海外旅行の自由化直後から販売された。当時、日本からアジア方面へのツアー商品は台湾、及び香港・マカオの両地域にほぼ限られていた。日本から遠い欧米へのツアーは行先が多様だったのに、日本から近い東アジア地域で旅行会社が推奨する海外旅行先が少なかったのは、その頃の東アジアでは内戦その他で国内が混乱している国が多く、また共産主義圏では外国人の自由な旅行が認められにくかったため、植民地統治下にあった香港やマカオ、それに日本と同じ自由主義陣営に属していた台湾くらいしか安全に旅行できなかったからである。

　しかも、その頃市販されていた旅行ガイドブックでは、台湾と香港・マカオが1冊にまとめられていた［次頁の**画像5**⁽¹¹⁾］。「ジャルパック」などパッケージツアー商品の多くも台湾と香港・マカオを同一行程中に組み込むなど、台湾と香港・マカオは、同一機会にまとめて訪れる一体的な旅行先とみなされ

72

ていた。

　日本の外務省が公表した「1969年（暦年）の一般旅券の目的別・渡航先国別（延数）統計表」によれば、1969年の台湾を渡航先とする旅券（パスポート）の観光旅行者数は約12万6,000人で、香港の約11万人を上回りアジアでは最も多い。アジア全体への観光旅行者数が約44万6,000人だから、アジア方面への観光旅行者のおよそ4人に1人は台湾を目的地としていたことになる。

（2）戦後の台湾旅行に対する
　　イメージの変遷
　台湾旅行のガイドブックには、概ね21世紀に入る頃まで、「○歳以上の台湾人には日本語が通じるので安心」という主旨の説明が見られた。戦前に日本語教育を受けた

画像5

1966（昭和41）年発行の『ブルーガイド海外版 JALシリーズ1 香港・マカオ・台湾』の表紙。香港・マカオと台湾が同一のガイドブックで紹介されている。

世代であればほとんど誰とでも日本語でコミュニケーションが取れるという環境は、日本人旅行者の多くが海外旅行時に感じる言語の壁を低くし、台湾が旅行しやすい地域であることを印象付ける大きな要因であり続けた。

　もっとも、1980年代までは、台湾旅行に出かける日本人の客層は、現在とは様相を異にしていた。「渡航先別 出国日本人の年齢及び男女別」という日本の出入国管理統計によれば、1980（昭和55）年に台湾へ渡航した日本人は約58万5,000人で、アメリカ合衆国に次いで世界で2番目に多い出国先であったが、そのうち男性が約52万5,000人と全体の約9割を占めている。同年の海外渡航者全体では男性が約7割、アメリカ合衆国への渡航者約133万人の男性比率は約58パーセントだったことから見ても、台湾への渡航者は男性の比率が突出して高い。これと類似の傾向は、韓国への渡航者の男性比率が93.5パーセント（約42万8,000人のうち約40万人が男性）と台湾をさらに上回る男性偏重結果となっている点に見られる。

第一部　歴史教育と歴史認識　　73

こうした数値の原因は、当時の旅行ガイドブックに記載されている、いわゆる男性向けナイトライフに関する記述から推察できる。1970〜1980年代は日本人の男性旅行者による海外での買春行為が社会問題となった時期であり、台湾は、韓国やフィリピンなどと並んで、そうした旅行先の一つと目されていたのである。[14]

　当然ながら、この不道徳な"男性天国"のイメージを、日台双方の観光業界が歓迎するはずもない。女性観光客を台湾へ呼び込むため、日台間を結ぶ航空会社が女性向けの観光誘致広告を打つなどのPRを展開したりした。[15]台湾への旅行ガイドブックに記載されていた男性向けナイトライフに関する情報も、徐々に姿を消していった。そうした変化が、日本の「渡航先別 出国日本人の年齢及び男女別」の数値に反映されるようになったのは1990年代半ばで、1994（平成6）年には台湾への渡航者の男性比率が70パーセント台前半にまで低下した。[16]翌1995（平成7）年以降は、[17]女性渡航者数が安定して20万人を超え続けている。

(3) 日本における台湾旅行情報の制約と開放

　ただ、インターネット全盛以前の日本では、台湾関係の情報がテレビや新聞など社会的影響力のあるマスメディアに登場しにくく、したがって、男女を問わずリピーター以外に台湾の魅力が伝わりにくい事情があった。

　今でこそ、日本のテレビ局や大手新聞社は台湾に自社の支局を置き、記者を常駐させているが、1998（平成10）年までは産経新聞社だけが台北支局を置き、その他の主要メディアは台湾に支局を置かなかった。逆に『産経新聞』は、文化大革命中に北京から自社特派員が追放されて以降、31年間にわたり北京に支局を置けなかった。欧米のマスメディアは北京と台北の双方に支局を置いても問題なかったのに、である。つまり、日本のマスメディアが日本社会に伝える海外情報として、日本のすぐ隣にある台湾の情報は不自然なまでに少なかったのだ。1998（平成10）年に発行された日本の旅行雑誌には、「テレビで台湾のドキュメンタリー番組はもちろん、ニュースの中で十分程度の特集をしただけで中国政府から抗議が来るので、企画が通ることさえないそうだ」というマスコミ関係者の証言を紹介したうえで、「したがって、

メディアによる情報が圧倒的に少ない。イメージが湧かないのは映像を見る機会がめったにないのと無関係ではないだろう」と分析する記事が掲載されている。[18]

　こうした状況が変わっていったのは、インターネットの発達と無関係ではないだろう。一般の日本人が、テレビや新聞の既存メディアを介さず、インターネットを通じて台湾の旅行情報に気軽に接しやすくなった。1998年以降は『産経新聞』以外の日本の報道機関も台北に支局を置くようになり、ようやく、台湾の日常的なニュースが日本のテレビや新聞で報じられやすくなった。

　台湾が1994（平成6）年から、日本人観光客に対して入国ビザの免除措置を採り始めた影響も見逃せない。日本政府が台湾人観光客に短期入国ビザの免除措置を採ったのは2005（平成17）年からであり、台湾はその10年以上前から、日本人観光客の増加を図るため一方的にビザ免除を始めたのだ。

　そうなると、パスポートさえ持っていれば短時間で行けてしまう台湾は、海外旅行先として選びやすくなる。海外旅行としては費用も安上がりになるため、リピーターが生まれやすい。旅行経験者やリピーターが増えれば、口コミによる集客効果も高まっていく。すると、旅行ガイドブックの記述やマスメディアによる現地情報も、読者や視聴者を意識して、世代や性別を超えた幅広い層向けの内容になりやすくなる。

　こうして、1990年代後半以降、台湾への旅行者は着実に増えていった。2019（令和元）年に日本から台湾を訪れた約216万7,000人の旅行者のうち、女性は48％にあたる約104万7,000人を数え、かつ、ほぼ全世代にわたっている。[19]この数値からは、かつての"男性天国"のイメージがすでに一掃されていることが読み取れる。

（4）修学旅行先として高評価が定着

　旅行先としての台湾に対する日本人のイメージの変化を最も顕著に裏付けるデータとして、海外への修学旅行を推進する学校が渡航先として台湾を選択するケースが増えていることが挙げられる。

　全国修学旅行研究協会が毎年実施している日本全国の高校による海外修学

第一部　歴史教育と歴史認識　75

表3　海外修学旅行　訪問国別実施校数と参加生徒数

訪問国・地域	校数（校）		校数比（%）		生徒数（人）		生徒数比（%）	
	2019年	2002年	2019年	2002年	2019年	2002年	2019年	2002年
中国	10	199	0.8	19.4	952	36,894	0.5	22.3
韓国	22	215	1.8	21.0	1,444	31,955	0.8	19.3
台湾	334	19	27.2	1.9	53,806	2,137	31.0	1.3
シンガポール	191	129	15.6	12.6	27,385	19,747	15.8	11.9
マレーシア	109	85	8.9	8.3	14,740	13,195	8.5	8.0
ベトナム	41	0	3.3	0.0	6,126	0	3.5	0.0
オセアニア地域	128	193	10.4	18.8	18,993	33,635	10.9	20.4
北米地域	249	165	20.3	16.1	35,439	27,299	20.4	16.5
ヨーロッパ地域	105	74	8.6	7.2	11,204	9,735	6.5	5.9

出所：全国修学旅行研究協会「2019（平成31・令和元）年度 全国公私立高等学校 海外修学旅行・海外研修（修学旅行外）実施状況調査報告」により作成。

　旅行の実施状況調査によると、2019（令和元）年に海外への修学旅行を実施した全国898の高校のうち、台湾を渡航先とした学校は334校と最も多く、2番目に多い北米地域への249校を大きく引き離している［表3］。2002（平成14）年の同調査では、海外修学旅行を実施した874校のうち台湾を渡航先としていた例はわずか19校だった[20]ことと比べると、この20年足らずの間の増え方は驚異的である。海外修学旅行を行う学校数自体はあまり変わっていないのに、台湾を選ぶ学校が飛躍的に増え、代わりに中国または韓国への修学旅行実施校が激減している。

　修学旅行の実施には、教育委員会や保護者の理解が不可欠である。「台湾への修学旅行が高校の教育活動として有益である」という認識が、教育機関や保護者世代で広く共有されていなければ、このような実績にはならない。私立校の場合は、海外修学旅行の行先をどこにするかは、生徒募集上の宣伝効果の意味もある。したがって、台湾を修学旅行先とする学校がこれだけ増えたという事実は、台湾という旅行先に対する好印象が、この20年間で日本社会全体に対して急速に広まっていったことを如実に示していると言える。

おわりに

　このように、観光旅行先としての台湾に対する日本人のイメージは、この100余年の間に大きく変遷した。各時代の平均的な台湾旅行のイメージは市販の旅行ガイドブックや旅行雑誌の記述から読み取ることができ、それらのイメージが台湾への旅行者数の変動にどう影響していたかは、日台双方の統計データによって推察することができる。

　台湾が日本本土に比べて暖かい南の島であり、比較的短期間で訪問可能な旅行先である、という認識自体は、おそらく戦前も戦後も大きく変わっていない。台湾島内の移動や宿泊の環境がそれなりに整備されていて、日本本土から訪れた旅行者が利用しやすいという点も、概ね共通している。

　だが、第2次世界大戦前の日本統治時代は、同じ日本領土でありながら、台湾の衛生面や台湾人の生活習慣、異文化に対してはある種の偏見があったと言えるし、戦後は家族連れや女性客を遠ざけるような歓楽的要素が強い旅行先、という印象が長らく定着していた。それは、日本で得やすい台湾の情報に偏りがあり、実際に台湾を訪問した旅行者も限られていて生の情報に接する機会が少なかった、という状況が大きな要因の一つであったと考えられる。

　それが、実際に台湾を訪れる人が増えたこと、インターネットを通じて台湾の現地情報や口コミに容易に接することができるようになったことで、21世紀に入って以降、台湾旅行に対する好印象は日本人の間で世代や性別を超えて急速に定着した。もちろんそれは、「台湾が世代や性別を問わない観光旅行先としての魅力を有する場所である」という事実の存在が前提である。台湾が、世代や性別を問わず幅広い層の日本人にプラスのイメージを抱かれる地域として発展し、日本からの台湾旅行経験者がさらに増えていけば、日台双方からの台湾情報の発信もいっそう盛んになる。それがまた、新たな台湾旅行への意欲の喚起・増進に繋がっていく。その好循環が続く限り、台湾を訪ねようとする日本人旅行者は、これからも順調に増えていくだろう。

［注］

(1) 台湾交通部観光局「108年來臺旅客人次及成長率──按居住地分」による。

(2) 株式会社リクルートライフスタイル（2012年以前は株式会社リクルート）による「エイビーロード海外旅行調査」の2009年－2019年の各年版による。

(3) 1900（明治33）年にイギリスで建造された信濃丸は日露戦争当時、バルチック艦隊の早期発見により日本海海戦の勝利に貢献した船として知られる。1913（大正２）年には、日本に亡命する孫文が基隆から神戸まで乗船していた。

(4) 『旅程と費用概算』（ジャパン・ツーリスト・ビューロー、1931年）、533頁。

(5) 内藤英雄『Taiwan：a unique colonial record』（国際日本協会、1937年）

(6) 『台湾鉄道旅行案内』（台湾総督府交通局鉄道部、1940年）、83頁。

(7) 『旅程と費用概算』（ジャパン・ツーリスト・ビューロー、1932年）、付録23頁以下。

(8) 生野團六「想像した台湾と現実の台湾」『旅』（1925年12月号）、４頁以下。

(9) 鈴木克英「台湾の交通機関さまざま」『旅』（1929年２月号）、10頁以下。

(10) 「（座談会）台湾を語る」『旅』（1935年10月号）、129頁。

(11) 一例として『ブルーガイド海外版JALシリーズ１　香港・マカオ・台湾』（実業之日本社、1966年）など。

(12) 『昭和44年版わが外交の近況』（外務省、1970年）、496－497頁。

(13) 『出入国管理統計年報　昭和55年』（法務省、1981年）、116頁以下。

(14) 秋山和歩『戦後日本人海外旅行物語　巨いなる旅の時代の証言』（実業之日本社、1995年）、159頁など。

(15) 一例として小牟田哲彦『旅行ガイドブックから読み解く明治・大正・昭和　日本人のアジア観光』（草思社、2019年）、312－313頁。

(16) 『出入国管理統計年報　平成６年』（法務省、1995年）、126－127頁。

(17) 『出入国管理統計年報　平成７年』（法務省、1996年）、126－127頁。

(18) 高野秀行「《殖民地》という名前の酒場」『旅行人』（1998年12月号）、17頁。

(19) 台湾交通部観光局「表１－13 108年１至12月來臺旅客人次－按居住地、年齢別及性別分」による。

(20) 全国修学旅行研究協会「平成14年度全国公私立高等学校海外（国内）修学旅行・海外研修実施状況調査報告」による。

第二部
国境を越えたメディアと文化、政治

国共内戦期（1945－1949）、
中国共産党の文芸政策の越境
——香港『華商報』の役割

王　超然

国立台北大学歴史学系助理教授

はじめに

　1949年3月28日、沈従文は、左翼文化人の一年以上に渡る包囲、弾圧に耐え切れず、作家としての自信を完全に失い、新しい時代の政治文化に適応できないと感じ、自殺を図った。事件の始まりと終わりをさらに探っていくと、文芸界の沈従文批判の出発点は香港であり、さらに続いて国内へと向かい、沈批判の大きな運動が形成されていたことがわかる。ここから3つの問題が提起できる。第一に、なぜ香港が出発点なのか。沈に対する批判の波をかきたてたのは、上海、重慶、北平の大都市でなかったという事実。第二に、国共内戦の際、中国共産党の香港の戦略的位置はどのようなものであったのか。第三に、沈従文が受け入れられなかった中国共産党の文芸理論とは何か。彼が香港から得ていた教訓は具体的になにか。中国共産党は、建国前夜に沈従文が抵抗できないほどの世論をどのように形成したのか。本論で取り上げるのは、これらの問題である。

　内戦中の中国共産党による香港の戦略的運用に関して、学界では大きな成果を上げている[1]。研究者は、抗戦後、国民政府が中国の主要都市に対する統制をますます厳しく取り締まり、内戦勃発後に中国共産党の宣伝機構を全面的に封鎖したため、中国共産党はそれに代わる地域を探さざるを得なくなり、イギリスの植民地であった香港が第一候補に選ばれたことを指摘している。中国共産党はここに宣伝基地を設け、多数の党籍をもつ文化人を香港に移住させ、統一戦線を通じて党外の進歩的な文化人と合作し、香港は中国共

第二部　国境を越えたメディアと文化、政治　81

産党の政治、文化宣伝などの関連情報を国内外に発信する場となった。しかし、これまでの研究は、中国共産党と進歩派文人との統一戦線合作に焦点を当て、中国共産党の政治文化のもつ側面、つまり闘争、階級、思想教育が往々に無視され、文人の集団のなかでそれらがどのように政治運動として表れていたのかが語られてきていない。この問題を語る場合、『華商報』の存在は重要である。

抗日戦争期に1941年、香港で創刊された『華商報』は、日本軍の香港占領によって発行を停止したが、国共内戦期になると、中国共産党は1946年に復刊させていた。この時期、この新聞は、政治統一戦線と文化宣伝を担う中共の代表的な出版物となっていたのである。

本論は、以上の問題を『華商報』を通じて考察することにする。

1. 抗戦期、中国共産党の香港統一戦線工作と 『華商報』の創刊

中国共産党の革命初期、香港は発展する地点とはみなされていなかった。[2] 1930年代に江西ソビエト地区等の根拠地を建設し、沿岸部から物資、情報、人員を輸送するために、中国共産党は香港を重要な経由地とした。最終的に確立した福建省西部の江西省に入るルートは、中国共産党ソビエト区が外部と連絡を取るための重要な経路となったが、1934年末に国民党軍に包囲され、鎮圧され江西省から撤退した。一方で、党中央委員会は、香港の党組織が十分に発達しておらず、党員の質が低いと考えており、まして地元の工商エリート、香港督政府、国民党政府は合作して中国共産党を強力に弾圧していた。中国共産党の香港党組織の運営は、戦前は基本的に効果がなく、1936年には香港警察が香港から中国共産党組織を完全に消滅させたと宣言していたほどであった。[3] しかし実際の状況は、香港警察が述べていることと相違があった。中国共産党がこの地に設立した海員支部は、香港当局の取り締まり下でも生き残り活動を続け、中共中央と連絡が途絶えた地下党員は香港救国会、華南救国会などの抗日救国を推し進めるさまざまな社会団体を結成し、新たに連絡を取ろうとしていた。

中国共産党は依然として香港に組織と人員を保持しており、環境が変化すれば、再び香港の社会で活動できる基礎をもっていたのである[4]。

　1936年9月、中国共産党は、華南、香港、マカオの党組織再建の責任機関として、香港に中国共産党南方臨時工作委員会を設立した。1937年に抗日戦争が勃発すると、国民党と中国共産党は抗日を宣布し、中共中央は国内と海外の各界人士との連携を確立し、抗日民族統一戦線を推進した。中共南方工作委員会は1938年2月、広州に移り、4月には広東省党委員会に改組され、張文彬が書記を担当した。香港における中国共産党の党務工作は、1937年12月に香港市委員会を設立した。この組織は、1938年11月に香港、九龍区委員会に変更され、中国共産党広東省委員会の下部組織となり、香港の政治、労働運動、文化活動などの活動の責任を負っていた[5]。

　抗日戦争の初期に、中共中央は、華南、香港、マカオの党組織の運営を回復し、さらに周恩来が毛沢東に提案し、英国側の暗黙の同意を得た後、1938年1月に廖承志と潘漢年を香港に派遣して八路軍弁事処を設立し、対外的に貿易に従事する粤華公司の名義で活動することを決定した。

　八路軍香港弁事処の主な工作は、海外で中国共産党のための資金と物資を調達し、国際情勢を収集し、香港に往来する国内外の各界人士と統一戦線工作を実施し、人脈、金銭的な関係を確立することにあった。廖承志が香港に到着した後、彼は最初に姻戚関係のある香港の実業家鄧文田と鄧文釗の兄弟と良好な関係を築き、その後海外の華僑が中国共産党に寄付した資金や物資のほとんどは、鄧家が経営する企業や銀行によって取り扱われることになった。1938年6月、廖承志は宋慶齢、宋子文らと香港で中国共産党の統戦工作を推進する機関「中国保衛同盟」を設立した。

　1938年後半以降、中国の政財界の著名人、文化人士、出版社、有名な新聞や定期刊行物、文化機関、各種の学校が戦況の変化とともに香港に避難し、抗日戦争中の香港は一時期、注目の的となった。ある研究者はこの現象を「文化の砂漠」から「一時的な文化の中心地」と称している[6]。南下してきた文化人の多くは、中国共産党の地下党員や左派に近い無党派の人士であった。彼らは自分たちの新聞や雑誌を創刊するか、中国共産党の政治理念を宣揚するために香港で復刊した新聞や雑誌に参加した。茅盾は前者であるが、周恩

来の支援を得て1938年4月に香港で半月刊誌『文芸陣地』を創刊した。中国共産党の抗日民族統一戦線を標榜した出版物は、杜埃、艾青、沙汀、劉白羽、丁玲、聶紺弩、夏衍などの、中国共産党の多くの文化人や進歩的な文芸作家の作品を掲載していた。1932年に設立された鄒韜奮の生活書店は、抗日戦争の初期に上海、重慶、蘭州、昆明、香港に少なくとも20の支店を持ち、書籍、新聞の巨大な販売流通網を形成していた。1938年8月1日刊行の『生活書店図書目録（1938年8月）』には4月創刊の『文芸陣地』について、「この書は『文芸家の抗日統一戦線』の精神で編集された半月刊誌」と称していた。つまり『文芸陣地』は、中国共産党の政治・文芸論の越境伝播を代表する出版物となっていたのである。

　香港の新聞・刊行物の再開に中国共産党の地下党員が参与したことは、『立報』、『大公報・文芸』を例に挙げることができる。1935年に成舎我らによって上海で創刊され、薩空了が副刊主編と総編纂を務めた『立報』には、多くの読者がついていた。抗日戦争の勃発後、上海戦の影響で『立報』は停刊となり、薩空了は1937年末には上海を離れて南下して香港に渡った。友人たちは彼に香港で『立報』を再刊することを勧め、廖承志はこの消息を知り、中国共産党の名義で資金を提供し、国民党の陳誠も投資し再刊を促した。『立報』香港版は1938年4月1日に創刊され、薩空了は総経理兼編集長、茅盾が副刊『言林』の主編を務めた。『大公報』上海版も、日本軍の上海占領により1937年末に停刊し、1938年に同社主の一人である胡政之が『大公報』香港版を復刊した。『文芸』は、香港版『大公報』の副刊であり、蕭乾と中国共産党員の楊剛が前後、主編を務め、中国共産党の文芸観を代表する多数の作品を掲載し、中国共産党が政治・文化宣伝工作を行う重要な陣地を占めていた。これについて樊善標は、中国共産党が『立報』で主導的な立場に立っていたことや、『大公報・文芸』が香港の地元文学に与えた影響について、異なる見解を持っている。しかし中国共産党がこれを越境伝播の目的を達成するために利用していたことは否定できない。

　1941年4月8日に香港で創刊された『華商報』は、中国共産党が香港を用いて、越境し政治・文化統一戦線工作を進める試みを代表していた。抗日戦争の初期に創刊され、既存の文芸機構に参与した『華商報』は、名目上は無

党派の人物で構成されているが、実質的には中国共産党の地下党員が文化統一戦線組織を指導していたのである。この時期に中国共産党が香港に『華商報』を創刊することを決定したのは、主に政治環境の変化に関連していた。武漢戦後に国共関係は悪化し始め、両陣営の溝が徐々に深まり、1941年1月の新四軍事件で国共の対立はピークに達した。双方の関係が悪化するにつれ、国民党の報道統制の強化が中国共産党の国内での政治宣伝を妨げ、中国共産党は宣伝の新たな突破口を模索した。周恩来は、国民党が中国共産党と左派文化人への弾圧を強めると考え、左派文化人を大後方から香港に移すことを決定した。1941年1月から5月にかけて、中国共産党は胡縄、蕭紅、胡風など100人以上の文化人を移送し、香港は一瞬にして文化名士の集いの場となった。

　周恩来は、香港を抗日統一戦線の任務を推進する場にすることを決定し、政治、文化宣伝工作を行い、中国共産党に属する新聞を創刊し、それを香港から南洋地区へ伝播し中共の声を内外に伝えることを希望していた。周恩来は、統一戦線の目的に基づいて「紅くなり過ぎず、灰色になる」ように新聞に指示し、中共党員が表に出ることがなく、党外の人士に運営させ、中国共産党が密かに主導し、新聞を華僑の商人を指す新聞『華商報』と名付け、中共の政治色を極力抑えた。

　周恩来の指示に従い、廖承志は鄧文釗と鄧文田兄弟から資金提供を受け、鄧文田が発行人兼総経理、鄧文釗が副総経理を務めた。しかし新聞の発行過程で、印刷業者との紛糾が起こり、中国共産党は独自の印刷所を設立することを決定した。この時再度鄧兄弟から資金を調達し、新聞社採訪部主任の陸浮を通じて、東南アジア華僑界の指導者陳嘉庚から資金を募り、陳の同意を得た。陳嘉庚は、若くして福建を離れ南洋に渡り、大実業家となり事業が成功した後、故郷に恩返しを始め、祖国に注意を向けていた。彼は東南アジアの華僑と中国の政財界、文教界に巨大な対人ネットワーク網を持つ影響力のある代表的な海外華人であった。陳嘉庚は抗日戦争以前から国民党陣営との接触が多く、中国共産党にはよい印象を持たなかった。1940年3月、彼は南洋華僑の慰問視察団を率いて帰国し、中国の抗日への華僑の全面的な支持を伝え、5月には陝西の北部の中共管轄区に赴いた。この現地視察を通じ

第二部　国境を越えたメディアと文化、政治　85

て、陳嘉庚は国民政府の不備を発見しただけでなく、中国共産党に対して肯定的な見方をするようになった。[16] 中国共産党もこの機会を利用し彼との連携を打ち立て、双方は良好な交流を展開した。[17]

　陳嘉庚は、1923年にシンガポールで『南洋商報』を創刊し、1940年10月に周恩来に『南洋商報』の編集を主導する適切な人物がいるかどうかを尋ねている。周恩来は地下党員の胡愈之を送ることを決定し、廖承志を通じて、当時香港にいた胡愈之に伝えた。命令を受けた胡愈之はシンガポールに行き、『南洋商報』の主編を務め、新聞を中国共産党の国際統一戦線の文化的宣伝の拠点に変えた。[18] 中国共産党は『華商報』を通じて陳嘉庚から資金を募り、胡愈之が『南洋商報』の編集主任を務めることで、陳嘉庚との連携を強化した。双方の合作関係も戦後、中国共産党が香港から東南アジアへの越境伝播を促進するための基礎を作り上げた。

　『華商報』の運営様式は、中国共産党と党外人士との合作の方式であり、党外人士が対外代表業務を担当し、新聞社の編集業務は基本的に中国共産党地下党員が行ない、政治的色彩を弱めていた。つまり外部から中国共産党の新聞と見なされるのを避けるだけでなく、新聞のあらゆる面での言論が中国共産党の政治規範から逸脱しないようにしていたのである。『華商報』の準備工作は廖承志が主導し、鄒韜奮、茅盾、范長江、夏衍、喬冠華、金仲華、胡仲持が準備工作に参加した。『華商報』は1941年4月8日に正式に創刊され、夕刊紙として発行された。范長江が社長を務め、廖沫沙が編集部主任、張恵通が営業部主任、夏衍が文芸版を担当し、張友漁は総主筆兼社説を担当し、社説の分業では鄒韜奮が民主運動の社説の執筆を担当し、喬冠華と金仲華が国際外交の社説を担当し、夏衍と茅盾が文芸方面の社説を担当した。[19] 『華商報』の構成員から見れば、中共地下党員と親共の党外人士が絶対的主導地位におり、周恩来は外から「紅過ぎる」と見なされないように希望していた。しかしこのことは裏目に出ていたこともあったという。夏衍は、夏曼という作者が『古今』半月刊に『華商報』は香港で「日本飛機報」または「ロシア商報」と見なされ、重慶政府を批判する「親ロ親共の論調」で満たされていると語っていたと回想している。そのため他の陣営と論戦を引き起こしていたという。[20]

中国共産党は『華商報』モデルを作り出し、同年8月に中国民主政団同盟の機関紙『光明報』に適用している。1941年3月19日に重慶で設立された中国民主政団同盟は、農工民主党、国家社会党、青年党、職業教育派、郷村建設派、人民救国会などを含み、国共以外の政党と社会運動組織によって秘密裏に設立された。主要な参加者は、張君勱、梁漱溟、黄炎培、李璜らであり、主たる目的は各方面の団結と一致抗日にあった。中国民主政団同盟は設立後、機関紙を創刊することに関心を示していたが、重慶政府が許可しない可能性を考慮して、香港で発行することに決めていた。薩空了は『立報』香港版の創刊過程で中共と合作経験を持っていた。彼は1939年に香港を離れ、新疆、重慶で工作を行い、1941年香港に戻った。廖承志、鄒韜奮は、中国民主政団同盟が香港で新聞刊行の意向を持っていることを知り、『光明報』社長梁漱溟に薩空了を推薦し、梁の同意を得た。『光明報』は、1941年9月18日正式に創刊し、薩空了が総経理兼副刊主編、発行人となった。このことは中共が国共合作以外の第三政治勢力と連携することに成功した統戦工作の事例となった。[21]

　1941年末に日本軍が香港を占領すると、『華商報』と『光明報』は休刊を余儀なくされ、香港に集まった文化人も香港を離れた。

2.　国共内戦期の中国共産党香港党組織の概要

　1945年8月15日の日本の無条件降伏により、中国は抗日戦争に勝利し、国共関係は新たな段階に入った。中共は新たな政治情勢に対処するため、9月中旬、毛沢東、周恩来、劉少奇などとの協議を経て、「北に発展し、南に防禦する」方針を策定し、政治、軍事の重心を東北に、南方を国民党政権に対する政治、文芸の宣伝に重点を置き、沿岸地域の大都市を伝播重点地域と位置付けた。毛沢東は戦後の政治攻勢の新たなスローガンとして「和平、民主、団結」を掲げ、都市で新聞を発行して宣伝を強化し、大衆の支持を獲得し、都市における中国共産党の地位を強化する鍵とした。[22] 毛沢東は当初、上海、南京、香港などに中国共産党の新聞をすみやかに創刊しようとした。上海はその中心であり、范長江、阿英などの文化人党員グループをできるだけ早く

第二部　国境を越えたメディアと文化、政治　87

上海に派遣して、さまざまな文芸工作に従事することを計画した。[23]戦後、イギリス、アメリカ、フランスなどの租界が廃止されたため、国民党政府が主要都市を概ね接収し、国共間の緊張が高まると、中共陣営の新聞や雑誌の統制が強化され、文化宣伝を担当する幹部は大幅に制限された。一方、戦後も香港はイギリスの植民地であり、国民党政府が公然と介入しなかったため、中国共産党はかなりの活動の場を獲得し、国共内戦中にこの地での中国共産党の国境を越えた宣伝統一戦線工作が進められた。

1945年7月、中国共産党は広東省臨時委員会と東江軍政委員会を廃止し、中国共産党広東区委員会を設立し、尹林平を書記とし、中共中央南方局が広東、香港、海南島などの党政の運営を担当した。1945年8月23日、尹林平は周恩来と中共中央に報告し、戦後の状況の変化に対応して、香港を都市工作の発展の中核にすることを提起した。尹林平は、華南地区の各都市（広州、香港、汕頭、厦門など）での「文化宣伝、労働者の組織化、華僑の団結、民主工作の促進」を重要な政策とすべきと考え、必要に応じて「香港を中心」として専門指導機関をもつべきであると建議した。[24]

9月8日、中共中央は、広東区党委員会に香港を中心として都市工作を推進するよう指示し、香港の中流階級と上流階級の統一戦線工作と、下層都市階級の活動を区別する尹林平の考えを承認した。一連の議論の後、中共中央と尹林平は、宣伝、統一戦線、および華僑工作を半公開にすることを決定し、連貫、蒲特（饒彰風）が担当し、都市工作は秘密系統に組み入れられた。また、中共中央は、広東区委員会が香港の主権をめぐる国府とイギリスの間の矛盾を利用し、香港におけるイギリス側の善意を可能な限り追求し、イギリス側との協力関係を確立し、中国共産党の香港での活動空間と自由の度合いを増やすことを望んだ。中共中央の指示に従い、中共広東区委員会は英国香港総督府と一連の交渉を行い、英国側は香港における中国共産党の法的地位を認め、それによって九龍に東江縦隊弁事処を設立し、半公開形式でさまざまな活動を行った。この時、中国共産党は香港総督府を打倒する措置を取らないことを承諾していた。中国共産党は香港で政治空間を得たが、国民党政府は香港の英国側に外交手段を通じて中国共産党のメンバーと関連する文化人を追放するよう求めた。しかし英国側は中国の内政に不干渉の態度でもっ

て、それを拒否した。[25]

　中国共産党が香港での地位を安定させた後、広東区党委員会は次々と幹部を派遣し、さまざまな任務を遂行するための半公開および秘密系統の人員を強化した。広東の抗日武装部隊東江縦隊司令部と広東区党委員会は、1946年1月中旬以降、香港に移るが、武装要員の大部分は6月30日に山東に撤退し、軍隊の文化宣伝幹部は香港に残り、文化宣伝統戦工作に従事した。また、中共中央や海外諸国との関係を強化するため、尹林平は以前のイギリス側との暗黙の合意に基づき、香港に3つの秘密局を設置し、それぞれが海外との連絡、中共中央との連絡、半開放系統業務を担当し、延安、香港、中国本土の都市、海外の連絡網を確立した。[26]

　1946年から1947年にかけての内戦初期に不利な立場に立った共産党は、国内の政治宣伝工作の国府による封鎖と相まって、香港を第二の戦場としてますます重要視し香港の党組織の改善に着手し、政治、文化、宣伝、統一戦線などの関連工作を支援するために香港に人員を派遣した。1946年6月2日、周恩来は、香港とマカオにおける「上流階級の華僑運動の統一戦線、文化、活動を促進するために、香港は林平、連貫、廖沫沙、左洪涛、蒲特からなる五人組を設立し、林平を書記とした。工作委員会の活動は、地区党委員会の活動から完全に分離されていた」。工作委員会の職務分担は、以下である。

　香港・マカオ工作委員会は、以下の部門の業務を担当する。
　1．民盟、民抗を含む党派、上層統一戦線関係の連絡
　2．労働者、青年、婦人、大衆運動の上層部連繋
　3．新聞と宣伝、『華商報』、『正報』、華南通訊社の指導
　4．文化・文芸・戯劇
　5．現在の東縦弁事処に基づく、国際宣伝、さらに新華社通信の英語版の発行
　6．華僑の運動管理、華僑工作、華僑指導者の上層部との関係、華僑世論の指導
　7．公開部門内の党組織、組織生活を組織し管理する。
　8．情報

第二部　国境を越えたメディアと文化、政治　89

周恩来は、各部門は専門の人員が責任を持ち、「上層部と公の関係を持つ」、つまり統一戦線、文化、宣伝業務の責任を負うべきであると提案した。周恩来は、「工委組織は一般公開されるべきではなく、公開された人員だけが表にでるべきである。林平はすでに公開しているが、香港の環境に対処するためには過度に活動すべきではない。香港の主要な友人との直接の接触を維持する必要があり、原則として、工委工作と区党委工作は完全に分離されて、党の関係での往来は絶対にあり得ない。工委と区党委員会は南京局直轄である」と述べた。香港工委は半公開の系統であり、組織は対外的に公開されていない。指導者は外部と連絡を保持することができるが、英国側の認識を考慮に入れる必要がある。

この時、周恩来は中国共産党に対して、香港を新たな宣伝工作の陣地とすることに主眼を置いた香港工委の設立を指示し、次のように述べた。

目前の情勢は、内戦の危機が非常に深刻であり、北京の『解放日報』と『新華報［社］』は封鎖され、南京と上海の『新華日報』は出版できなくなり、香港の『華商報』と『正報』と華南通訊社は、中国、米国、英国の間の矛盾を利用して長期的な存在を目指し、英国を挑発することなく、適切かつ段階的批評を行っている。香港工委は、この問題を慎重に討論し、世論に特に注意を払うべきである。[27]

この組織は、統一戦線、文化、宣伝、対外連繋関係などの工作を担当し、中国共産党が北京と上海以外で外部世界と対話のチャンネルを開こうとしたものである。また、区党委員会と工委会は、中共南京局直轄で周恩来の管轄下に置かれ、これは延安中共中央の直接指導下にあることと同等であった。国民党と共産党の内戦の状況の変化に伴い、香港の政治的・戦略的地位が向上したことを示している。

香港工委設立後、中共中央は指導を強化するため、同年7月、党中央委員会の代表を香港に派遣し党の業務を指揮した。年末までに、周恩来は香港の戦略的地位がますます重要になっていると考え、香港の党組織のレベルを上げることを提案し、中共中央は中共中央の香港分局を設立することを決定し

た。準備期間を経て、1947年5月に中共中央委員会香港分局が設立され、方方が書記、尹林平が副書記となり、張漢夫、潘漢年、夏衍、連貫などがメンバーを構成していた。香港分局は香港に本部を置き、粤（広東）、桂（広西）両省，および閩（福建）、贛（江西）、滇（雲南）、黔（貴州）等の省地区の党務を管轄した。香港分局には、宣伝、文化、統一戦線、金融経済、華僑等を担当する香港工委、華南の都市での地下工作を担当する城市工作委員会、各地方の農村地域における武装闘争を調整する各地区党委の三つの機関がある。香港工委は半公開機関であり、城委と各地区党委は秘密機関である。

　香港工委のメンバーは一般に文化人であり、もともと東江縦隊で文工工作活動に従事していた幹部と他の省から香港に来た文化人と区別されている。これらのメンバーには、工委書記兼新聞刊行委員会書記の章漢夫、副書記兼統一戦線工作委員会副書記連貫、常務委員会書記夏衍、常務委員兼財経委員会書記の許滌新、常務委員会兼外事委員会書記の喬冠華、常務委員会の潘漢年、委員龔澎、馮乃超、廖沫沙、饒彰風、蘇惠、張鉄生、蕭賢法、文委副書記邵荃麟、群衆委員会書記黄煥秋、文委委員胡縄、統委委員譚天度、文委副書記周而復、報刊委員会書記林默涵、報刊委員会委員杜埃、新華社香港分社総編輯黄薇らがいた。

　文学・芸術界における香港工作委員会の活動は、目覚ましい成果を上げ、『正報』、『華商報』、『願望』（週刊）、『群衆』（週刊）、『経済導報』、『光明報』、『人民報』、『文匯報』等などが創刊または復刊されていた。映画、演劇の団体には、虹虹歌詠団、中原戯劇社、中国歌舞劇芸社、南国影業公司等、教育界には、達徳学院、南方学院、中国新聞学院、香島中学、培僑中学等の学校があった。

　通信社には、国際通信社の香港支社、新華社の香港支社、新華南通訊社があり、出版印刷業界では、新民主出版社、大千出版社、有利印務公司、南国書店、人間書屋、中国出版社などがある。[28]

3．『華商報』の復刊と越境した宣伝陣地

抗日戦争の終結後、中国共産党は大都市に宣伝拠点を設立することを熱望

し、北京と上海に加えて、香港も重要な地点の1つになった。1945年9月、中共中央と中共中央南方局は、中共広東区委に宣伝機関を設立するために香港に宣伝幹部を派遣するよう指示し、東江縦隊に属する『前進報』社長楊奇は、6人の編集者と記者を香港に伴い、11月13日に香港の中国共産党の公開メディアである三日刊版『正報』を発行し、1948年11月13日まで刊行した。[29] 中共広東区委員会も、東江縦隊秘書長饒彰風を香港に派遣し、楊奇らと共に香港の宣伝活動を拡大させた。中共中央と南方局は、広東省から香港に現地幹部を派遣したほか、章漢夫、胡縄、喬冠華、龔澎、廖沫沙ら党文芸幹部が国民党政府の妨害により上海で宣伝活動を行うことができなかったため、彼らを香港に異動させ楊奇、饒彰風等の現地の幹部ととも『華商報』の復刊事務に当たらせた。日刊紙『華商報』は、数か月の準備期間を経て、1946年1月4日に正式に復刊した。

　復刊した『華商報』は抗日戦争時期の新聞経営の原則を継続し、党外人士が名前を出し、地下の党員が実際の運営を担当していた。中共は非党籍進歩文化人士と団結し、国民党政権に対抗する文化宣伝統戦工作の媒体としていたのである。復刊後の『華商報』の管理機構は董事会であり、董事長は鄧文釗が担当し、董事に陳嘉庚、夏衍、連貫、薩空了、劉思慕、饒彰風、廖沫沙、楊奇らがおり、楊奇は秘書を兼任していた。有利印務公司と新民主出版社は、『華商報』に付属する組織である。中共は原資本の50％を支配するだけでなく人事権も管理していた。[30] 新聞社の総経理は、最初は鄧文釗で後に民主同盟の指導者薩空了が担当した。薩は、1946年8月中国民主政団同盟の機関紙『光明報』復刊後、発行代理人を兼任し、関連事務を処理していた。[31] 中共はこれらの人事を取り扱うことで東南アジア華僑界と国内第三勢力との同盟関係を結び、内戦時期に越境する政治宣伝を推し進める重要なシステムを作り上げていた。

　『華商報』は、当初副総経理で地下党員の饒彰風が、1947年に中共中央香港分局が設立されるまで担当し、中共幹部の章漢夫に置き換わった。新聞社の党員全体の割合は、中国共産党の地下党員と党外進歩派が約半数である。印刷作業員を含めた全体の工作員数は60人から70人前後で、人手は十分ではなく、仕事量はかなり多かった。非党派の劉思慕は、『華商報』の編集長を

務め、1949年に香港を離れ北上し中国共産党政権に加わったとき、楊奇が編集長代理となった。副総編集長は、地下党員の廖沫沙、邵宗漢、杜埃が務めた。『華商報』は、国際版と国内版、香港版、経済版、翻訳部門、インタビュー部門に分かれており、そのメンバーには、高天、沙溪、白麦浪、司徒堅、趙元浩、黄文俞、華嘉らがいた。副刊には、魯迅の雑文集にちなんで名付けられた『熱風』が含まれており、雑文で政治を批判し嘲笑する魯迅の精神を模倣したものであり、後に『茶亭』と改名され、国民党政権を批判するものとなっていた。さらに、周鋼鳴主編『文芸週刊』、洪遒主編『電影週刊』、林林編集『図書週刊』、何明が主宰する『婦女週刊』、黄明、張其光らの『読書版』があった。同社はまた、社論委員会を置き、劉思慕、薩空了、章漢夫、夏衍、喬冠華、廖沫沙、饒彰風、楊奇らが執筆メンバーであった。郭沫若、茅盾、司馬文森、章泯ら多くの有名な文化人の原稿、小説、創作もここに発表されていた。[32]

『華商報』の編集陣には、党内外のあらゆる分野の文化的人材だけでなく、文芸界の大家、作家、大学教授などの全国的に有名な人士の投稿を集めていたが、その発行部数は報道の日常業務を支えるのに十分ではなかった。

1945年10月、中共広東区党委員会が中共中央から『華商報』の復刊再開の要請を受けた時、尹林平は党中央に経費が膨大であり、中央に補填を希望していた。[33]『華商報』の復刊後、財政状況は悪く、市場販売が財政不足を埋めることができず、新聞社は長い間赤字の状態にあり、中共香港分局は1946年10月にこの問題を討議した。その時、方方は停刊を主張した。しかし香港の地下局の対外関係事務を担当する杜襟南は、『華商報』は「経済的にはともかく政治上止められない」と考え、「中央政府は停刊に同意せず、維持し続けることを支援している」と考えていた。[34]

杜襟南の見解は、中共中央の観点と符号しており、政治が全てを決定するという中国共産党の政治文化の独自性を反映している。『華商報』の存続の鍵は経済ではなく政治であった。中国共産党の政治宣伝と香港の統一戦線媒体として、『華商報』は独自の政治的代表性を持っており、米国の情報機関も中国共産党の文化宣伝陣地の１つとして挙げている。[35]

同社董事会董事兼秘書の楊奇は、『華商報』の「基本的な特徴」は、「常に

国内外の政治・軍事状況と密接に連携し、国内外の反動派に対して闘争を繰り広げてきたことである」と明確に指摘した。「新聞の宣伝報道の重点は、国内および海外では、主に国内とし、本土と香港は主に本土を主とする」[36]。このことから、『華商報』は、延安の見解を香港を通じて伝播する重要な媒介であったことがわかる。

　香港から『華商報』を国内外に発信し続けるために、中国共産党はあらゆる努力をしてきた。『華商報』発行区域は主に広東省地区であり、海外は主に東南アジアの華僑であった。1946年1月、『華商報』は香港で復刊し、3月には広州に分社と発行処を設立し、発行、販売を行うことができた。国共関係が悪化するなかで、広州市警察局は6月末、『華商報』広州分社を含む数十の新聞や雑誌を反政府的とみなした。以後、『華商報』は、香港から広州、華南地区に秘密裏に送られ、閲覧方式で散布されることになった[37]。

　東南アジアでは、『華商報』は中国共産党と提携する新聞社や書店で販売されるか、海外の購読者に直接郵送された。前述のように、中国共産党は抗日戦争中に陳嘉庚と統一戦線を組み、『南洋商報』の編集作業に地下党員の胡愈之が参加し、陳嘉庚が『華商報』に資金援助を行うことで、双方は合作の基盤を確立した。中共は、その他の華僑の指導者と地域を越えた人脈網を形成していた。そこにはフィリピンの呉研因、黄長水、星馬区の荘希泉、官文森、黄復康、王源興、インドネシアの黄潔、呉益修、伍禅、タイの蟻美厚、ミャンマーの徐四民らが含まれていた。このように中共の国際政治統戦宣伝を推し進める重要なシステムとなっていた[38]。

　抗日戦争の終結後、陳嘉庚は1946年初頭に香港で『華商報』を復刊するための資金を提供し、11月21日にはシンガポールで胡愈之と合作して『南僑日報』と新南洋出版社を共同設立し、胡は新南洋出版社の社長となり、これが東南アジアにおける中共の言説を宣伝する拠点となった[39]。「新民主主義論」、「論文芸問題」（「延安文芸座談会上的講話」）、「中国革命與中国共産党」、「論連合政府」、「整風文叢」、「論共産党員的修養」等、中国共産党の関連政治文書は、『華商報』に転載されたか、『華商報』に付属する新民主出版社によって香港で出版された。中国共産党はまた、『華商報』と新民主出版社の出版物を新南洋出版社、ベトナムの亜新書店、マニラの現代図書公司、クアラル

ンプールの連合書報社、スマトラの光華書店、バンコクの全民報社に郵送し販売した。[40] 中国共産党は、統一戦線工作を通じて、海外各地の華僑指導者と関係を築き、地元で運営する出版社や新聞社を利用して、海外での流通・販売網を形成し、国民党が優位に立つ東南アジアで政治論文を発信できたのである。

中共の『華商報』の地位は、主に経済でなく政治的な考慮に基づき、香港分局は、新聞の論調が中共中央と調和し、延安の見解を忠実に輸出しているかに関心を持ち、党内の統一を達成するために、検査と整風運動を繰り返した。1947年11月末、香港分局は党中央に１年間の活動の総括を報告し、「過去に明確な編集方針がなかったこと、支部の党員が正当な役割を果たすことができなかったことを検討した後、『××報』（『華商報』であろう）は具体的で明確な方針を打ち立て、個々の幹部が積極的に活動し始めた」と指摘した。[41] 1948年、香港分局は、幹部の思想、精神、活動方法を調査するために、「幹部の調査」と「整頓」運動を開始した。

宣伝工作の問題
（甲）党の方針は、各新聞や刊行物の宣伝に具体的に実施されているか。
（乙）「今、ここ」を強調すると、全局を見失ってしまわないか。
（丙）各種出版物間の分業に問題がないのか。
（丁）党の方針や政策に反する記事は何か、漫罵だけの文章には説理がない。[42]

これらの４点から、「党の方針」が各種の新聞や刊行物の宣伝の主軸であり、中共は延安中央委員会が主導し、香港分局が制作する文化宣伝活動の一連の標準機能を確立していることがわかる。全国性は地域性よりも大きく、普遍性が特殊性よりも優れていることを強調するために、個別を全体に従属させ、香港を中国共産党が進める全国革命戦略に位置づけ、香港だけで全国を無視してはならない。これにより、文芸創作者は党に服務し、党の規律を守り、党の指揮に従うという政治意識を持つことができる。

中共香港分局は、1948年８月18日、党中央に工作を次のように報告した。

第二部　国境を越えたメディアと文化、政治　95

幹部審査の執行、三査運動の効用について：

一年内に進歩的な文化工作者が生活と工作を維持できるように、各種の公開刊行物と出版機関を支援することに加えて、党内と非党幹部の思想教育を特に強化した。幹部審査、三査、偏向を糺すことを経て、過去に整風を経ていない上海、広東、江西の各地の幹部の思想作風上には顕著な進歩が見られた。⁽⁴³⁾

この報告から、中国共産党の政治体制内では、党幹部と非党幹部の両方が「思想教育」を受けなければならず、「幹部を審査し、三査を行い、偏りを糺す」政治運動を通じて、延安整風運動に参加できない「上海、広東、広西各地の幹部」の教育を補い、彼らの「思想作風」を「進歩」させることになった。『華商報』内の党籍をもつ者も非党籍の文化人も、延安からの思想改造政治運動様式を受け入れて、紅い新文芸工作者に変身し、彼らを通じて延安の言説は外界に広められ、接触するすべての社会集団に中共に属する情報を受け入れさせるのである。

4．中国共産党の越境する政治実践
——1948年の文壇の粛清運動

内戦期に中国共産党が香港を通じて広めた政治文芸論は、単なる「宣伝」ではなく、新しい世界観、価値観、日々の政治実践と見なすものである。中国共産党が外部に広める言説にはいくつかのレベルがある。第一に、中国共産党の立場、観点、信念を外部世界に対して宣言すること。第二に、それは一種の指導指針である。中国共産党が対外的に伝える各種資料は、単なる声明ではなく、中国共産党が目指す方向へ大衆が前進することを導くものである。第三に、それは具体的な実践方法であり、実行する機会があれば、それを具体化するために、状況に応じてさまざまな規模の政治キャンペーンが行われる。例えば、中国共産党は『華商報』内の人員に対して小規模な思想整風運動を始める。大規模な政治運動といえば、1948年に中国共産党が全国の文芸界に第一次文壇粛清運動を発動していたことは、よく知られた例である。

この文壇粛清運動は、全国と地域とに分けることができる。全国とは、年初に郭沫若ら左翼文化人が中心となっていた運動であった。毛沢東の指示に照らして香港の『華商報』、『群衆』などを通じて文芸批評理論を媒体として、胡風、舒蕪、梁実秋、朱光潜、沈従文など、毛沢東の文芸理論に合わない文学観と文芸工作者の左右両派を清算し、中国文壇に中国共産党の文芸理論の支配的な地位を確立した。香港の中国共産党の文芸、新聞雑誌に端を発し、南から北への越境伝達システムが中国各地の文芸界をつなぎ、全国的な文芸批評の風潮を形成し、沈従文は中共文人からの批評の主要な標的となり、彼は社会世論の大きな圧力に耐えられず、自殺未遂事件を引き起こした[44]。地方では、1948年の後半に、中国共産党の東北局が蕭軍を批判する『文化報』事件を発動していた。これにより蕭軍は進歩的な作家の代表から一夜にして階級の敵となった。その影響は東北に限定され、全国的な事件にはならなかった[45]。以上の2つの事件を総合すると、中国共産党は党組織を通じて関内外で政治運動を実践していたことがわかる。以下、本論では、沈従文批判運動に焦点を当てることにする[46]。

　1948年、中国共産党は中国の文芸界で政治的な大衆運動を発動し、沈従文ら「反動文人」を攻撃した。当時の状況から見れば、人民解放軍が優勢となりつつあるなかで、毛沢東は政治軍事面から文芸宣伝に焦点を向け始めていた。また、抗日戦争終結後の政策から、中国共産党の政治、文芸に関する論調を対外に広める宣伝窓口が沿岸の大都市に設置された。したがって、1948年に中国の文芸界に宣揚されたプロレタリア文学観は、突然出現した産物ではなく、1946年に至る所で広がり始めていたものの、文芸界の人士がまだ見て見ぬふりをしたり、気にかけていなかったものである。しかし1948年には、政治状況に政権交代の可能性が現れ、新しい時代の政治文化が中国を席巻しようとしていたことで、誰もがそのなかに身を置くことになった。

　中国共産党の政治、文芸観は、主に1942年の延安整風運動時期に発動された毛沢東の「延安文芸座談会上的講話」に基づいている。毛沢東は、文学は政治に奉仕し、党員である文芸作家は党の規律に従い、党の立場、政策、実際の政治の需要に従って創作し、プロレタリアの価値観を提示すべきであると強調した[47]。毛沢東が主張した文芸を政治的に束縛する観点は、延安以外

の都市部の文芸界にとって馴染み深いものでもなければ、拘束力をもつものでもなく、結局のところ、抗日戦争中の中共の主要な支配地域である陝西省北部と華北の農村地域が対象であった。先に述べたように、抗日戦争終結後、中国共産党は大都市で新聞や雑誌を発行し、宣伝陣地を確立し、延安から全国に中国共産党の政治言説を広げることを重要な政策とみなしていた。そこに政治闘争の道具としての文学・芸術も含まれていたので、延安外の党員幹部、非党員や文人もそれらの文芸に親しみ、新たな知識を学ぶことができるようになり、中国共産党は政治的言説を国内の文化、知識界に宣伝することができた。また、国内の文化的覇権をめぐる国民党との闘争方式でもあった。

　北京と上海における中国共産党の宣伝機構が国民党政府によって相次いで阻止されたため、香港は中国共産党の宣伝と国内外への紅色文芸の発信の重要な拠点となり、『華商報』は重要な出版物の一つとなっていた。

　『華商報』が1946年1月に復刊された後、4月7日、副刊『熱風』は中国共産党の文芸観を外部に宣揚するために、方敏の「大後方文芸問題的論争」と高克奇の「文芸上的群衆路線」を掲載した。論文のなかで方敏は夏衍の「芳草天涯」と茅盾の「清明前後」に対する重慶文壇の評価を紹介し、文芸創作路線についての討論を引き起こした。重慶の文壇における主要な論点は、政治と芸術を結合すべきか、それとも分離すべきかということにあった。方敏は、大後方の文壇で議論されていた議題は、「中国南部の文芸工作者を混乱させている。したがって、それらを紹介して皆の注意を引き付け討論を開始し、このことが文芸界の工作を促進するのに役立つかもしれない」と述べた。方敏は、一部の批評家が表す文芸界の「主要な偏向」は「非政治的な傾向」であると述べた。いわゆる「非政治的傾向」とは、作家が大衆の要求を反映せず、人民大衆の問題を解決せず、大衆のために闘わず、大衆に服務せず、広範な大衆とは何ら関係もない「日常の些細なこと」について書くことである。方敏は中国南部の文芸工作者に新たな創作方向を示し、「人民大衆のために尽くし」、「芸術は人民大衆と結合しなければならない」と指摘した。新文芸路線に反対する者に至っては、彼らが「小ブルジョアジー階級の出身」で、「地主階級ブルジョアジーの精神教育」を受けたことで、「政治と芸術の統一」を受け入れることができないことであると指摘した。「心を変革する」こと、

つまり思想改造が唯一の解決方法である。中共は、政治運動を運用し、思想改造のモデルを表していた。[48]

　高克奇も方敏の見解を反映している。彼は冒頭で、「文芸作品を欣賞したり批評するには、人民大衆以外の少数の観点ではなく、人民大衆の観点を用いるべきである。人民大衆以外の少数の観点を用いることはできない」と指摘した。彼は政治と芸術の関係について「文芸上の二つの戦線との闘争において、政治と芸術の統一を達成しなければならない」[49]と強調した。

　高克奇は、「政治と芸術の統一」を基礎とし、文芸界が存在する目的は「人民大衆に服務する」ことと「人民大衆の観点」を用いることであると認識していた。そのなかで彼は、「我々の文芸工作は全革命事業の一部門であり、全機械のねじであり、したがって、文芸工作は、その他の文化政治工作と同様に、人民大衆のためにのみ服務すべきである」と指摘した。

　方敏と高克奇の発言から、「人民」、「大衆」、「階級」を含む毛沢東の文芸論と語彙がすでに外に広められていることがわかる。1946年4月14日と4月28日、『華商報』の責任者、廖沫沙は懐湘という筆名で、『華商報』に「文人改造芻議（上）」と「文人改造芻議（下）」を発表した。

　廖沫沙は「文人改造芻議（上）」の冒頭で「文人」を定義し、「中国の文人（教授、作家、その他の文人）は、普通の人々とは地位や生活が多少異なる特別な集団である」と述べ、「古い文学者」（後進的で保守的）と「新しい文学者」（進歩派）に分けることができるとしても、彼らは依然として小さな集団内の特別なグループであると考えていた。廖沫沙は、中国の文学者は「生活、思想、感情において広範な人民大衆から隔離しており、これが我々の文人の一大病原、一大禍根である」と考え、その結果、3つの主要な病疾が生じている。まず、文人は大衆から離脱しているため、自分たちを「特殊」だと考えて、社会上特別な地位や特別な扱いを受け、「特殊症」（自由主義）を持ち、集体性を語らない。また、党内で分裂し、それぞれに頭を立て、相軽んじている。文人の間に「小さな場所にいる症候群」（個人主義、宗派主義）が常に見られる。第三に、主観病である。「民主でないため、周りの些細なことしか見ず、広大な数の人民大衆の社会を見ない」、「科学的でないので、実際を求めず、組織化されておらず、空虚で、混乱している」。廖沫沙は、

第二部　国境を越えたメディアと文化、政治　99

中国の文人が出路を探し当てたいのであれば、それを実現する唯一の方法は「改造」の道に乗り出すことだと強調した。

　改造の重要性について語った後、廖沫沙は「文人改造鄒議（下）」で、なぜ改造すべきかについて語った。廖沫沙は、中国が抑圧されてきたため、国と民族は長い間遅れた状況におかれ、文人は民族と民主の解放事業のために重要な位置を占めていた。抗日戦争の終結は、中国が完全な解放に向かって進んでいることを意味するのではなく、実行すべきより重要な任務があり、文人が重要な役割を果たすためには改造を受け入れなければならない。これにより、彼らは３つの主要な病症を取り除くことができ、各領域で責任を負うことができる。彼は毛沢東の「論連合政府」の一節を引用し、文人の役割を強調する前提は「人民に服務する精神をもたなければならない」と強調した。

　廖沫沙は毛沢東の政治論を文人改造の指導指針として、文人の３大疾病「特殊病（自由主義）」、「小範囲症候群（個人主義、宗派主義）」、「主観症（主観主義）」に言及し、これらすべては毛沢東の延安整風運動で整頓し、改造した中国共産党幹部の弊病であった。文人を改造する方法として、廖沫沙は自然に延安整風方式に従い、「文人は、自らの思想を改造しなければならない」、「何が人民的であり、何を人民が必要とし受け入れられるのか」、「大衆の中に入り、人民のすべての生活（衣食住から人民との関わりまで）を生き、人民群衆のすべての技能を学ばなければならない」と指摘した。「この改造工作には、２つの方法しかない。個人－自省、集団－相互批判」である[50]。

　ここではっきりとわかるのは、思想改造論の概念が延安から来ており、廖沫沙は『華商報』を通じてそれらを華南や海外の華人地域に広めたということである。もちろん、この文章を読んだ人々は、その背後にある延安の文脈を発見することができなかったであろう。毛沢東の文芸政策の方針と結びつけることもできなかったであろう。しかしこのようにして中国共産党は静かに延安の政治文化を広めていったのである。

　廖沫沙の改造論は、正しい文芸路線を確立する一つの方法であり、攻撃対象を定め反動派を具体化することであった。こうして中国共産党は、文人を包囲し抑圧する闘争運動を開始し、左翼の文化覇権を確立した。1948年２月、

孺子牛と署名された文章が、『正報』に掲載された。この「一年来的香港文芸運動」は、1947年の香港の文学状況を振り返り、「文芸工作者の思想改造」と「文芸運動が大衆路線をとった」という2点を大きな成果として評価していた。彼は、1947年前半の沈従文に対する批判が「文芸思想の重視を喚起し」、「それが思想教育を促進するのに役立った[51]」と評していた。ここから文壇の粛清運動は、1年前の1947年初頭に香港で開始され、1948年に全国運動に拡大されたことがわかる。

　沈従文が左派文人から粛清の対象となったのは、文芸創作観についての論争を引き起していたことによる。彼は、魯迅や茅盾ら左派文学者とも論争していたが、特に沈と郭沫若の間には30年代に数回にわたり論争が発生していた。両者は公私両面で深い不満を持っていたのである。抗戦時期、左派文人が「抗戦文芸」の大旗を掲げたことに対抗して、1938年末、梁実秋は『中央日報　副刊』に「編者の話」を掲載し「抗戦無関係論」を提起し、「抗日戦争以外の題材を含む文学」を提唱した。このことで梁実秋は、左翼文学者からの批判を浴びていた[52]。1939年、沈従文は梁実秋の議論に共鳴し、時宜に合わない立場の見解を発表した。抗日戦争終結後、沈従文は1946年11月3日と10日に「従現実学習」を『大公報』に発表し、自分は政治を理解しない「田舎人」であり、政治と芸術の分離を提唱した[53]。この見解は、文芸は政治に従属すべきであるという毛沢東の論点とは異なり、再び左派の進歩的な文学者の注目を集めた。文芸創作をめぐる論争と長期に渡る個人的怨念が絡みあい、沈従文は粛清の最大の標的にならざるを得なかった。郭沫若が主要な発動者になったのには理由があったのである[54]。

　1947年1月9日、郭沫若は中国共産党の上海の刊行物『文萃』週刊に「新繆司九女神禮讃」を掲載し[55]、『華商報』は1月17日と18日に転載した。郭沫若はこの記事で沈従文を名指しで批判し、彼は座って空を見つめる傲慢な人物であり、真の文学的および芸術的創造者ではないと述べた[56]。郭沫若は、真の文芸家は政治と文芸を結びつけ、「人民大衆」を最高の位置に置き、「人民大衆の長所を讃え、人民大衆の美徳を称賛すべきである、人民大衆は我々の最高神である」と語った。郭沫若は大衆をゼウスに譬え、人民大衆に服務する文芸工作者をムーサに譬えた。人民大衆の崇拝者であり、左翼の文芸工

作者の尻尾であるべきである行為が沈従文に首を振らせるならば、「教授たちの首を振らせるように一生懸命努力すれば、それが最も愉快なことになる。」郭沫若のこの文章は、すでに漠然と沈従文を反動派として位置づけ、闘争のメッセージであることを明らかにしていた。[57]

　中国共産党が確立した越境する伝播システムを通じて、郭沫若のこの文章は上海や香港だけでなく、山西の月刊誌『書報精華』や『生存』など、中国共産党に関係する出版物にも転載された。[58]この記事の読者には、国内の大都市、香港、東南アジアの華人社会が含まれ、広大な読者を形成していた。それ以来、『華商報』は断続的に沈従文批判の多くの記事を発表し、沈従文と彼が代表する文芸観は中国共産党の文芸観に合致せず、誤った路線の代表であるという明確な意図を外部に伝えていた。しかし、まだ嵐の前夜であった。全国的な大衆的な政治運動は形成されていなかった。しかし、郭沫若の論文を流布した方法は、中国共産党が確立した、国境を越えた宣伝システムが、状況に応じて文化闘争の武器に変容し、地域を超えて互いに呼応する巨大な世論の力を形成し、闘争対象者への大きな心理的および精神的圧力を引き起こすことができることを示していた。

　1947年後半、国共内戦で共産党軍が反攻の段階に入ると、毛沢東は1947年12月末の中国共産党中央委員会拡大会議で「目前形式和我們的任務」を提出し、中国共産党の革命が勝利し、人民が新時代の主人になることを宣言した。毛沢東は新時代の到来を外界に伝えた後、1948年1月14日、中国共産党のすべての各地方分局に、新聞や雑誌に「反動的な傾向」を持つ文芸界の人士を批判する記事を掲載するように指示した。この動きは、中共中央の焦点が、軍事での勝利に加えて、イデオロギーと文芸の領域にも向けられ、「反動派」人士に対処し始め、その後のプロレタリア文化覇権独裁に備えたことを示している。[59]

　毛沢東の「新時代宣言」（「目前形式和我們的任務」）は、全国各地の党宣伝組織、地下党組織、文芸出版物を通じて各地に発信され、文芸界に進められている政治任務が執行された。それは香港の地下党と中共文芸人士が担っていた。1948年の元旦号の香港の中国共産党機関紙『群衆』には、「目前形式和我們的任務」が掲載され、『華商報』にも当日の新聞の広告欄にこの消

息が宣伝されていた。郭沫若は、毛沢東が提示した新時代の価値観と指示を堅持し、1948年１月３日、中山大学の教師と学生に対して「一年来中国文芸運動及其趨向」と題した演説を行った。郭沫若は、「茶色」、「黄色」、「無関心」、「過度に紅」の４類型を含む「反人民文芸」の概念を提唱し、沈従文を「茶色文芸」に分類して「彼らに打撃を加える」ことを提唱した。「新繆司九女神禮讃」の暗諭と比較して、郭沫若は今回の公開批判で彼を「反人民的文芸」のリストに含めていた。１月７日、『華商報』は郭の演説の内容を報じたが、これは国内外の文芸粛清運動の檄文に等しいものであった。沈従文は圧倒的な批判の波に直面しようとしていた。

郭沫若が１月に文壇の粛清運動を発令した後、中国共産党は一連の計画的かつ組織的な政治批判を開始した。中共香港地下党文委書記の邵荃麟は、２月２日の『華商報』に「二丑與小丑之間－看沈従文的『新希望』」を発表し、沈従文を「中間路線」に幻想を抱いていると述べた。その後、香港地下党文委は、文芸界の政治批評運動の理論的指導出版物として『大衆文芸叢刊』を編集するための文芸幹部のグループを組織した。この雑誌の第１期は、３月に「文芸的新方向」の題名で出版され、邵荃麟の「対当前文芸運動的意見」や郭沫若の「斥反動文芸」などを収録していた。これらは中共が対外的に文芸路線と批判の対象を公開したことに等しく、50年代以降の中国文芸界に重大な影響を持っていた。

中国共産党香港地下党は３月に『大衆文芸叢刊：文芸的新方向』を刊行した後、確立された越境伝達システムをさらに運用し、関連する内容を国内外に送信し、前例のない巨大な集団世論による圧力を形成し、批判対象者に対して真の恐怖と服従を生み出した。郭沫若は、「一年来中国文芸運動及其趨向」に基づいて「斥反動文芸」を書き、「新繆司九女神禮讃」の方式に従って各地に配布した。２月29日、『華商報』は一面に「大衆文芸叢刊：文芸的新方向」を、「現在の文芸思想の主流」の見出しで３月１日に刊行すると宣伝した。「斥反動文芸」は、『華商報』の販路を通じて海外に送られたほか、四川の『川文文摘』に、あるいは南京の学生が五・四運動を記念する集会でそれを朗読するなど、公開朗読の形でも使われていた。

1948年、中国共産党が文壇の粛清運動を開始したとき、国民党政府は対抗

策や対応を欠いていたように思われる。その主たる理由はおそらく、戦争の敗北が中央政府に包括的な政治的、経済的、社会的影響を及ぼし、その結果、国府当局が対応できなくなった、または対応しようとしなかったことにある。内戦は、上海の金融、物価、治安の危機など、後方の都市で深刻な経済問題と生活問題を引き起こし、国民党政府にとって厄介な問題となっていた[67]。効果的な解決策を見出すことができず、当局は一種の無力感を露呈していた。当時立法院の秘書長陳克文は、中央政府内に敗北主義が蔓延していると感じていたが、同時に官僚的な風潮が存在し、それが外部に好ましからぬ印象を与えていたと感じていた[68]。

　常に政治から距離を置いてきた文化的保守主義学者の呉宓も、時局の潮流の変化を深く感じていた。抗日戦争の終結後、呉宓は華北が中国共産党の手に落ちるのではないかと心配しさらに胡適たちが北京大学と清華大学を支配していたので、北に戻ることを願わなかった。内戦中、彼は学校の同僚や学生が国民党を良く見ておらず、徐々に左傾傾向にあることに気づいていた。1946年2月27日、彼は成都の「燕京大学の若い教職員のほとんどが共産党を支持している」と表現した[69]。彼が武漢大学で教鞭をとった後、教師と学生の左傾の状況も校内で見られ、1948年に至り中国共産党が文学粛清運動を開始した時、武漢大学の学生はさらに勇気を出して自分の立場を示した。1948年10月、武漢大学文学院でオリエンテーションが開催され、外国語系の学生が詩を朗読した。一幕物劇「控訴」の上演は共産党の宣伝であった[70]。学生たちは、呉宓が「新しい中国文学を読んでいない」と問い詰め、彼を「時宜に合っていない」と見なした[71]。中国共産党の政治文芸は、呉宓が教鞭をとっていたキャンパスに浸透し、彼の娘でさえ深く影響を受けていた。彼の次女、呉学文は、学校で「詩を朗読する連歓会」で学校から追放されそうになっていた[72]。燕京大学で学んだ末娘の呉学昭も、呉宓に「大変革後、現在はすべてが異なり、学歴は役に立たない」と話し、勉学を放棄し「某方面の政治工作に参加したい」と語った[73]。呉宓はこの変化に直面して無力だった。彼は世事を問わずすべてのトラブルを回避し四川省で身を隠すことしか考えられなかった。国府の政治、軍事、経済的敗北により、進歩を追求する若者にとって中共の文芸はより魅力をもち、中国共産党は文壇粛清運動を通じて国民党

と文化の主導権の争奪により効果を発揮していた。

　北京の沈従文は、このような前例のない大衆運動の包囲と弾圧に直面し、戦場での中国共産党のますます明らかな優位性、国府の取り返しのつかない敗北、そしてますます暗くなりつつある未来への見通しと相まって、彼は前例のない精神的圧力を感じた。沈従文が教鞭をとった北京大学では、学生たちは五・四記念会で南京の例に倣い、郭沫若の沈従文を批判する文章を公開で朗読した。1949年1月、北京大学のキャンパスには、「斥反動文学」の大字報が貼られ、沈従文を批判するスローガンが掲載され、沈を「妓女作家」と罵倒した者や彼に脅迫の手紙を出す者もいた。沈従文はついに圧力に耐えられず、自殺を図った。[74]「反動的文人」沈従文と比較して、ムーサの尻尾になりたいと宣言した郭沫若は、すでに1948年初頭に『野草叢刊』に「尾巴主義発凡」を発表し、「尻尾主義万歳！」[75]と公然と宣言していた。郭沫若と沈従文は、50年代以降の文芸界の肯定・否定の典型を代表しており、1948年の文芸界の粛清運動は、新中国の政治運動のリハーサルでもあり、中共が打ち立てた越境宣伝システムが作用を発揮するに至り、当時の人々は「人民の力量」を感じることになった。

おわりに

　内戦期に香港が中国共産党の重要な宣伝陣地となった主たる理由は、国内外の要因が絡み合った影響によるものだった。一方では、香港問題をめぐって英国と国府の間で論争が起こっているため、中国共産党はその矛盾を利用して、国際統一戦線を利用し英国の善意と引き換えに香港紛争に介入しないことで、香港に足場を築くことができた。

　また、抗日戦争の終結後、租界が廃止されたことで、国府は沿岸の大都市をより包括的に支配するようになり、中国共産党の活動余地が少なくなり、さらに国共内戦の勃発により、国民党は都市部での中国共産党の宣伝媒介を完全に遮断したことで、香港の重要性が浮き彫りになった。

　『華商報』における中国共産党の宣伝活動は、国内外の情勢の変化に合わせてその重点は異なっていた。中国共産党は、延安根拠地の政策、宣伝、文

化、情報を香港を通じて伝えるための「延安－香港－国内／海外」の伝播システムを確立、香港は中国共産党の政治文化の重要な場となり、『華商報』は代表的な出版物となったのである。したがって『華商報』の内容を分析することで、これまで注目されてこなかった国共内戦の歴史の多様な側面が観察できる。

　また文壇粛清運動を例にとると、中国共産党が確立した越境宣伝機構は「宣伝」だけでなく、「闘争」の力を発揮できることがわかる。中国共産党は、各地で闘争文書を転載し、回覧し、社会的共鳴効果を形成し、闘争の対象とされた人々は耐え難い集団世論の圧力を感じとる。それによって「社会的死」の目標が達成される。文芸界の他の人々と比較して、沈従文は中国共産党が新しい政治文化を確立するための犠牲者として選ばれた作家である。

[注]

(1)　袁小倫「戦後初期中共利用香港的策略運用」『近代史研究』6期（2002年）、121－148頁。袁小倫「戦時文化人流聚與粤港文化中心転移」『広東社会科学』6期（2010年）、78－84頁。袁小倫「抗戦勝利後中共與香港進歩文化述論」『党史與文献研究』1、2期（2017年）、19－25頁。葉明漢「従『中間派』到『民主党派』：中国民主同盟在香港（1946－1949）」『近代史研究』6期（2002年）、45－71頁。謝力哲「1946－1949年文協香港（港粤）分会考論」『文学評論』2期（2020年）、106－114頁。趙建国「解放戦争時期香港『華商報』対新中国新聞政策的探索」『新聞與伝播評論』75巻2期（2022年3月）、14－22頁。賀碧霄「情報、人員和物資的樞紐：1930至1940年代香港與中国共産革命」『二十一世紀双月刊』169期（2018年10月）、61－76頁。賀碧霄「中共如何確定新聞体制？ 建国前在香港的公開與地下討論」『二十一世紀双月刊』161期（2017年6月）、37－52頁。

(2)　中国共産党の抗戦前の香港の発展状況については、次の文献を参照。Chan Lau, Kit-ching（陳劉潔貞）, *From Nothing to Nothing: the Chinese Communist Movement and Hong Kong, 1921-1936* (New York : St. Martin's Press, 1999). 莫世祥『中共革命在香港1920－1949』（香港：中華書局、2022年）。

(3)　賀碧霄「情報、人員和物資的樞紐：1930至1940年代香港與中国共産革命」前掲書、62－64頁。莫世祥前掲書、75－101頁。

(4)　江關生『中共在香港（1921－1949）』（香港：天地図書有限公司、2012年）上巻、143－147頁。

(5)　莫世祥「抗戦初期中共組織在香港的恢復與発展」『中共党史研究』1期（2009年）、68－71頁。

(6)　侯桂新『文壇生態的演変與現代文学的転折――論中国現代作家的香港書写：1937－1949』（北京：人民出版社、2011年）、32－40頁。

106

(7) 袁小倫『粤港抗戦文化史論稿』（広州：広東人民出版社、2005年）、44頁、123－124頁。

(8) 生活書店編『生活書店図書目録（1938年8月）』（出版地不詳：生活書店、1938年）、3頁。

(9) 侯桂新前掲書、61－62頁。薩空了「我與香港『立報』」，鍾紫主編『香港報業春秋』（広州：広東人民出版社、1991年）、65－73頁。

(10) 侯桂新前掲書、24－25頁。袁小倫『粤港抗戦文化史論稿』、118－133頁。

(11) 樊善標『諦聴雑音：報紙副刊與香港文学生産（1930－1960年代）』（北京：中華書局、2019年）、37－180頁。

(12) 陳永発「抗日戦争珠的国共関係」、呂芳上主編『中国抗日戦争史新編』（台北：国史館、2015年）、「全民抗戦」を参照、131－153頁。

(13) 袁小倫「戦時文化人流聚與粤港文化中心転移」、前掲書、78－84頁。

(14) 張友漁「我和『華商報』」、前掲『香港報業春秋』、121頁。

(15) 劉宏、張慧梅「陳嘉庚與東南亜華商網絡」『中国経済問題』 3期（2024年5月）、1－7頁。

(16) 陳嘉庚『南僑回憶録』（新加坡：南洋印刷社、1946年）、186－190頁。

(17) 雷豔芝「海外華僑與中国共産党形象的国際伝播——以陳嘉庚為例的分析」『華僑華人歴史研究』 4期（2021年12月）、1－8頁。

(18) 峁貴鳴「胡愈之與『南洋商報』」『炎黄春秋』11期（1998年）、48－49頁。凌富亜、唐倬「海外僑報対中国共産党抗戦形象的塑造與伝播——以『南洋商報』為中心的考察」『華僑華人歴史研究』 2期（2023年6月）,29－38頁。

(19) 張友漁「我和『華商報』」、前掲『香港報業春秋』、117－125頁。

(20) 夏曼「香港追憶」、『古今月刊』創刊号（1942年3月）、36－37頁。

(21) 薩空了「創辦香港『光明報』的回憶」、前掲『香港報業春秋』、131－137頁。

(22) 中共中央文献研究室編『毛沢東年譜1893－1949』（北京：人民出版社、1993年）下巻、10－11頁。

(23) 毛沢東「盡快派人去上海辦報」（1945年9月14日）、中共中央文献室編『毛沢東文集』（北京：人民出版社、1993年） 4巻、23頁。

(24) 「林平致中央並恩来電」（1945年8月23日）、許振咏、周海英編『広東革命歴史文件匯集』（広州：中央檔案館、広東省檔案館、1986年）甲種本38巻、509頁。袁小倫「戦後初期中共利用香港的策略運用」、前掲書、131－135頁。

(25) 袁小倫「戦後初期中共利用香港的策略運用」、前掲書、131－135頁。

(26) 袁小倫『戦後初期中共與香港進歩文化』（広州：広東教育出版社、1999年）、15－34頁。

(27) 「中共中央南京局対港澳工作的指示」（1946年6月22日）、中共江蘇省委党史工委等編『中共中央南京局』（北京：中共党史出版社、1990年）、63－64頁。

(28) 江關生『中共在香港（1921－1949）』（香港：天地図書有限公司、2012年）上巻、206－207頁。

(29) 鍾紫「香港戦後第一家人民的喉舌『正報』」、前掲『香港報業春秋』、215－221頁。

(30) 袁小倫『戦後初期中共與香港進歩文化』、55－56頁。

(31) 陸詒「『光明報』在香港復刊記」、前掲『香港報業春秋』、222－228頁。

(32) 莫世祥『中共革命在香港 1920－1949』、223－224頁。

(33) 「林平復周、劉電：辦報経費厖大」（1945年10月23日）、前掲『広東革命歴史文件匯集』甲種本38巻、535頁。

(34) 陳嘉（杜襟南）著、中共広州市委党史研究室編『人世間：陳嘉（杜襟南）日記初葉』（広州：中共広州市委党史研究室、2000年）下巻、727巻。

(35) "Political Information: Communist Organization and Activities, South China" (9 January, 1947), CIA-RDP82-00457R000200520002-4, (https://www.cia.gov/readingroom/search/site/CIA-RDP82-00457R000200520002-4).

(36) 楊奇「憶復刊後的香港『華商報』」、前掲『香港報業春秋』、187頁。

(37) 何継寧、陳東、麦永堅「『華商報』的発行工作與報童生活」、南方日報社、広東『華商報』史学会合編『白首記者話華商』（広州：広東人民出版社、1987年）、88－90頁。楊奇「憶復刊後的香港『華商報』」、前掲『香港報業春秋』、189－191頁。

(38) 司徒秉鶴「『華商報』與海外僑胞血肉相連」、南方日報社、広東『華商報』史学会合編『白首記者話華商』（広州：広東人民出版社、1995年）、48－49頁。

(39) 海連子「華僑民主堡壘：陳嘉庚與『南僑日報』」『党史縦横』 6 期（1998年）、24－25頁。

(40) 呉仲「回憶香港新民主出版社」、前掲『白首記者話華商』、83－84頁。

(41) 「香港分局関於一年来的組織工作総結（1947年11月30日）」、葉金蓉、陳揚和、許振泳編輯『中共中央香港分局文件匯集 1947.5－1949.3』（広州：中央檔案館、広東省檔案館、1989年）、76頁。

(42) 葉金蓉、陳揚和、許振泳編輯「香港分局港工委関於継続進行査整運動的通知（第 2 号）（1948年 5 月14日）『中共中央香港分局文件匯集 1947.5－1949.3』）、139頁。

(43) 葉金蓉、陳揚和、許振泳編輯「香港分局致中央並中城部電：香港分局工作報告（1948年 8 月18日）」、同上、181－182頁。

(44) 商昌宝「新中国誕生前的文壇清劌運動」『二十一世紀双月刊』総第115期（2009年10月）、55頁。

(45) 宋喜坤『蕭軍和哈爾濱『文化報』』（北京：中国社会科学出版社、2015年）。

(46) 1948年、中国共産党は毛沢東の指示により、文芸整風運動を推し進めた。全国的な運動は年初に郭沫若らが香港で発表した一連の文章を指し、党内外の文芸界の異端人士を批判し、沈従文が主要な標的とされ、広範囲に影響を及ぼした。地域的な運動は、1948年後半に、中国共産党東北局が発動し蕭軍を批判した『文化報』事件であった。これにより蕭軍は進歩的な作家の代表から一夜にして階級の敵となった。この影響は東北に限定され、全国的な事件とはならなかった。これらから、中国共産党はすでに党組織を通じて国内外で政策を遂行することができていたことがわかる。

(47) 毛沢東「在延安文芸座談会上的講話」、竹内実監修毛沢東文献資料研究会編集『毛沢東集』（東京：蒼蒼社、1983年、第二版） 8 巻、111－148頁。

(48) 方敏「大後方文芸問題的論争」『華商報』（1946年 4 月 7 日）、第 3 頁。

(49) 高克奇「文芸上的群衆路線」、同上。

(50) 懐湘「文人改造雛議（下）」『華商報』（1946年4月28日）、第3頁。

(51) 孺子牛「一年来的香港文芸運動」、匡宗媛、池少玲編『広東革命歴史文件匯集』甲種本58巻、225－229頁。

(52) 胡勝華「評梁実秋的『抗戦無関』論」『伝記文学』88巻2期（2006年2月）、90－94。

(53) 沈従文「従現実学習」、張兆和主編『沈従文全集』（太原：北岳文芸出版社、2002年）、13巻、373－396頁。

(54) 商昌宝、前掲書、58－60頁。

(55) 郭沫若「新繆司九神禮讚」『文萃』2巻14期（1947年1月9日）、3－6頁。

(56) 郭沫若「新繆司九神禮讚（上）」『華商報』（1947年1月17日）、第3頁。

(57) 郭沫若「新繆司九神禮讚（下）」『華商報』（1947年1月18日）、第3頁。

(58) 郭沫若「新繆司九神禮讚」『書報精華』26期（1947年2月15日）、36－38頁。郭沫若「新繆司九神禮讚」『生存』（西安版）5期（1947年3月12日）、33－38頁。

(59) 銭理群『1948：天地玄黄』（香港：香港城市大学出版社、2017年）、13－24頁。銭理群『1949－1976：歳月滄桑』（香港：香港城市大学出版社、2017年）、5－6頁。

(60) 『群衆』（香港版）49期（1948年1月1日）、1－6頁。『華商報』（1948年1月1日）、第2頁。

(61) 『華商報』（1948年1月7日）、第4頁。

(62) 同上、1948年2月2日、第3頁。

(63) 『大衆文芸叢刊：文芸的新方向』1期（1948年3月1日）、4－22頁。侯桂新、前掲書、219－238頁。

(64) 『華商報』（1948年2月29日）、第1頁。

(65) 『川大文摘』第3号（1948年4月7日）、21－22頁。

(66) 南京市大中学生聯合紀念「五四」二九周年大会編『南京的五四周』（南京：出版者不詳、1948年）、40－42頁。

(67) 石島紀之「戦後内戦期上海の民衆の生活と心性」『歴史学研究』1009号（2021年5月）、1－16頁。

(68) 陳克文著；陳方正編輯・校訂『陳克文日記 1937－1952』（台北：中央研究院近代史研究所、2012年）。

(69) 呉宓著；呉学昭整理注釈『呉宓日記』（北京：三聯書店、1999年）10冊、10頁。

(70) 同上、461頁。

(71) 同上、490頁。

(72) 同上、340頁。

(73) 同上、409頁。

(74) 商昌宝『家検討與文学転型（上）』（新北市：花木蘭文化出版社、2015年）、116頁。

(75) 郭沫若「尾巴主義発凡」、『野草叢刊・天下大変』7期（1948年1月）、8－9頁。

（訳　小山三郎）

曖昧なアイデンティティと
矛盾する政治意識
——1967－1984年『星島日報』に見られる「中国」報道立場の転変

曾　美芳
台北医学大学通識教育センター副教授

はじめに

　香港は、東アジア世界にとって常に輝かしく、また神秘的な真珠である。香港は面積が小さいにもかかわらず、発行される新聞の数は驚くべきものがある。香港印務局発行の『香港年報』によれば、1967年当時の香港では毎日平均約150万部の刊行物が発行されており、その多くは中国語の新聞・雑誌で、新聞の平均購読率は40％に達していた。1975年まで、香港の新聞購読率は1,000人当たり約350部を維持しており、アジアでは日本に次ぐものであった。ここから香港の人々が新聞報道をいかに重視していたかが見てとれる[1]。

　数多い新聞の中でも『星島日報』は代表的な中国語新聞である。創刊は1938年8月10日、商業経営志向の新聞で、1950年代から1970年代にかけては中道右派に属し、香港政府と台湾の国民政府の両方に登録して論調も香港政庁および台湾よりであった。かつて香港政府が発行した *Hong Kong–Report for the Year* において言及された唯一の中国語新聞であり、また現在まで存続している数少ない新聞の一つとして、香港の中国語新聞業界で一定の地位を確立している。

　『星島日報』は長い歴史の中で何度かその言論の方向性と政治的アイデンティティを調整してきた。1967年から1980年代にかけては国民政府よりの論調であり、多くの慣用的表現が台湾紙と大差ないほどであった。しかし両岸情勢の変化につれて、『星島日報』は編集戦略の調整を始めたように見える。この間、どのような過程を経たのか、またどのような調整が行われたのか。さ

第二部　国境を越えたメディアと文化、政治　111

らに、日刊の刊行物として、政治や社会の変動にどのように適応し、目立たぬように方向性を調整したのか。これらが本論で明らかにしたい点である。

本論は1967年の『星島日報』の「中国」関連報道を出発点として、当時の『星島日報』の報道スタイルと立場を考察する。特に、元旦と国慶節の報道に新聞の立場や見解がどのように表されているかを見ていく。さらに1967年から1984年[2]までの『星島日報』の１面トップ記事と社説の見出しの量的分析ならびに、社説の内容と関連報道の用語の選択や記述の手法から『星島日報』に現れた政治的見解とその変化を論じる。質的分析と量的分析の交差分析を通じて、新聞社の政治的立場がニュースの選択や関心の対象に影響を与えているかどうかを客観的に探求し、さらにこの時期の香港社会の政治意識について分析を深めたいと思う。

1．誰と共に祝うか
——『星島日報』の元旦および国慶節のニュース選択

『星島日報』はビルマ華僑の胡文虎（1883－1954）が創刊した香港の現地紙である。創刊にあたり特に政治的な意図はなく、単に胡文虎が販売していた「虎標万金油」〔タイガーバーム〕を宣伝することが目的であった。胡文虎には「万金油を宣伝するために広告に金をかけるくらいなら、なぜ自分で新聞を出さないのか[3]」という有名な言葉があるとおり、完全に商業的動機に基づく創刊で、知識人が時事批判を目的として発行していた従来の新聞とは異なっていた。

『明報』の創始者である査良鏞〔金庸〕（1924－2018）は「1970年代まで『星島日報』は香港で最も発行部数が多い新聞だった」と語っている[4]。その成功戦略は優れた副刊運営と関係している。『星島日報』は長年にわたり香港の著名な作家を副刊の執筆者に起用し、さらには編集に参加させることもあった。各分野に精通した人材が専門紙面を担当することで、同紙の副刊は高い水準を保っていたのである[5]。

トップを誇る発行部数は、当時香港では一定の割合の人が毎日『星島日報』を読んでいたことを示している。この購読習慣は、当時多くの香港市民の理

念や立場が『星島日報』が主張する言論や編集方針に近かったことを表すと同時に、読者の一部は長期にわたる購読習慣によって『星島日報』の言論姿勢に影響を受けたであろうことも意味している。[6]

図1　『星島日報』1967年1月13日　第1面

だが、1960年代から70年代の『星島日報』を開いて「中国」関連の報道を見てみると、まるで別の時間と場所にいるかのように感じるに違いない。［図1］は1967年1月13日付『星島日報』の第1面だが、すべてのニュースが中国大陸関連の報道である。当時のニュースソースは主にAP通信（Associated Press）、UPI通信（United Press International）、AFP通信（Agence France-Presse）などのよく知られた国際的通信社のニュースであった。興味深いのは、中国大陸に関するすべての見出しの用語が、「中共」「大陸」「老毛」のように台湾紙の用語とほとんど違いがないことである。さらには民国紀元を用い、また題字の横に、本紙は「香港政府が法的公告の掲載を許可した刊行物」であると示し、「中華民国僑務委員会登記証」の番号まで付してある。もし題字とノンブルの「星島日報」の文字を隠して、これは台湾の新聞だと言ったら、多くの人が信じると思われる。

当時の『星島日報』の紙面には、常にこのような「中国」への思慕が満ちていた。香港の地元紙でありながら、『星島日報』は当時、香港の現地ニュースを第1面にすることはほとんどなく、第1面と第2面の大半は中国に焦点を当てたものだった。より重要なのは、字間行間から「心は祖国に」の思いがにじみ出ていることである。「中国」の情勢に焦慮を感じる一方、境外に逃れて対岸の火事を眺める疎外感もある。この雰囲気は国民政府統治時期の台湾の新聞に感じる印象とほぼ同じで、当時の状況においては情理にかなったものだったかもしれないが、今日から見るとある種の違和感を覚えざるを得ない。

香港の新聞は大まかに「左派」、「中立」、「右派」の三つに分かれ、左派と

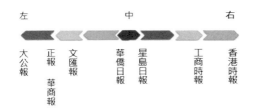

図2　香港の中国語新聞の政治的スペクトル

資料出典：陳昌鳳『香港報業縦横―当代香港報業史』
　　　　　（北京：法律出版社、1997年）、95頁。

右派の新聞の多くはそれぞれ中国共産党と台湾の国民党に支持されている。『星島日報』は中立系の新聞と見なされることが多い（**図2**参照）[7]。『星島日報』は直接的に国民党の支援を受けたわけではないが、かつて国民党との関係が密接だったことは事実である[8]。『星島日報』の重鎮であった賈納夫は、同紙の題字「星島日報」の4文字は国民政府主席であった林森（1868-1943）が揮毫したものであり、また『星島日報』は創刊当初から中華民国の正朔を奉じていたため、「中道右派」とされるのも理解できると述べている[9]。だが研究者の多くは、『星島日報』はほとんどの時期において中立を維持していたと見なしている。李少南も次のように考えている。

　1950～60年代の三大新聞である『工商日報』、『星島日報』、『華僑日報』は中道右派の新聞であったが、台湾の国民党政府に対する共感が比較的明確に表れるのは双十国慶の期間中のみで、普段はおおむね「中立客観」な報道を重視していた[10]。

李少南は双十国慶の報道について特に言及しているが、実はこれは『星島日報』の編集における興味深い問題の一つである。

　10月は両岸のどちらの政権にとっても特別な意味を持つ月である。中華民国国慶日は10月10日で、単に「国慶日」、あるいは「双十国慶」と呼ばれている。一方、中華人民共和国の国慶日は10月1日で、台湾では「十・一」と呼ぶのが通例だが、中国の正式な呼び方は「国慶節」である。国慶日の祝賀行事は1980年代まで台湾人が共有する記憶であった。10月に入るやあちこちで国旗が掲げられ、様々な祝賀イベントが次々と行われる。新聞の編集にとってこの日最も重要なのは、1面トップに掲載される総統府が発表した総統の

「挨拶」〔原文は「致詞」〕や「告辞」〔原文は「文告」〕、それに各地の華僑が国慶を祝うニュースである。しかし、同様の国慶の紙面が香港という場に現れた場合、それはまた格別の意味をもつ。なぜなら、両岸のどちらの政権の国慶を「祝賀」するにしても、祝賀すること自体が、立場の表明と選択を意味するからである。

　翁智琦は、国民党が冷戦期に新聞をどのように利用して政治宣伝を行ったかに関する研究において、祝典と政治宣伝の関係に注目している。祝祭日の祝賀に関連づけて行われる各種の反共宣伝のなかで、国慶日は表向きは「辛亥革命の成功と中華民国の誕生の日として、順当に政治的教化システムに組み込まれ、毎年行われる重要な国家的祝典となった」。しかし実際には政治的な記念日であり、「国府が異質な集団を同質のアイデンティティに統合し、政治を安定させるための方策」であった。これは国民党による反共愛国教育の重要な一環といえる。国民党にとっては、新聞という「lieu」（場）を通じて各地の華僑が一つになって盛大に祝い、「故郷に帰る／故郷にいる」ような雰囲気を演出することは、すべての国民と世界各地の華僑に国民政府政権への帰属意識を維持させる助けとなるものであった。[11]

　『星島日報』は国民党が直接経済的支援をしている新聞ではないが、毎年台湾の双十国慶（10月10日）には国慶特集紙面が組まれ、国慶関連のニュース、告辞、それに国慶の広告が掲載される。1975年まで双十節当日の第1面は上半分が国際ニュース、下半分が広告であった。1967年を例にとると、1面トップこそインドネシアが中共との国交断絶を宣言したというニュースであるが、紙面の約半分のスペースは「慶祝中華民国五十六年双十国慶記念」の広告である（図3参照）。

　これを単なる商業行為と見るのは正確とは言えないだろう。なぜなら、第1面に掲載された5本のニュースはそれぞれ「十八年来の中共外交で最大の失敗、インドネシ

図3　『星島日報』1967年
　　　10月10日 第1面

第二部　国境を越えたメディアと文化、政治　　115

図4 『星島日報』1967年
　　 10月10日 第1面

図5 『星島日報』1967年
　　 10月10日 第2面

アが昨日中共との断交を発表」、「蔣総統、国慶日に軍民に告ぐ、反攻開始の確かな日付は公表せず」、「台北、大盛会で国慶を祝う」、「香港『十・一』で左派が大屈辱、中共は英国に抗議」、「ソ連通信社報道、北平やや平穏を回復」であり、中華民国の国慶関連ニュースが2本、いずれもスペースは小さいが準トップに置かれている一方、中国に関する3本のニュースは2本が外交上の失敗、1つが現地の状況についてで、いずれもネガティブな報道といえる。このうち香港で行われた「十・一」祝賀活動に関する記事を仔細に見ると、「中国人民」（香港市民ではない）が香港の港に停泊していた船の上で祝賀活動を行っていたが排除されてしまったという状況が記され、さらに「愛国同胞」、「国旗」の文字にはカギカッコが付けられている（図4参照）。反対に、中華民国の国慶に関する2本の記事では「蔣総統」という当時台湾では最も見慣れた呼称がそのまま使われており、香港の新聞の見出しとしてはいささか違和感を禁じえない。

　また、この日の新聞には「中華民国五十六年双十節　蔣総統の全国軍民に告げる書全文」とあわせて「『双十』の新たな意義」と題する約1,280字の社説が掲載された（図5参照）。文中では、「大陸が変色したあの年以来」すでに18年の時が過ぎ、毎年双十国慶で「大陸反攻」「祖国光復」といったスロー

ガンを繰り返し耳にするが、実際的な行動は何もなく、「我々自身に失望を感じているだけではない。大陸の同胞たちも我々の『無為』にどれほど失望していることであろう」と述べられている。ここには反共文学の香りが満ち、香港の現地紙であることを一時忘れさせるほどである。『星島日報』は僑務委員会に華僑新聞として登録されているため、用語や言論の方向性において制約を受けざるを得なかったのかもしれない。しかし、新聞学の観点に立ち戻り、新聞販売数をもって当時の新聞読者が受け入れた世論の方向性を測るならば、少なくとも1970年代中頃まで香港ではこのような立ち位置を受容する読者が少なくなかったことは確かである。こうした紙面構成は10年近くにわたって続けられた。

　1977年以降、香港新聞業界の競争が激化するとともに、『星島日報』は商業紙の性格を明確にし始め、第１面を全面広告として売り出すことが増え、双十節当日の第１面もほとんどが全面広告で占められるようになった。興味深い点は、これらの全面広告はすべて台湾双十国慶に関する広告であることだ。例えば1978年10月10日の第１面の広告は「慶祝中華民国六十七年国慶」という見出しがあり、その下に各界の広告賛助者の名前が掲げられている。このような広告は1984年まで続いた。

　１面全体を台湾国慶の宣伝として販売するだけでなく、当日の２面トップのニュースも大半が中華民国国慶に関するものであった。1976年10月10日の２面トップの見出しは「厳総統が国慶声明を発表、軍民に対し意志を堅固に、敵に照準を合わせて行動するよう激励、また共産党の軍と幹部に速やかな帰順を呼びかける」で、文末には厳家淦（1905－1993）の自筆サインの画像が添えられていた。1977年も厳家淦の国慶告辞が掲載され、1978年に蒋経国が総統に就任すると、２面トップには蒋経国の国慶祝辞が掲げられた。このような報道スタイルは1985年まで続いた。前述の李少南の研究によれば、1950年代から60年代においては『星島日報』だけが双十国慶に祝賀報道をしていたわけではなく、他の「中道右派」のメディアも同様の紙面であった。したがってこれは『星島日報』一紙が選択した政治的立場ではなく、このような報道手法が当時の香港で明らかに一定の市場を持っていたのである。

　中華民国国慶日の盛大な祝賀に比べ、『星島日報』の中華人民共和国国慶

第二部　国境を越えたメディアと文化、政治　117

図6 『星島日報』1967年
　　10月5日　第2面

に対する扱いはかなり冷淡である。1967年から1984年にかけての『星島日報』の1面トップを観察すると、中国の「十・一国慶節」に関する記事を一面トップに置くことは非常にまれで、双十国慶のように全面広告で祝賀することもなく、むしろ10月1日という日を目立たせぬように処理している。

　十・一国慶節に関する論説が初めて登場したのは1967年10月5日付の社説「北平『十・一』から見た中共」においてである。

　　今年十月一日の中共「国慶」では……昨年すでに「資本主義の道を歩む実権派に反対しよう」というスローガンが掲げられていたが、主に理論闘争に重点が置かれ、「文革」の必要性が強調された[14]（図6参照）。

　前述のとおり、この社説でも中国に関する用語には頻繁にカギカッコが用いられている。例えば「十・一」、「国慶」、「文革」などはすべてカッコを付けて区別している。これは香港の読者がこうした用語にあまりなじみがなかった可能性を示すと同時に、こうした用語やその背後の政治権力に対して同紙が距離を置いていることを示している。また、この社説は中国の国慶告辞に対する見解と論評を示すなかで、中国十・一国慶節活動への批判と当時の中国政権に対する強い疑念を露わにしている。この後の数年間、『星島日報』において中国の国慶節に関する報道は見られない。

　この「十・一」に関する報道の欠如は、必ずしも『星島日報』が意図的に無視したわけではなく、むしろ文化大革命中期に中国政府が国慶関連の祝賀行事を中止したことによる。1971年9月20日、中共中央は10月1日の国慶パレードの中止を発表し、同時に今後大規模な国慶行事は行わないと表明した[15]。また、文革が最も苛烈であった数年間は、中国が外部に対する情報を

遮断していたため、『星島日報』が得られるニュースソースは非常に限られていた。まれに中国大陸から香港に逃れてきた難民から中国内部の文革の実情を聞き出すことができたが、そのほかには事実を確認できる正式な取材や外電はまったくなかったのである。[16]

　1976年になって文革が収束に向かうと、中国大陸との関係が比較的良好な人々が次々に中国に入って投資を模索し始めた。このような情勢の変化は、1976年以降『星島日報』の中国大陸関連報道が徐々に増加するという形で反映され、同紙には再び中国国慶節に関連するニュースが登場するようになる。同年10月1日、第2面に「今年の『十・一』は寂しい限り、大陸全土で『祝賀』行事が行われず」というタイトルの記事が掲載された。同様の報道は翌1977年10月1日の記事にも見られ、改革開放の趨勢になっても『星島日報』は中国が国慶節の祝賀行事を行わなくなったことを知らなかったことがわかる。

　国慶節報道のほかに注目すべきは、もう一つの祝日、元旦のトップニュースの扱いである。西暦の元旦は世界共通の祝日であり、ごく少数の例外を除いて、毎年この日には各国政府が新年を迎える催しを行い、各地の新聞は当然その報道を行なう。香港も例外ではない。香港では年末の最も重要な政治行事である総督の年末メッセージが12月31日に発表される。このため、元旦の紙面は両岸のニュースに重点が置かれる。

　筆者が収集した1967年、1972～1974年、1977～1984年の12年分の『星島日報』のうち、1977年と1983年を除いたその他の年はすべて元旦の第1面が全面広告であった。1977年の1面トップは中国大陸の四川省の派閥闘争に関するもので、1983年はアメリカ経済の復活が間近であるというニュースであった。その他の10年のうち1981年と1984年は資料が欠落しており確認できず、1967年と1972年の2面トップ記事は当時の中華民国総統・蔣介石の元旦の挨拶で、彼の手書きの祝賀メッセージも添えられていた。1972年は元旦当日に「蔣総統の全国軍民同胞に告げる書」を2面トップに掲載し、さらに同文を4日間にわたり掲載した。残りの3日間も第2面の目立つ位置に掲載し、同紙がこれを特に重視していたことがわかる。

　1975年、蔣介石（1887－1975）が心臓病で死去し、副総統の厳家淦が憲法

第二部　国境を越えたメディアと文化、政治　119

に基づき中華民国総統を引き継いだ。1977年の元旦、『星島日報』は第2面に厳家淦が告辞を発表したニュース「厳総統元旦の告辞を発表、中共と和解せずと重ねて表明、軍民に新たな局面を開拓するよう激励、共産党を一掃してこその世界平和」を掲載した。ここでもまた、中華民国総統を直接「○総統」と呼んでいるのが見られる。一般に我々が外国の首脳を呼ぶ場合は、例えば「美総統羅斯福」〔米国大統領ルーズベルト〕、「日本総理小泉純一郎」〔日本首相小泉純一郎〕のように「国名の略称＋称号＋氏名」を使用する。しかし、この記事の見出しでは「台湾総統厳家淦」や「中華民国総統厳家淦」ではなく「厳総統」と呼んでおり、まるで当時の台湾にいるかのようである。1950年代から1970年代の台湾に住んでいた人々は「蔣総統」という呼称が固有名詞化する過程を多少なりとも経験しているため、香港で「蔣総統」という呼称を見ても特に違和感をもつことがないかもしれない。だが厳家淦を「厳総統」と呼ぶことは、単なる習慣と見ることはできないだろう。『星島日報』の編集部は明らかに、「厳総統」がどこの国の総統であるかを読者は知っているはずだと考えていたのである。同様の報道手法は後に蔣経国（1910－1988）が就任して以降も続けられた。

2．「中国」をめぐるジレンマ
── 1面トップ記事と社説に見る報道手法と用語の変化

　第1節では、新聞第1面の編集戦略から『星島日報』の両岸に対する政治的アイデンティティを考察した。本節では1面トップ記事および社説のテーマと用語の使用から、『星島日報』に現れた政治的傾向を見ていく。まず1967年から1984年までの『星島日報』の1面トップ記事と社説のテーマを検討し、それから関連する見出しの用語選択の戦略について交差分析を行う。

(1)　1面トップ記事と社説のテーマの分布

　筆者が収集した『星島日報』12年分、4,382日分の1面トップ記事では、国際ニュースが28％を占め、「両岸三地」〔中国、台湾、香港〕のニュースが31％を占めている。「両岸三地」のなかでは中国本土のニュースが最も多く、

合計874本で全体の約20%に達し、次に香港の現地ニュースが386本、台湾のニュースが最も少なく98本で、全体の2%である。このほか276日分のデータが不完全あるいは欠失しており、1,531日分が1面全体広告で、これは全体の約35%を占めている。

これらの数字を年ごとに並べてみると、一見バランスが取れているように見える分布構造の、長い時間軸での変化を観察することができる。1967年の『星島日報』の1面トップは中国ニュースが大きな割合を占め、合計205本で、この年の1面トップ記事全体の56%に達していた。記事の内容は主に各地からもたらされる文革の情報である。1972年になると、中国の対外的な情報封鎖のため信頼性の高いニュースソースが不足し、中国ニュースの数は大幅に減少、国際ニュースがこれに取って代わった。1976年に文革が最終段階に入り中国が開放に向かい始めると、先を見越した多くの香港商人が中国大陸への投資に乗り出し、香港で中国ニュースへの需要が大幅に伸び、中国ニュースと国際ニュースの割合が均等になっていく。ただし、この時期『星島日報』は第1面の全面広告が年々増加しており、1978年には広告が33%、1981年には68%にまで達している。この全面広告の影響に比べると、ニュースのテーマ別の割合の変化は実際のところさほど大きな意味はもたなくなっている（図7、8参照）。

データの中でやや意外なのは、『星島日報』の1面トップに占める香港ニュースの割合が低い点である。全体的に見ると香港ニュースが1面トップとなっ

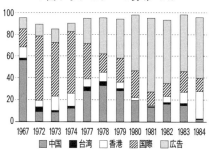

図7　1967−1984年『星島日報』
　　　1面トップのテーマ分布（%）

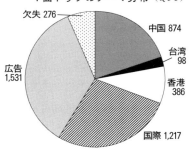

図8　1967−1984年『星島日報』
　　　1面トップのテーマ分布（QTY）

た割合は 9 ％に過ぎず、 5 ％以下の年も 3 年あり、10％を超えた年はわずか
3 年である。現地発行の一般紙としては、この割合はいささか物足りないよ
うに思える(17)。

　社説については、社説は新聞の思想や立場を表わすことから、『星島日報』
はその日のニュースによって社説のテーマを決定し、通常 1 、 2 本を 2 面ま
たは 3 面の右上に配置している。調査期間の『星島日報』の社説は主に台湾、
中国、香港、国際、今週の主な出来事の 5 つのカテゴリーに分かれている。
その中で、香港と国際の割合がほぼ同じで、いずれも約38％を占めている。
一方、中国に関する社説の割合は、中国ニュースが 1 面トップ記事の20％近
くを占めているのに比べて明らかに低く、平均するとわずか 7 ％である。た
だし、年ごとに見ると大きな差があることがわかる。最高は1967年の18％、
最低は1973年と1974年の 2 ％である。この傾向は 1 面トップ記事と一致して
おり、『星島日報』の中国問題への関心は出来事の重要性やニュースソース
の安定度に関連していることが見てとれる。

　また、1982年以前の『星島日報』では、その日に重大ニュースがあるか否
かにかかわらず、通常は社説が掲載されており、日曜日は特別な出来事がな
ければ 1 週間の主な出来事を評論するのが慣例で、社説が掲載されないこと
はほとんどなかった。しかし1983年からは社説が掲載されない日が大幅に増
加する。1983年のデータでは社説がない日が51日、1984年も52日である。こ
の数字には資料が欠失している部分は含まれていない。台湾関連の社説につ
いては、1967年（合計28本、全体の 5 ％）を除いて、いずれの年も社説総数
の 5 ％以下と極めて少なく、 1 面トップ記事と同じ状況である。1970年代の
『星島日報』の主筆は親米派の徐東濱で、彼は今日の研究者から「米国援助
による文芸体制」〔原文は「美援文芸体制」〕下の「アメリカ側の現地担当者」
であったとみなされており、国民党に対して比較的友好的であったと考え(18)
られるが、このような政治的傾向は社説のテーマの数量に直接反映されてい
るわけではないようである（図 9 、図10参照）。

　総体的に言えば、『星島日報』のこの12年のニュースの数量分析では、 1
面トップ記事は国際ニュースが最も多く、中国ニュースがそれに続き、香港
ニュースは少なめである。社説は、国際関連と香港関連が肩を並べ、他のテー

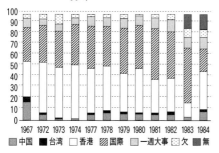

図9　1967－1984年『星島日報』社説のテーマ分布（％）

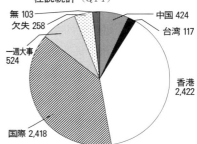

図10　1967－1984年『星島日報』社説統計（QTY）

マが社説に取り上げられることは顕著に少ない。このような配分は、『星島日報』が自認する「中道右派」の立場と客観的にも合致している。

　ここで1面トップと社説の分布を交差比較してみると興味深い変化が見える。国際ニュースは1面トップでも社説でも大きな割合を占めているが、1972年から1974年の1面トップの比重がとりわけ高く、いずれも30％以上で1972年は特に59％にまで達していた。社説でもこの3年間は国際関連が34％〜38％と高い割合であったが、香港関連の社説の割合はさらに高く、47％〜51％であった。この原因は当時中東戦争が勃発し、国際情勢の変動があらゆるメディアの関心の中心であったためである。しかし、戦争のニュースであれ原油価格の報道であれ、実のところすべて香港の社会経済問題に対する関心の反映である。このため『星島日報』の1面トップ記事と社説のテーマにおける比重の違いは、実際のところ理解できるものである。

　社説の数量からは1983年以降の『星島日報』に明らかな変化があることもわかる。1983年はおそらく社内で人事の再編があったためであろう、比較的長い調整期間が続き、日々の社説のテーマが次第に1つだけになり、社説が掲載されない日も顕著に増加した。1984年になると中英交渉が最終段階に入り、社説の焦点はほとんど香港の将来に関する話題に向けられ、これにより社説テーマの偏向という変化がさらに進んだ（次頁の図11、図12参照）。

第二部　国境を越えたメディアと文化、政治　123

図11　香港ニュースが1面トップと社説に占める割合（％）

図12　国際ニュースが1面トップと社説に占める割合（％）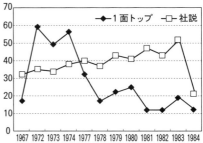

（2）『星島日報』の編集戦略と用語の変化

　『星島日報』が台湾関連のニュースを報じる際によく見られる用語には「国府」、「台湾国民政府」、「中華民国」、「華」、「台」、「台湾」、「台北」などがある。一方、中国関連のニュースでは「中」、「中国」、「中共」、「大陸」、「中国大陸」、「北京」、「共党」などがよく用いられる。これらの用語は使用される時期や報道内容に違いがあり、それぞれの使用頻度とニュースのテーマを照らし合わせると、『星島日報』がこれらの用語を使用する際の傾向が確認できる。

　まず、両岸の国際政治上のせめぎ合いに関する報道では、政治実体の区別を明確にするために中華民国政府には「国府」を使い[19]、さらに地域的な区別を強調して「台湾」の2文字を加えて「台湾国民政府」または「台湾国府」とすることもある。例えば、1976年10月9日の社説「米国対華政策の再表明」では、1976年のアメリカ大統領選挙前夜、共和党候補のフォード（Gerald Rudolph Ford, 1913－2006）と民主党候補のカーター（Jimmy Carter, 1924－2024）がテレビ討論で表明したアメリカの対中外交政策について書いているが、この中で「アメリカは台湾国府を見捨てない」[20]と「国府」の前に「台湾」を付けて表現している。また、末尾では直接「台湾にある国府」と書いており、地理的位置を強調する意図が明瞭である。本研究の対象期間中の『星島日報』1面トップで「国府」という用語が見出しに使われた記事は合計12本、そのうち11本は台湾とアメリカまたは日本などとの対外関係を

報じたもので、台湾と中国共産党との問題に関する記事は1本のみであった。

　中華人民共和国については、『星島日報』で最もよく使われる別称は「中共」である。例えば、1967年1月5日の1面トップは「中共指導層、経済発展をめぐり深刻な意見対立」という見出しで、中華人民共和国政府上層部内での意見の不一致について述べられている。「中共」という用語は普遍的に使用されており、実質的に中華人民共和国または中国共産党の専用代名詞となっている。このため、この用語の使用状況を厳密に分類することは難しい。

　もう一つ、中国の別称としてよく用いられるのが「中国大陸」または「大陸」で、これも地理的用語で国を表わす方法である。これらが国号の代わりとして使われる主な理由は、両岸の間で国号の衝突や混同を避けるためであり、地理的用語で両岸の政治実体を区別するのが最も確実な方法であるからだ。しかし、記事の本文内では「中国大陸」という用語が頻繁に使われているにもかかわらず、1面トップの見出しでの使用はわずか1回しかない。その内容は中国大陸全体の情勢に関するものであった。一方、「大陸」という用語が見出しに使われる頻度は比較的高く、合計38回使用されており、ほとんどが社会経済関連の記事においてである。最も使用回数が多かった年は1967年で、計14回であった。これは当時文革が始まったばかりで、香港社会が中国の政治、社会、経済情勢の進展に多大な関心を寄せていたためである。加えて文革初期に大量の難民が香港に流入したため、社会の空気が香港市民の関心をよりいっそう中国文革に向けさせることになった。

　同様に中華民国の別称としても「台湾」、「台」、「台北」などの地理的用語が使用されている。『星島日報』がこれらの別称を用いる場合、それが指し示すのは台湾本島に限らず、中華民国が実効支配する地域である台湾、澎湖、金門、馬祖の総称であり、これは現在国際社会が「台湾」という語を使う際と同様である。例えば、1977年11月25日の1面トップの見出しは「台湾選挙が終了、国民党が大勝」となっている。最初に「台湾」とう語が単独で登場しているが、見出しの重点は後の「国民党」にある。また、1978年8月5日の1面トップ見出しは「中共と米、国交樹立前に台湾問題の解決が必要」だが、この「台湾問題」は今日では中米間の重要な政治問題として広く知られているが、ここでは単に「台湾」という地理的用語で議論の範囲を示して

第二部　国境を越えたメディアと文化、政治　125

いるに過ぎない。

　略称の使用は主に見出しの文字数を抑えるためであるが、初期の『星島日報』では「中」および「中国」を中華民国または中華人民共和国の代わりとして用いることを意図的に避けていたことは注目される。こうした略称が使用されるのは非常に稀であり、対外関係の報道に限られていた。本研究で収集した4,382本の1面トップ見出しのうち、「中」の字が単独で中国大陸を表わしたものは37本、台湾を表わしたものは6本であった。また、6,266本の社説のうち、「中」が中国大陸を表わすものは15本、台湾を表わすものは6本であった。台湾を表わす例としては、1977年4月17日の1面トップ見出し「スパークマン氏が台湾訪問、中米の現関係は不変と表明」や、1977年8月7日の1面トップ見出し「米下院議員が中米関係の維持を要求」があり、いずれもアメリカと中華民国との政治的交流について述べたものである。社説で「中」を台湾として用いた例は、1967年1月13日の社説「中米防衛は人を欺く空言」があり、内容は中華民国とアメリカとの防衛協力問題である。また、1979年2月20日の社説「奮起して富強を図る、仁者は敵なし：中米断交から展望する中国の明日」では、米華断交後の両岸問題の展開について『星島日報』の主筆が見解を述べている。ここでの「中」は中華民国を指し、「中国」は1949年以前の広義の中国の範囲を指している。

　「中」を中華人民共和国の略称として用いる場合、その使用状況は時期によって若干の違いがある。1972年以前の『星島日報』では、中華人民共和国の対外関係に関する報道において「中」がそのまま略称として使用されている例が少数ある。例えば、1967年2月14日の1面トップ見出しは「林彪が中ソ国境で秘密軍事配備か」で、中華人民共和国とソ連の軍事情勢について書かれている。また1972年3月3日の「英中関係正常化へ」や1972年8月8日の「日中国交樹立すれば国府と断交」という見出しは、いずれも中華人民共和国と他国との国交樹立に関するニュースである。ここからわかることは、「中」で中華人民共和国を表した場合において、台湾関連の話題に触れたときには、台湾に他の略称を使用せざるを得なかったことである。1972年のこの記事で使われているのは前述した「国府」で、実際の意味は、中国国民党政権下の中華民国政府である。

全体的に見ると、1972年までの『星島日報』も中華人民共和国関連のニュースを報道する際には主に「中共」という呼称を用いていた。例えば1972年2月17日の1面トップ見出し「ニクソン、今日、中共訪問に出発」などである。このように中華人民共和国とアメリカの外交について報道する場合でも「中共」を用いている。この慣習は1978年になっても時折見られ、例えば1978年10月13日の社説「中（共）英関係についても語ろう」や、同年12月19日の社説「中（共）米国交樹立の法的疑問」では、中英や中米の間に括弧で「共」を付記している。この括弧内の「共」は中立的な補足説明ではあるが、「中」という文字の単独使用に対する『星島日報』の慎重な姿勢も見ることができる。

　『星島日報』の初期の編集において特筆すべきもう一つの手法は、見出しや本文中の見慣れない語または立場や見解を異にする語にカギカッコを付ける慣習である。例えば1972年6月6日の社説「国府は『原籍登録』の慣例を廃止せよ」は、中華民国政府の原籍登録政策に対し異義を唱えている。この慣習は、初期には中華人民共和国関連の報道に頻繁に見られた。例えば1967年4月21日の1面トップ「中共、昨日正式に『北京市革委会』を設立」や、1973年10月3日の1面トップ「北京外交界伝、中共明日『人大』を開催」などである。「北京市革委会」や「人大」などの語は、現在においては中国の行政機関や議会の正式名称であるが、あえてカギカッコや二重カギカッコを付けている。このことから、当時の『星島日報』が中国共産党の政権に対してかなり懐疑的であったことがうかがえる。

3．返還への歩み――改革開放と返還問題をテーマとした論説

　第2節では『星島日報』の紙面編集の変化を数量的に分析したが、本節では数量データの背後にある質的側面に焦点を当てる。1976年ごろから『星島日報』の中国関連ニュースの編集方針には明らかな変化が現れる。この変化はおそらく、一見無関係に見えるが密接に関連している2つの要因、すなわち中国国内の情勢変化と『星島日報』内部の人事再編によるものである。

　1976年10月、四人組が失脚し、文革が終焉を迎えた。変化を敏感に感じ取っ

た香港商人は、静かに中国本土に工場を設立しビジネスを始めていた。1978年12月、中国共産党第11回三中全会において、鄧小平（1904－1997）が農業・工業・国防・科学技術の「四つの現代化」を提唱し、改革開放の新時代の幕が開いた。1979年から実施された一連の経済改革は中国大陸を社会主義市場経済の道へ推し進め、さらには世界の国々に、当時まだ未開発と見なされていたこの地に関心をもち接近させることにもなった。1979年1月1日、「中華人民共和国とアメリカ合衆国の外交関係樹立に関する共同コミュニケ」が発表され、中華人民共和国とアメリカが正式に国交を樹立した。長期にわたる冷戦下の対立局面が緩和に向かい、香港商人は中国大陸との経済・貿易関係の推進にいっそう自信を深めた。

1982年から1984年にかけてイギリス政府と中国との間で行われた一連の協議は香港社会に移行期に対する不安を引き起こした。香港と中国の関係は次第に密接になり、情勢の変化は香港住民の両岸関係に対する見方にも影響を与え、それは新聞の論調にも波及した。この過程で元来は「中道右派」であった『星島日報』が、紙面の構成や社説の論説を通じて中国大陸に対する基本的な姿勢をどのように変化させたのか、これが本節の主な考察点である。

『星島日報』は当時、創業以来最大の困難に直面していた。1970年代初頭にはトップの座が『明報』に脅かされるようになり、1980年代以降はさらに『東方日報』の台頭により販売は下降の一途をたどった。この時期『星島日報』は人事を再編し編集方針を調整するとともに、経営戦略を転換し、紙面構成や商業戦略の見直しを進めた。

この改変の中には報道の重点に対する調整も含まれており、次第に経済、社会、映画・テレビなど香港現地に関連したニュースへと重心が移されていく。紙面における最大の変化は、1面広告の比率の大幅な増加である。［図13］が示すとおり、以前は『星島日報』の1面に全面広告が掲載されることはあまりなく、1976年までは15％を超えていない。しかし、1979年以降は1面が全面広告になるケースが急増し、1979年は合計132本、1980年以降は毎年2分の1を超えるようになった。1面に全面広告を配する紙面構成は、広告収入を重視する姿勢がうかがえるだけでなく、1面の重要ニュースの選択という問題をある程度軽減する効果があった。

図13　1967－1984年の1面トップと社説のテーマ（QTY）

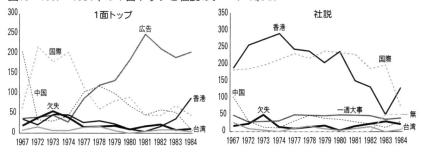

図14　1967－1984年　1面トップおよび社説における国際ニュースの出現比率（％）

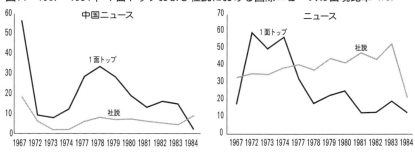

　中国ニュースの報道は1978年にピークを迎え、1979年以降は大幅に減少する。興味深いことに、［図14］の社説の中国関連の統計曲線を見ると、1面トップ記事の中国ニュースの統計曲線とほぼ一致している。いずれも1967年以降急速に減少するが、1978年に再びピークを迎えている。

　では、なぜ1978年以降、中国関連の社説の数が再び減少し始めたのか。それは主に、1978年以降、広告掲載の増加につれて1面トップの中国ニュースと国際ニュースの数はどちらも急激に減少したが、社説については、中東諸国の問題、石油問題、世界情勢の変動など、香港の経済発展に大なり小なり影響を及ぼす重要な国際問題があったため、一部の社説の欄は国際問題のテーマに重点を置いたものとなり、その結果、中国関連の社説を載せる空間が相対的に圧縮されたのである。

　中国報道に対する関心の焦点が変わったことは、主張の変化としても表れ

第二部　国境を越えたメディアと文化、政治　　129

ている。初期の『星島日報』は中国の社会経済状況について否定的な論評が多かったが、この時期には明らかに変化している。1979年3月13日の社説「大陸ビジネスのためには国語〔標準中国語〕を学ぶしかない」には次のように記されている。

　　大陸の開放以来、香港の工商業界のリーダーたちはみな、大陸での発展を懸命に模索している。だが、広東省以外の地域はどこも国語を使っている。[21]

　このように、中国が改革開放したからには、香港人は「国語」を学び、経済的発展を追求すべきだと主張している。同年4月10日の社説「大陸と香港は協力して市場を奪おう」ではさらに踏み込み、「大陸と香港が分業と協力の原則を採用すれば、香港市民は鄧小平総理〔副総理〕の言葉どおり安心して香港に投資し、その余力で大陸の発展を支援することができる。」[22]と互いに協力することでそれぞれの利点を生かし、互恵的な発展を実現したいと述べている。このような表現は、文革期間中の中共に対する厳しい批判から大幅に修正されている。しかし、このような言論は当時は少数派であった。この段階の香港社会は、中国政権内部の潜在的リスクに対する懸念をまだ払拭できなかったのである。

　この時期の香港にとって解消できないもう一つの不安は返還問題である。『星島日報』は1981年までは香港の将来の帰属問題についてほとんど言及していなかった。本研究で収集した資料のうち、香港の将来に直接関連する1面トップ記事は合計88本で、このうち1981年以前の記事は6本しかない。いずれも、中共は香港を取り戻す意志があるかどうか、という内容で、見出しは、「中共、香港の現状に満足」（1972年11月3日）、「中共、香港・マカオの現状を長期維持の意向」（1977年10月6日）、「北京上層部、香港問題の検討を急ぐつもりはないと表明」（1978年12月9日）などとなっている。これらは香港返還に関するニュースの扱いで、焦点は、中共は香港の価値を確かに認めており返還は避けられないが、ただちに返還するつもりはない、という点に置かれている。

状況が中華民国政府にとって不利になり、「大陸反攻」の可能性がいよいよ小さくなるにつれて、香港の人々は「返還」という問題に向き合わざるを得なくなった。それが『星島日報』の紙面にも表れており、当初は返還問題を避けていたのが、やがて様々な報道や情勢の進展を分析した社説を通じて議論に参与しようと試みるようになる。香港問題の客観的な進展を見ると、イギリス政府は一貫して香港の植民地の地位を維持しようと努力を続け、新界・九龍の租借期間の延長によって香港地域の統治期間を延長しようと望んでいた。しかし、中華人民共和国は香港を取り戻すという目標を放棄したことは一度もなく、問題なのはその時期だけなのであった。

　［図14］の１面トップの国際ニュースのグラフで相対的に高くなっているもう一つの箇所は、1982年から1983年にかけての中英交渉に対する関心を反映したものだ。1982年９月22日、イギリスのサッチャー首相（Margaret Hilda Thatcher, 1925－2013）が北京を訪問した。本来は中華人民共和国の指導者と３つの条約の合法性とその延長について交渉する意向であったが、この交渉は開始当初から香港人を失望させるものとなった。中華人民共和国の指導者は彼女の要求を受け入れるどころか、条約は無効であり、時期を選んで主権を回復すると主張した。この時から、条約延長の要求は香港返還の方法をめぐる両国間の駆け引きへと変わった。また、イギリス政府は香港人に交渉への参加を許さず、香港の将来や返還について香港の人々と公開で討論することもなかった。

　当時の『星島日報』の１面トップには中英交渉の進展に関するニュースがいくつか載っている。例えば、「英首相官邸が声明を発表、香港問題の交渉過程について行政局に諮問」（1983年７月５日）では、交渉の過程で香港人自身の希望やニーズが考慮されているのかどうかという、香港の人々が最も懸念している問題を報じている。また、「香港の将来に関する概要が明らかに」（1983年12月８日）では、各方面からの情報を基に交渉で大まかに合意された内容がまとめられている。しかし、注意すべきは、これまでのすべての交渉の内容は中英両国政府によって厳重に秘匿されていた。結果から振り返ると、当時『星島日報』が掲載した各専門家の分析や報道内容は、実際の交渉結果とは多かれ少なかれ差異がある。

第二部　国境を越えたメディアと文化、政治　131

また、例えば「中英交渉の主な内容が公表される予定」（1984年1月5日）
という記事は香港社会の期待を反映していたが、この時、中英はようやく7
回目の交渉に入ったばかりで合意に至るにはまだ長い道のりがあった。なお
かつ秘密にされていたため香港人には知り得なかっただけで、実際には当時
中英交渉は行き詰まりの状態にあった。1984年1月20日の社説「8回目の交
渉を冷静に見守る」には次のように書かれている。

　中英交渉によって香港の問題を解決することについては、良い面に着目し
たほうがよいが、手をつけるのは困難な面からでなければならず、楽観的に
考えたほうがよいが、決して過度に「天真無垢」であってはならない。着実
に歩みを進め、起こりうるすべての困難に対応するため万全の備えをすべき
である。[25]

　ここには香港の将来に対する不安と、相矛盾する心情が色濃く表れている。
　また香港人にとって最大の関心事である国籍法[26]については、1984年5月
5日の1面トップ記事「両局議員、国会に民意を提出、香港人の国籍権を保
障し、英連邦諸国への移住を支援」で、行政・立法両局の議員がイギリス国
会で声明を発表し、イギリスの新国籍法に対する香港人の不安を表明したこ
とが報じられた。もともとの国籍法では、イギリスの植民地に居住するイギ
リス籍市民には、イギリス本土に移住する権利、または移民を受け入れる英
連邦国への移住が優先的に考慮される権利が与えられていた。しかし、植民
地の相次ぐ独立にともない英連邦政策が変化し、1962年からは「英連邦移民
法」によりイギリス籍市民の本土入国が制限されるようになった。[27]その後、
多くの香港富裕層が計画的にイギリスへの移住を進めたことからイギリス政
府は危機感を強め、香港の人口の57％を占める香港生まれの市民がイギリス
に移住することを拒絶した。[28]1981年に制定された新たな「イギリス国籍法」
では、植民地のイギリス籍市民に「英国海外市民（British Overseas
Citizen）の地位を与え、属領に対するイギリスの主権が消失した後、属領
の市民が他国の国籍を取得した場合は、当該地位は自動的に消失すると定め
られた。すなわち、中国が香港の主権を回復した後、香港人はイギリス籍市
民ではなくなるということだ。[29]これは香港の人々に大きな不安を引き起こ
した。

『星島日報』の１面トップの記事が香港市民の交渉に対する期待と憂慮を反映しているとすれば、社説は『星島日報』およびその「中道右派」の読者層の香港問題に対する見方をより直接的に示している。社説は香港の将来をテーマとしたものが比較的多く、合計129本、そのうち1982年以前は20本しかない。１面トップの記事とは異なり、社説で香港の将来について論じるときはより直接的で明確な姿勢が示されている。例えば、1967年７月19日の社説「香港は貿易用に保持」では、香港というこの「女王の植民地」には特別な用途があり、イギリスが簡単に放棄することはないだろうとしている。また、1978年12月15日の社説「戦前の上海の家産崩壊の教訓を忘れるな」では、中国大陸は文革の内紛が終息しつつあるものの、共産主義の本質にある資本主義に対する敵視は依然として香港の投資および各種の発展に影響を及ぼす可能性があり、軽視してはならないと警告している。1981年３月31日の社説「口約束では不十分、英国と中共は『租借契約』問題を協議すべき」では、気休めの言葉だけでは香港の安定を十分に保証できないと主張し、香港の将来について中共と正式に協議すべき時期が来ており、イギリスは中国大陸に代表を派遣すべきだと論じている。これらの社説には、自分たちの将来に対し意見を表明し、それに関わりたいと願う香港人の心理が十分に表れているが、一方で、当時多くの香港人は、議論すべき問題は「租借契約」だとしか考えておらず、最終的に香港は返還されるという結論に対しては覚悟がなかったことにも注意する必要がある。

　『星島日報』の社説において香港の将来に対する関心が高まるのは1982年以降で、129本の資料のうち109本を占める。その焦点は特別行政区の構想とその実施に集中している。1982年９月24日、イギリスのサッチャー首相が鄧小平との会談を終え人民大会堂を出た際につまずいて転倒しかけた歴史的な場面は中英交渉の結果を暗示させ、香港市民も返還という新たな課題に向き合わざるを得なくなった。そしてまず考えるべき課題が特別行政区であった。中共が特別行政区の設置について初めて具体的な構想を示したのは、1981年９月31日に全人代常務委員長の葉剣英（1897－1986）が新華社の記者に発表した談話においてである。この談話は元々台湾問題を念頭に９項目の意見を提示した、いわゆる「葉９条」と呼ばれるものであった。その後、1982年１

月11日に鄧小平が談話の中で初めて「一国二制度」の構想を提起した。同年12月の中国共産党第5期全国人民代表大会第5回会議において採択された改正憲法には、「国は必要がある場合、特別行政区を設置することができる。」と明記され、特別行政区制度に明確な法的根拠が与えられた。

「特別行政区」の構想は台湾政界に衝撃を与えただけでなく、香港に対してより深遠な影響を及ぼした。『星島日報』の1982年5月4日の社説「中共の特別行政区設置の草案」では中国による特別行政区の設置について検討し、同年7月21日の社説「特別行政区と香港」では「特別行政区の構想と香港の問題」に焦点を当ててさらに深く分析している。これ以降、『星島日報』の香港の将来に関する論説は「現状を維持できるのか」および「特別行政区モデルによって香港の資本主義的生活やビジネスが本当に維持できるのか」という問題に集中し、香港返還問題についてほとんど言及されてこなかったそれまでの状況から大きく変化した。

4. 1980年代以降の香港のアイデンティティの変化

前述の分析から『星島日報』の編集戦略が香港の政治・社会の変化と関連していることが見てとれる。また、新聞業界自体の競争以外に、読者の変化も考えるべき問題である。1970年代中期以降、『星島日報』の購読率は下降に転じ、同紙に存続の危機をもたらした。この購読率の低下は香港の人々の新聞購読習慣の変化だけでなく、アイデンティティの変化とも大きく関係している。ここで言う「アイデンティティ」とは、香港華人が香港および中国との関係をどのように理解し、区分しているのか、つまり、特に意識して考えない場合、自分を「香港人」または「中国人」と称するかどうか、ということである。香港人のアイデンティティの違いには複合的な要因があり、これについてはすでに多くの研究があるため、ここでは詳述しない。[30] 本節では、香港華人の構成の変化とそのアイデンティティへの影響、そしてそれが『星島日報』の編集戦略にどのような影響を与えたかについて論じたい。

移民都市である香港は、移民の状況が市民全体の地域へのアイデンティティに影響している。初期の移民の大部分は中国から来ており、移住当初は必ず

しも香港を「安住の地」とは考えていなかった。加えて境界管理も厳重ではなく大陸との往来が頻繁であったため、アイデンティティは主に「中国人」または「原籍／出生地」であった。1950年、中国からの大量の難民流入を防ぐため、香港政庁がより厳しい境界管理制度を実施し始めたことで、香港華人という集団が徐々に形成されるようになった[31]。とはいえ、1970年代ごろまで、香港はいぜん「方言コミュニティがあるだけで香港人はいない[32]」場所であり、敢えて言うなら、彼らのアイデンティティは「本貫」であり、「国族〔nation〕」ではなかった。香港での生活が長くなり、香港の経済発展や生活感覚になじむにつれて、多くの香港華人は香港に「情がわく」ようになり、「香港人」というアイデンティティを「受け入れ、共感する」ようになっていった[33]。それでも、この新たなアイデンティティを受容しながら、同時に「中国人」というアイデンティティを保持する人たちもいた。

　第二次大戦後の香港における「中国人」意識の形成には、もう一つ特別な要因があった。戦後、アメリカと蔣介石政権が香港で行った政治活動である。龐浩賢が『中国学生週報』を分析する中で注目したのは、当時中国大陸から来た、いわゆる「南来学者」と呼ばれる人々の存在である。その中には「親国民党人士」もいれば[34]、アメリカ中央情報局（CIA）が設立した「アジア財団」（The Asia Foundation）などから支援を受けている者もいた。彼らは必ずしも国民党を支持していたわけではなかったが、共産党政権にも賛同していなかった[35]。こうした学者たちは香港で「（中国）郷土意識」の醸成に努め、「中華文化を発揚し、民族の大義を詳説する」刊行物を創刊するなどした[36]。

　こうした意識が香港で共感を呼んだのは、1949年以降に中国から逃れてきた新移民が多数存在したためである。研究によると、戦後の香港の人口は約50万人に過ぎなかったが、わずか8年後の1953年には250万人に増加した。さらに1961年には316.8万人になり、そのうちの50.5％が中国生まれであった[37]。彼らは中国で暮らした経験があり、みなある程度「祖国」の記憶を有している。国民政府およびアメリカを中心とした反共陣営の宣伝活動のもと、「祖国」を懐かしむ思いは次第に「中国」に対する思慕と「中華文化」に対する憧れへと転化し、「中国人」というアイデンティティが構築された[38]。こ

第二部　国境を越えたメディアと文化、政治　135

れはまた初期の『星島日報』や『中国学生週報』といった右派寄りの刊行物が香港で一定数の読者を持つことができた理由でもある。しかし、移民第1世代が歳を重ね、第2世代が生まれ育ってくると、こうした「祖国への思い」は現実とのつながりを欠くようになり徐々に薄くなっていった。

　第1世代と異なり、移民第2世代の若者たちは、同じく厳しい環境で育ってはいるが、境界が出現したことで中国大陸で生活した記憶をほとんど持っていない。彼らが知っているのは書物の中の「歴史としての中国」や「地理としての中国」だけで、「現実の中国」には馴染みがないため、自分たちが果たして「中国人」なのか疑問を抱くようになった。1970年代に入ると、「六七暴動」の反省を経た香港の人々は、さらに中国文化大革命に関する情報に接し、香港人としてのアイデンティティを考え始めると同時に中共や香港の左派を拒絶するようになった。このため、親右派や親国民党の声は引き続き一定の市場を維持することができた。

　1970年代中期、香港経済の飛躍的発展にともない、香港で生まれた世代が教育を受け始め、香港で暮らすという共通の記憶を構築していった。さらに香港政庁が体系的に進めた「民族アイデンティティの排除（de-ethnicization）」が加わり、移民第2世代は香港という場所に共感を覚え、「香港人」であることを受け入れ、「中国人」アイデンティティと一線を画すようになった。同時に、国民政府は「大陸反攻」を遅々として実現できず、その主張は海外華人コミュニティの間で次第に支持を失い、一方で中共政権は1976年以降、文革の混乱から脱し、アメリカとの外交関係を樹立していた。香港の若者たちは「二つの中国」という問題に困惑を覚えるようになった。

　香港の人々のアイデンティティ選択や関心の対象の変化は、当然ながらメディアの運営戦略にも影響を及ぼす。『星島日報』も『中国学生週報』も販売部数の急減に直面し、「香港化」または「多元化」への路線転換を検討せざるを得なくなった。『中国学生週報』はアメリカ側の資金引き揚げと読者数、販売部数の低迷にともない、1974年7月に停刊を発表、一方『星島日報』は読者層の嗜好や市場のニーズに応えるため、編集方針を繰り返し調整し、編集部員の入れ替えも行った。1970年代から80年代の『星島日報』の1面、2面の編集方針の変化、すなわち1面広告の増加や1面の中国ニュースの減

少などは、時代のニーズに即した政治的言説への無言の転換を図ったものだったのである。

　1980年代初頭、中英交渉の進展にともない香港人が返還問題に直面し始めて以降、「香港人」アイデンティティが次第に高まり、それにつれて新聞に対するニーズも変化した。これも、後に『星島日報』が何度も編集内容を改めることになった重要な要因であろう。1985年から2000年代初頭にかけて行われた香港華人のアイデンティティに関する劉兆佳の研究によれば[44]、1985年から1995年の間、香港華人のアイデンティティは安定せず、主に香港や中国で起きた出来事に影響を受けている。特に1989年の「六四天安門事件」後、中国政権に対する正統性の認識が下降し[45]「中国人」であることに対する自信も底まで落ち込んだ。研究者はこれを香港華人のローカル意識形成における一里塚と見なしている[46]。しかし、中国経済が発展し交流が深まるにつれ、中国で働き、さらには定住する人も現れ、香港の若い世代は再び「中国」と実質的なつながりや接触を持つようになった。この結果、香港華人のアイデンティティには再び変化が現れる。当時、劉兆佳は長期的に趨勢を観察し、二つのアイデンティティを同時にもつ人々の割合が増加していると指摘し、香港が中国に返還された後、この傾向はさらに強まるだろうと推測していた[47]。

おわりに

　ベネディクト・アンダーソン（Benedict Richard O'Gorman Anderson, 1936-2015）は、新聞は異常なマス・セレモニーを創り出し、それによって「想像の共同体」への帰属感が生み出されると述べている[48]。20世紀初頭以来、世界各地で華文新聞が勃興した現象は、この、新聞によって生み出される「地方色（provinciality）」の拡散によって、多くの海外華人が「中国」を「祖国」と思い、「愛国」の念を抱いたことを表しているかのようである。1967年から1980年の間、香港の『星島日報』はこのような役割を担っていたと思われる。香港華人の国家アイデンティティには、かつて二つの「祖国」が存在していた。一つは中国大陸の政権を担う中華人民共和国、もう一つは台湾に逃れた中華民国である[49]。1967年という時代背景のもとでは、文革が激しさを

増していたため、多くの香港人は「祖国」を「いつの日か中国を統一できる」という台湾国民政府の上に投影した。このため台湾にある中華民国政府に対する関心のほうが比較にならないほど高かった。だが、彼らの心の中の本当の祖国は、やはり自分たちの故郷と結びついた彼の地だったのかもしれない。

つまり、『星島日報』の言論の背後に表れている香港市民の「祖国」アイデンティティは、想像の「中国＝祖国」に基づくものというよりは、中華民国の「華僑物語」を基盤に、「華僑」という位置づけから、華人ディアスポラの国際的なネットワークやアイデンティティの中で、「記憶の中」の中国のイメージに対して抱いた親近感に基づいているのである。[50]『星島日報』が当初は香港市民に好まれ、高い購読率を維持できた理由は、おそらくこのような親近感が投影された結果であった。

国民政府の反攻がますます実現困難になるに従い、このような期待も次第に力を失っていった。社会の主力となった移民第2世代にとって、中華民国であれ中華人民共和国であれ、紙の上の想像に過ぎなかった。ほとんどの香港市民にとっては、どちらの「祖国」も「あいまいな祖国のイメージ」に過ぎず、現実の政治的選択ではなかったのである。

1970年代以降、香港生まれの比率が増加すると香港人の「故郷」の概念に変化が生じ、「香港が我が家」という地元意識が形成されていく。[51]同時に、現地香港の文化を中心に据えた新興新聞が次々に登場し、『星島日報』の経営はさらに圧迫され、変革を余儀なくされる生存競争にさらされた。加えて文革期の中国は情報を封鎖していたため、『星島日報』の中国報道は大幅に減少し、それに代わったのが地元香港ニュースの重視と香港の諸事への関与である。「二つの中国」は『星島日報』の祖国のイメージから徐々に切り離され「他者」となっていった。

しかし、このような変化もまた安定して続くものではなかった。1997年の返還前後における香港人のアイデンティティに関する研究によると、返還前には自分を「香港人」と認識する人の割合が一貫して上昇していたが、実は香港人と中国人の「両方である」とする人の割合も増加していた。2001年には、自らを「香港人」と認識する人の割合は50％に減少し、「中国人」は30％に増加した。また、「両方である」も20％に増加している。ただし、こ

の調査に見るアイデンティティの比率の変化は、改革開放後の中国に対する信頼が高まっていることを示すものではあるが、同時に香港の人口構成の変化による影響も無視できない。劉兆佳の研究からは次の点が見てとれる。香港において、自らを「香港人」と認識するグループは、香港への帰属意識が強いように見えながら、実際には香港を離れる意向を明確にもっており、1997年以前に他の場所へ移住する意志を示す人も一定数に上る。「香港人」を自認する人たちの流出と逆に、自らを「中国人」と認識する人々の流入も進んでおり、「香港」のアイデンティティに関する比率が変化する、または変化しないのは、移民という選択の結果を表していると思われる。[52]

［注］
(1) 『香港年報』（香港：香港印務局、1975年）。
(2) 1967年から1984年を研究対象期間としたのは、1967年に有名な香港左派暴動（Hong Kong 1967 leftist riots）が発生して香港社会が激烈な反省を促されたこと、そして1984年に中英両国が「英中共同声明」（Sino-British Joint Declaration）を発表して1997年に香港が中国の統治下に復帰することが確認され、香港人は新たな段階の課題に直面することになったことが理由である。1967年から1984年にかけての10数年間は、香港の地域アイデンティティが発展する重要な段階にあたる。
(3) 唐吉父『胡文虎伝』（香港：芸文書屋、1984年）、56頁、寄丹『報業豪門──胡文虎、胡仙伝』（広州：広州出版社、1995年）、5頁、93頁。「世紀・鈎沈：国共在香港報紙的内戦」2018年2月21日付『明報教育網』（URL：https://life.mingpao.com/general/article?issue=20180221&nodeid=1519150117477）、最終閲覧日：2022年10月12日。香港樹仁大学新伝網「報人口述歴史：胡仙」インタビュアー：梁天偉、インタビュイー：胡仙（URL：https://www.youtube.com/watch?v=ZkWp1dX0O14）。時間：17′31″－19′39″、最終閲覧日：2022年8月7日。
(4) 〔米〕ニコラス・コールリッジ著、汪仲訳『紙老虎』（台北：時報、1995年）、253頁。『香港年報』の調査によると、1967年、1968年、1969年、『星島日報』は香港の中国語新聞トップ3に入っている。賈納夫「星島25年史話」『星島日報創刊廿八周年社大廈落成紀念図冊』所収（香港：星島日報、1966年）、159頁。*Hong Kong-Report for the year1953-* (Newspaper society of Hong Kong, 1954-72)『香港年報』（香港：香港印務局、1973－1992年）。
(5) 盧偉鑾「高度分工──略談『星島日報』戦後的幾個副刊」『香港報業50年──星島日報金禧報慶特刊』（香港：星島日報、1988年）、82頁。
(6) 「単純な刺激──反応モデル」（DeFleur and Ball-Rokeach）によると、「マスメディアには圧倒的な『説得力』があり、大衆は非常に脆弱で抵抗力がない。そのため、

第二部　国境を越えたメディアと文化、政治　139

ひとたびメディアのメッセージが発信されると全面的に受け入れる。通常、それは刺激に対する反応のごとく、即座に直接的に受容される」。張錦華「伝播効果理論批判」『新聞学研究』42号（1990.1）、105頁（103－121）参照。この理論はコミュニケーション学の初期に提起されたものであるが、戦後初期のメディア界の考察として、受け手の状態を一定程度反映しているといえる。

(7) 陳昌鳳『香港報業縦横──当代香港報業史』（北京：法律出版社、1997年）、95頁。

(8) 1960年代に中国で展開された一連の「反資本主義運動」により、胡文虎の中国本土の資産はすべて没収された。1960年、胡仙が母親を連れて台湾を訪れた後から、親台湾派とされる人々が次々と『星島日報』に入り始め、これが同紙の論調が右寄りになっていく鍵だったと見られている。同上、50頁。前掲『報業豪門──胡文虎・胡仙伝』、226頁。

『星島日報』のこの時期の政治的立場について、1980年頃、胡仙は王敬義のインタビューに答えて次のように述べている。「私たちは特定の路線を持っているとは到底言えません。政治は、完全に触れないわけではなく、中立路線を歩みたいのです。そう願っているだけなのです」。しかし、2018年に香港樹仁大学新聞学部の新伝網で公開された、梁天偉教授による胡仙へのオーラルヒストリー・インタビューでは、当時の回答と若干異なる見解が示された。彼女は『星島日報』の1950〜70年代の立場について、「中立の中で、やや右寄り」と述べている。また、当時『星島日報』は国民党といくらか繋がりがあったと述べているが、その「繋がり」が何を指すのかについては説明していない。王敬義『香港最有財勢的女人──胡仙』（香港：文芸書屋、1980年）、146頁。香港樹仁大学新伝網「報人口述歴史：胡仙」時間：17’31”－19’39”、最終閲覧日：2022年8月7日。

(9) 壹週刊編集部『富豪密室』（香港：壹週刊出版社、1995年）、11頁。『星島日報』が長期にわたり中華民国の年号を使用していたことについて、胡仙は梁天偉のインタビュー「新聞人のオーラルヒストリー」の中で「私たちは94年に改めるまで、ずっと中華民国の年号を使っていました。……当時、許家屯（新華社）が私に統一戦線工作をしかけてきましたが、私は応じず、最後まで使い続けようと思いました。しかし94年には方向転換せざるを得ないと感じました。もう無理だ、もう中華民国は使えない。97年の返還が迫っている中でメディアを続けていくなら、もちろん変わらなければなりません。それで94年に西暦に切り替えたのです」と語っている。香港樹仁大学新伝網「報人口述歴史：胡仙」時間：14’56”－15’56”。

(10) 李少南「香港的中西報業」王賡武主編『香港史新編（下冊）』（香港：三聯、1997年）所収、532頁。

(11) 翁智琦「反共所繋之処：冷戦前期台港泰国民党報紙副刊宣伝研究」台北：政治大学台湾文学研究所博士論文、2020年、77頁。

(12) 『星島日報』1967年10月10日第2面社説。

(13) 1960年代末期、香港の商業新聞の発展にともない、香港の現地ニュースを重点的に扱う新聞が相次いで登場した。その中でも『東方日報』のような娯楽性の高い新聞は、従来の伝統的な編集形式を一変させ、しばしば1面全体を広告と

して販売した。この方法は徐々に香港の主要各紙に広まり、当時のアジア太平洋地域における香港新聞の一大特徴となった。

(14) 『星島日報』1967年10月5日第2面。

(15) 趙無眠『文革大年表——淵源、革命、余波』（香港：明鏡出版社、1996年）、305頁。

(16) 当時の『星島日報』の主な中国関連報道は、「郷情」面を埋め尽くしていた、香港に難を逃れて来た人々へのインタビュー記事であった。

(17) 国民党が政権を担っていた間の台湾の主要新聞（『聯合報』および『中国時報』）も1面トップは長期にわたり国際ニュースが中心であり、現地ニュースの割合は相対的に低かった。これは台湾新聞業界の競争が激化していた1990年代末期に重要な議論の一つとなっていた。

(18) 王梅香『隠蔽権力：美援文芸体制下的台港文学（1950－1962）』新竹：清華大学社会学研究所博士論文、2015年、4頁。容啓聡「総論一九五零年代香港的知識難民」『台湾人権学刊』6：1（2021.6）、89頁。

(19) 「国民政府」の略称。1949年以降は中国国民党政権下の中華民国政府を指す。

(20) 『星島日報』1976年10月9日第2面。

(21) 『星島日報』1979年3月13日第2面。

(22) 『星島日報』1979年4月10日第2面。

(23) すなわち1842年の「南京条約」、1860年の「北京条約」、1898年の「展拓香港界址専条」を指す。

(24) 倪健中主編『告別港英——両個世紀之交的両個香港之命運（下冊）』（北京：中国社会出版社、1996年）、575頁。

(25) 『星島日報』1984年1月20日第2面。

(26) 1980年7月にイギリス政府が改訂した国籍法の白書、すなわち1981年10月31日に公布した「1981年イギリス国籍法」では、260万の香港人がイギリス国籍から除外された。同年9月、中華人民共和国全国人民代表大会第3回会議において新たな「中華人民共和国国籍法」が採択され、中華人民共和国国民の認定基準が緩和された。これにより香港市民は中華人民共和国の国民と認定され、中華人民共和国のパスポートを所持できることになった。

(27) 銭乗旦ほか『二十世紀英国』（香港：商務出版社、1997年）、345頁。

(28) *The Economist*, "Hong Kong's Future——That Ring of Confidence is Fading," Dec. 3. 1983, 54.

(29) 鄭赤琰『収回主権与香港前途』（香港：広角鏡出版社、1982年）、72－74頁。

(30) 劉兆佳「『香港人』或『中国人』：香港華人的身分認同1985－1995」『二十一世紀双月刊』総41－45（1997.6）、43頁（43－58）。林泉忠「香港社会身分認同的変遷」『澎湃新聞』2018年4月26日「社会学人説専欄」。これは林泉忠が2018年4月16日に中国人民大学で行った講座の内容を整理したものである。蔡玉萍『誰是香港人：身分与認同』（香港：進一歩多媒体有限公司、2010年）、16－18頁。

(31) 林泉忠『誰是中国人：透視台湾人与香港人的身分認同』（台北：時報文化、2017年）、94－95頁。

(32) 前掲『誰是香港人：身分与認同』、13頁。

第二部　国境を越えたメディアと文化、政治　141

(33) 鄭宏泰、黄紹倫「香港華人的身分認同：九七前後的転変」『二十一世紀双月刊』73 (2002.10)、72頁。

(34) 龐浩賢「『中国人』与『香港人』：従『中国学生週報』分析1960－1970年代香港青年人身分認同意識的転変思潮」『香港社会科学学報』56 (2020年)、21－22頁。

(35) 前掲「香港華人的身分認同：九七前後的転変」、73頁。

(36) 龐浩賢「建構香港青年的「中国人」民族身分認同：以冷戦初期『中国学生週報』的伝統中国文化知識宣伝工作為研究中心」『台湾社会研究季刊』118 (2021.4)、108－109頁。

(37) 前掲「香港華人的身分認同：九七前後的転変」、72頁。

(38) 前掲「建構香港青年的『中国人』民族身分認同：以冷戦初期『中国学生週報』的伝統中国文化知識宣伝工作為研究中心」、128頁。

(39) 前掲「『中国人』与『香港人』：従『中国学生週報』分析1960－1970年代香港青年人身分認同意識的転変思潮」、30頁。

(40) 同上、31－34頁。

(41) 前掲「香港華人的身分認同：九七前後的転変」、72－73頁。

(42) 前掲「『中国人』与『香港人』：従『中国学生週報』分析1960－1970年代香港青年人身分認同意識的転変思潮」、37－38頁、40－43頁。

(43) 同上、22－23頁。

(44) 本研究は劉兆佳ら香港の研究者による大学間の研究プロジェクトとして始められ、1988年からは大学研究助成局（University Research Grants Council）の長期的な援助を受けて、隔年で全香港を対象とした社会指標調査を実施した。この中にアイデンティティに関する項目も含まれていた。前掲『『香港人』或『中国人』：香港華人的身分認同1985－1995』、43頁参照。前掲「香港華人的身分認同：九七前後的転変」71頁。

(45) 前掲『誰是香港人：身分与認同』37－39頁。

(46) 前掲『『香港人』或『中国人』：香港華人的身分認同1985－1995』、53頁。

(47) 同上、43頁。

(48) ベネディクト・アンダーソン著、呉叡人訳『想像的共同体』（台北：時報文化、1999年）、36頁；69－70頁。

(49) 林泉忠「『祖国』的弔詭──『現代衝撃』下沖縄身分的『脱中入日』現象」『中国大陸研究』50：1 (2007年)、49頁、註8。

(50) 郭美芬「二十世紀初澳洲都市化下華裔社群的『華僑』叙事与政治結社」『近代史研究所集刊』71 (2011)、194頁。

(51) 前掲「『祖国』的弔詭──『現代衝撃』下沖縄身分的『脱中入日』現象」、47頁。

(52) 前掲「香港華人的身分認同：九七前後的転変」、72－74頁。

付記：本論は、台北医学大学から助成（TMU107-AE1-B21）を受け、また研究期間を通じて、純智文教基金会の支援を受けた。あわせて感謝の意を表します。

（訳　望月暢子　中日翻訳者）

第三部

発展ダイナミズムと社会の変容

東アジアの少子高齢化と社会保障
―― 日本の「新しい資本主義」から見た中国の位置付け

澤田ゆかり

東京外国語大学総合国際学研究院教授

はじめに

（1）新型コロナと新自由主義の退潮

新型コロナの世界的な流行は、すでに後退しつつあった新自由主義の潮流に決定的な打撃を与えたかに見える。小さい政府と自由な市場を是とした国際化の推進は、未知の感染症の前に物理的な凍結を余儀なくされた。

これに追い討ちをかけたのが、2022年のウクライナ危機であり、グローバル・サプライ・チェーンに代表される国際分業の脆弱性を白日のもとに晒した。食糧、エネルギー、半導体など経済の基幹をなす財の安定供給が脅かされるなか、国内でも新たな保護主義の主張が説得力をもつにいたった。

政治の面では、コロナ以前から反グローバル化を提唱するポピュリスト型の政治が世界各地で活発化していた。ロナルド・レーガン以来、新自由主義の牙城ともいえるアメリカでさえ、ドナルド・トランプが大統領に就任した後「アメリカ・ファースト」を掲げて保護主義に転じ、中国ばかりかヨーロッパ、カナダとの間にも貿易摩擦を引き起こしたうえ、新型コロナにあたっては雇用支援とともに国民へ生活補助金を直接給付するにいたった。そのトランプを破って政権の座についたジョー・バイデンも、引き続き保護主義的な政策へと傾斜した[1]。

（2）存在感を増す「国家」と「新しい資本主義」

こうした新型コロナ以降の世界情勢は、改めて国家の存在感を際立たせた。

東アジアも例外ではなく、コロナ対応に大規模な財政出動が行われた。韓国では中小・零細企業と自営業者向けの特別融資や金融の量的緩和のほかに、緊急経済対策の支柱として雇用維持支援金が投じられたほか、全国民に対する緊急災難支援金の給付が実施された。香港でも雇用支援計画が発動され、すべての住民を対象とする電子消費券が配布された。中国では企業に対する税と社会保険の負担軽減措置が拡充された。

　また新自由主義の後退は、経済政策で「分配」に脚光を当てることにもなった。日本において、これを最も端的に表したのが「新しい資本主義」の言説である。2021年9月に自民党の新総裁に選ばれた岸田文雄は、その直後の記者会見において「新しい資本主義」を提唱し、「分配なくして次の成長もない」と述べたのち、民間企業について「大企業、中小企業の間で適切に分配されているのか。経営者だけでなく、従業員に適切に分配されているか考えてもらう」と踏み込んで分配重視の姿勢を明らかにした。しかし財源については、給与の引き上げが消費を後押しして景気に資する、という漠然とした説明にとどまった。⁽²⁾

（3）不透明な財源と消えた「分配」

　このことは、公的支出の増大を必要としながらも大規模な増税が難しいという現実を反映している。先進諸国でも同様の傾向が共通してみられるが、とくに東アジアは急速な少子高齢化がさらに財政を圧迫する。なかでも日本では、絶対人口の減少期にあることが消費による成長に冷や水をさす。また高齢者の医療、介護と年金は、長期にわたって公的支出を増大させる。

　こうした問題に対して、総裁として岸田は内閣成立とともに「新しい資本主義実現会議」を組織、2022年6月7日には「新しい資本主義へ：課題解決を成長のエンジンに変え、持続可能な経済を実現」という副題で、2022年度の「経済財政運営と改革の基本方針」（骨太方針2022）と「新しい資本主義のグランドデザイン及び実行計画」（グランドデザイン）を閣議決定した。しかし、いずれの文書にも財源に関する明確な見通しは示されていない。⁽³⁾

　また「骨太方針2022」では「人への投資」の具体策の一つに「資産所得倍増プラン」が上がっているが、結局その中身はNISA（少額投資非課税制度）

やiDeCo（個人型確定拠出年金）の改革であり、「貯蓄から投資」という従来型の提案が並んだ。さらに2022年10月3日の岸田首相（当時）の所信表明演説からは、ついに「分配」という言葉が消えた。日本福祉大学の元学長の二木立は、「骨太方針2022」に関連して「『新しい資本主義』は掛け声倒れ」と評した。

（4）世代間の対立とポピュリスト政党

むしろ二木によれば、「骨太方針2022」は世代間の対立に言及した点が重要であるという。政府支出をめぐる世代間の対立の兆しは、すでに明白である。選挙でタブー視されがちな高齢者福祉への批判を行う新興ミニ政党は、若い世代の関心を集めるようになった。上記の閣議決定から1カ月後の22年7月10日の参議院議員選挙では、子育てに対する手厚い支援と高齢世代の医療費自己負担割合の引き上げを訴えた参政党がネット世代の支持で初めて議席を獲得した。

しかしマーク・ロビンソン（Mark Robinson）が指摘するように、医療支出増の主な要因は人口高齢化ではなく、医療の技術的進歩であった。戦後から現在にいたるまで、より効果のある新しい治療法が次々と登場したことが、ほぼ全ての先進国で政府の医療支出の対GDP比を倍増させたのである。逆に日本は他の先進国を上回って急速に高齢化が進んだが、同じ期間の医療費支出総額の増加速度は先進国の平均よりわずかに早いだけであった。「新しい資本主義」が世代間の財源の奪い合いを避けるには、支出増の要因に関わる言説を慎重に捉える必要があるだろう。

以上のような日本の状況を踏まえて、本論では近年の中国における少子高齢化と社会保障の動向を分析する。それにより東アジアの福祉国家論にどのような示唆を得られるかを考察する。

1．加速する少子化

（1）人口ボーナスの終焉

少子高齢化は強大化する中国のアキレス腱の1つとして、海外からも関心

を集めている。2022年1月17日、国家統計局は21年の主要な経済統計指標を発表した。その末尾に含まれていた人口動態の速報値から、近年の産児制限の緩和にもかかわらず、出生数の減少に歯止めがかかっていないことが改めて確認された。これに関して、ニューヨーク・タイムズ紙は、①21年に生まれた新生児の数が予想よりも低い1,060万人にとどまった、②この出生数は、大躍進政策による増産計画の破綻と自然災害によって出産数が激減した1961年の記録すらも下回った、③21年の死亡数は1,010万人に達しており、ほぼ出生数と拮抗している——ことを紹介し、米国在住の中国系専門家の言葉を引用して、「21年は中国の長い歴史のなかで、人口が増加した最後の年として記録されるだろう」と危機感を全面に押し出した。

　中国政府もこうした歴史的転換に手をこまねいていたわけではない。少子化問題は共産党と政府の重要課題として20年以上前から取り上げられていた。とりわけ2000年の人口センサスで、1人の女性が生涯に産む子供の数を示す合計特殊出生率が1.32にまで低下したのをきっかけに、長年の国策であった「一人っ子政策」を見直す必要性が俎上にあがった。

　問題は、そのタイミングであった。2000年代初頭は、中国の団塊ジュニア世代が結婚・出産適齢期に入りつつあった。一人っ子政策の緩和を急速に進めれば、これまでの反動も重なって政府のコントロールが及ばないベビーブームが起きることが危惧されていた。最終的に、国家統計局は統計漏れが多いという理由を挙げて、当年の合計特殊出生率を1.8に上方修正し、一人っ子政策は継続されたのである。

　しかし、2004年ごろから「民工荒」とよばれる農村出身の労働力の不足が表面化し、廉価で豊富な労働力に依存してきた従来型の経済成長が持続不可能になりつつあることを否応なく認識させられた。いわゆる「人口ボーナスの後退」である。

　人口ボーナスとは、働くのに適した年齢の国民が、扶養される者よりも増大する状態を指す。具体的には、生産年齢人口（15歳〜64歳）の増加率が、年少人口（15歳未満）と高齢人口（65歳以上）のそれを上回ることを意味する。この時期は負担となる被扶養者に対して労働力が豊富になるので、高度経済成長のチャンスとなる。中国は1970年代後半から2011年までの間に生産

148

年齢人口の比率が急上昇し、人口ボーナスの拡大局面となって、改革開放期
の経済成長を支えた。

（2）総人口数は縮小局面に突入

　2012年に政権トップの党総書記の座についた習近平は、経済成長の減速を
前提とする「新常態」下の方針として、内需主導の経済モデルを打ち出した。
活力のある国内市場を支えるためにも、「一人っ子政策」からの脱却は待っ
たなしとなり、政府は13年には「単独両孩」（夫婦のいずれかが一人っ子な
ら第二子の出産を認める）の指針を決定し、15年には「全面両孩」（全ての
夫婦に第二子の出産を認める）政策を公布して、翌16年から実施した。21年
には出産枠を3人までとし、さらなる緩和拡大の意思を示した。

　これらの動きと並行して、国務院（政府）は2016年末に「国家人口発展計
画（16〜30年）」を発表し、30年までの目標として「総人口14億5,000万人、
合計特殊出生率1.8、出生時の性比107、平均寿命79歳」を掲げた。

　当時の予測では、総人口が減少に転じるのは2030年ごろと考えられていた。
国連の人口予測（19年版）も、ほぼ同じ時期に中国の人口減少の始まりを想
定していた。その前の20年から25年の5年間には約2,044万人の自然増が見
込まれ、単純に年平均すると総人口は年間に約400万人前後も増えると見ら
れた。

　しかし、現実の少子化は、これら内外の予測を超えるスピードで進行した。
国家統計局がまとめた2001年から20年までの数値に21年の速報値を加えたデー
タを見ると、2010年代の自然増の規模は、12年に1,006万人とピークに達し
た後は680万人から920万人の間を上下していたが、「全面両孩」政策を実施
した16年に906万人まで上昇したのを最後に5年連続で前年を下回った。19
年には人口の自然増の幅は467万人と16年から3年間でほぼ半減した。さら
に20年には半減以下となり、21年にはわずか48万人にまで落ち込んだ。

　これは中国政府と国連の予測値を大きく下回るものであった。14億人を超
える総人口の規模を考えれば、48万人の増加はあまりにも微々たるものであ
る。その総人口は現在、まさに縮小局面に入りつつある。

第三部　発展ダイナミズムと社会の変容　149

(3) 少子化の「崖」～産児制限の緩和だけでは人口減に歯止めかからず

人口の自然増は出生数と死亡数の差で求める。人口転換においてはまず少子化が先行しその後に高齢化が進行するため、現在の中国では高齢者の死亡数よりも新生児の出生数が人口規模を決定する。近年、人口の自然増加率は出生率とほぼ連動している。2016年から2021年の6年間で、出生率は13.57‰から7.52‰に下落し、自然増加率も6.53‰から0.34‰まで急落した。こうした急カーブは「少子化の崖」とも呼ばれる［図1］。

また合計特殊出生率は、すでに2020年の時点で1.3と政府の目標値を下回っていたが、2021年は1.1ないし1.2とさらに低下した可能性が高い。以上のことは、もはや一人っ子政策の転換だけでは、総人口の縮小にブレーキがかからないことを示唆している。

一方、国家統計局の王萍萍・人口就業統計局長は全国の2021年人口統計に関して、15歳から59歳までの生産年齢人口は2021年末時点で8億8,222万人と9億人近い水準であることを根拠にして、中国の労働力はまだまだ豊富であると主張した。実際に前年の20年から比べると、21年の生産年齢人口は全体で247万人ほど増加している。

もっとも王自身が認めるように、この増加は主として1961年の出生数が異

図1　鈍化する人口増の勢いと急落する出生率（対前年比）

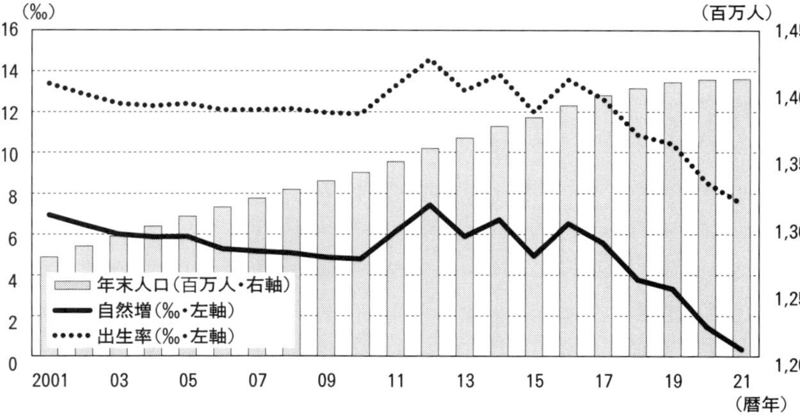

出所：国家統計局データベース、国家統計局（2020）。

常に少なかったことに起因する。中国では生産年齢人口については、15歳に
達した人口を新たに含める一方、同年に60歳になった人口を対象から外す。
したがって、退出する60歳人口の数が小さければ、結果として生産年齢人口
の数を押し上げる効果をもつ。61年は歴史的に異常値といえるほど出生数が
落ち込んだ。[19]この年に生まれた世代が2021年に60歳を迎えたことから、生
産年齢人口が一時的に増加したのであって、人口ボーナスが再び拡大へと向
かったわけではない。

　1962年からは飢餓の反動でベビーブームが起こり、合計特殊出生率も60[20]
年の3.29から6.02に急上昇した。2022年はこの中国版の「団塊の世代」が還
暦を迎える初年となり、21年とは逆に大量の定年退職が生じる見込みである。
彼らは文化大革命のさなかに幼少期から10代までを過ごした世代であり、農
村が都市化する前に成長した世代でもある。教育の機会が乏しかったため、
現在の大学進学率が50%を超えた若者とは大きな学歴ギャップがある。

　少子高齢化のさなかで労働力を確保するために、中国でも定年延長の議論
が盛んになってきたが、中国政府が描く知識集約型の産業高度化やデジタル
立国の構想が求める労働力は、文革世代の高齢者の技能とはマッチしない面
が大きい。

（4）地方でも出生率が低下〜労働力を供給してきた安徽省の例

　労働力の供給として少子化を考える場合は、地方の変化にも留意する必要
がある。もともと少子化は上海市や北京、天津市など経済成長が著しい東部
の沿海大都市で先行していた。逆に若年の従属人口[21]比率が高いのは、一人っ
子政策の例外として優遇された少数民族地区と農村の比重が高い中西部であっ
た。このため上海や北京は地元の出生率が低下しても、中西部からの人口移
動を受け入れることで、経済成長に必要な労働力を確保することができた。
しかし今、労働力の供給源である中部も少子化の崖を降りつつある。

　第7次人口センサスをもとに、生産年齢人口と従属人口が地方の総人口に
占める比率を省別にみると、地方の総人口に占める15歳未満の年少人口の比
率が最も低い省（直轄市・自治区）は今もかわらず上海市であり、9.8%と
31省の中で唯一、10%を下回っている。ところが2位から4位までは東北三

省が僅差で並んでおり、北京が5位に入っているものの、浙江省が6位と7位の天津を上回っている。

　さらに注目に値するのは、ながらく出稼ぎ農民の出身地であった四川省が少子化の10位に入っている点である。四川省は生産年齢人口の比率では23位と下位グループに属しており、65歳以上の高齢化率ではすでに上海を上回っている。

　こうした傾向に警鐘を鳴らしたのは安徽省政府であった。安徽省は「人口大省」の異名を持ち、東西南北を結ぶ交通の要衝でもあり、古くから上海や江蘇、浙江省など華東沿海に民工を供給してきた[22]。世間の耳目をひいたのは、2021年9月末に安徽省司法庁が「安徽省人口与計画生育条例」の修正に関する公開草案を発表した際であった。この草案には意見募集の必要性を説明する部分が設けられており、その中で安徽省の新生児の数が4年連続で急降下していることが指摘されていた。

　『経済観察報』によれば、2017年から21年にかけて安徽省全体の出生数は98万4,000人から53万人とほぼ半減する見込みで、まさに切り立った崖のように少子化が加速している。彼らが生産年齢人口に達しても、これまでどおりの規模で上海などに大量の労働力を供給するのは難しいと思われる。

　それを示唆するのが、人の移動の変化である。安徽省統計局の統計によれば[23]、2012年までは安徽省の人口の純流出（流出人口と流入人口の差）は増加し続けていた。ところが13年から省外からの流入人口が増加し始めた。統計が発表された19年時点では、流出人口が1,060万人で流入人口の147万人をはるかに上回っているが、対前年度の増加幅は流出が12万9,000人、流入は14万6,000人と逆のトレンドを示している。なお、第7次人口センサスの結果によれば、2020年の人口流入数は155万人と増加し続けている[24]。

　安徽省は中部地区の例外ではない。年少従属人口の順位でみれば、安徽省は第16位とほぼ中間に位置している。高齢化率では第9位と北京や天津よりも高く、生産年齢人口は逆に第27位と下から5番目に位置するという、四川省に近い年齢構造になっているのである[25]。このように、少子高齢化のリスクはかつて高度経済成長を支えた労働力供給地域で膨らみつつある。

（5）決め手欠く対応策〜人口問題は政治リスクはらむ

　少子高齢化で先行する欧州や日本では、生産年齢人口の減少に直面した際には、おおむね移民の受け入れや女性の勤労奨励、定年退職年齢の引き上げで対応してきた。しかし、中国ほどの人口超大国となると、それを支えられるほど移民を供給できる国は見当たらない[26]。

　また、中国の場合、女性の就業率はすでに計画経済時代から高かったうえに、経済的に豊かになった近年は専業主婦志向も浮上してきた。定年退職の引き上げについては前述したように、必ずしも労働需要にマッチしていないだけでなく、高齢者を働かせるということに対する抵抗感が社会に根強い。定年後の祖父母が孫の育児をサポートすることで、女性の労働参加率を高めていたことを考えると、定年退職の引き上げは少子化をかえって加速させる要素となりうる。中国政府は現在、家庭の育児負担を軽減する子育て支援政策を推進しているが、その効果は未知数である。

　さらに、中国では人口に関わる議論は政治的リスクを伴う期間が長かった。古くは1950年代に産児制限を提唱した経済学者の馬寅初[27]は、人口を生産力と考える毛沢東の怒りに触れ、職を失って社会の表舞台から姿を消した。最近では人気エコノミストの任澤平[28]が少子高齢化対策として、2022年1月8日、自身の微博（ミニブログ）で「中央銀行に2兆元を発行させ、できるだけ早く子育てファンドを設立し、10年で5,000万人の出生数を増やす」ことを提言し[29]、ネット上で激しい議論を巻き起こした。

　1月12日の夜、微博と微信（ウィーチャット）は任のアカウントを凍結した。凍結後の微博には「関連法規に違反したため」とのみ表示されているため、その理由は必ずしも明らかではないが、そのタイミングから子育てファンド発言との関係が疑われる。

2．高齢化時代の社会保障

　ここまで中国の少子化加速について見てきたが、次に高齢化について考察してみよう。一般的に少子化は人口ボーナスの消滅を意味するが、高齢化は扶養と介護という別の次元の問題につながる。いいかえれば、少子化は生産

力の確保という労働力の問題であり、だからこそ子育て支援による自然増だけでなく、移民の受け入れや生産工程の自動化／ICT化という文脈でも対策が講じられる。一方、高齢化対策は、最終的には社会による扶養をどう実現するかという、再分配の問題を避けて通れない。

(1) 高齢化と皆保険の同時進行～財政負担の限界

　中国に限らず東アジア諸国では、高齢化に関わる社会保障の主柱は社会保険であった。その中でも年金と医療保険が中心的な役割を果たしてきた。しかし少子化と高齢化の急速な進行は、この仕組みを根底から揺るがしている。

　中国における65歳以上の高齢化率は、2021年末の時点で14.2％に達している。国際的には、高齢化率が7％を超えると「高齢化社会」、14％超で「高齢社会」、21％より上になると「超高齢社会」という表現を用いる。中国はすでに「高齢社会」に突入しており、日本の1995年頃に相当するといえる。

　一方、中国の公的年金は、受給が60歳から始まるという制度設計になっている。⁽³⁰⁾そこで60歳以上の比率を確認すると、2021年末で18.9％に達し、前年末と比べて0.2ポイント上昇した。前述したように、1962年から約10年間ベビーブームが大躍進の反動で起きたことから、年金受給者は22年からさらに急速に増大していく。

　日本の場合、高齢化のスピードこそ早かったが、ベビーブームの「団塊の世代」は高度経済成長期に貯蓄・資産形成が可能であった。これに対して今の中国の高齢者は「未富先老」と表現されるように、人生の前半に経済成長の恩恵を受けていない人が多く、老後の生活については子どもの支援をあてにせざるをえない。

　しかも中国の年金には、計画経済から市場経済への移行による二重の負担がかかっている。かつての国有企業で働いていた労働者は「労働保険」に加入していたが、保険料を納める必要がなかった。社会主義の理念のもとで、労働保険はすべて使用者である企業が負担することになっており、労働組合のナショナルセンターである全国中華総工会が所轄していた。しかし文化大革命の混乱のさなかに、中華総工会は機能不全に陥ったため、労働保険は企業が個別に管理することになった。改革開放期になると赤字の国有企業は保

険料を負担しきれなくなり、改革の受け皿として江沢民政権（1993－2003）のもとで社会保険の再編が進められた。

　以上の経緯から、計画経済期に現役だった労働者については社会保険料の積立が著しく不足していたため、改革開放期になって新たに労働市場に参入した世代が移行期の負担を担わざるを得なかった。

　そのうえ胡錦濤政権（2003－2013）では「和諧社会」のスローガンを掲げて、国民皆保険に向けて新たな社会保険制度を創設した。それまでの社会保険の加入者は、基本的に都市の企業で勤務する者だけを対象としていた。このため年金は「都市従業員基礎年金」、医療保険は「都市従業員基礎医療保険」という名称で呼ばれていた。胡政権は、この制度から外れていた都市の自営業者や無業者（学生、主婦、障害者ら）、農民などを対象にする「住民基礎年金」と「住民基礎医療保険」を新たに設けたのである。

　これらの住民保険は法的には任意加入であったため、保険料の負担感が重いと脱退が相次ぐ可能性が高かった。かつて1992年に設立された農村養老保険は、加入者の保険料拠出だけに依存する完全積立制であったため、農民はこれを新たな経済負担として認識し、村の幹部の説得に応じて一時は加入してもその後に脱退する者が続出した。

　そこで胡政権は、2003年1月に「新型農村合作医療制度」を公表した際、政府が保険料の一部を拠出することを保証し、農民に加入のためのインセンティブを与えた。また、同じ理由で保険料の拠出額も低水準に抑えた。現行の住民基礎医療保険と住民基礎年金は、この新型農村合作医療制度の仕組を土台に設立されたため、改革の浸透とともに財源に占める政府補助の金額も割合も増大していった［次頁の**図2**］。

　以上の背景から、公的年金と医療保険は制度改革の進行とともに、財政負担となる要素を次々と抱えるようになっていた。すでに2019年4月の時点で、政府系シンクタンクである中国社会科学院世界社会保険研究センターは、全国の都市企業員従業基礎年金の積立金が「2035年までに枯渇する」という試算を発表し、社会に衝撃を与えた。[31]

第三部　発展ダイナミズムと社会の変容　155

図2　全国社会保険基金の収入に占める財政補助の推移

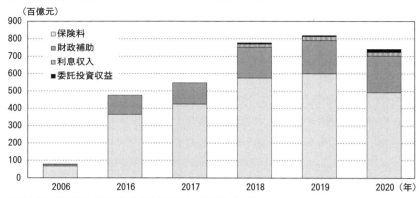

出所：財政省予算局「全国社会保険基金収入決算表」各年版。

(2) 地方格差の是正とコロナ禍での収支悪化

　現実には、すでに地方レベルで積立金が枯渇する現象が起きている。中国の経済改革は地方ごとに実験を行う試点方式を採用していたため、社会保険も地方ごとに徴収、運用、管理されるようになった。年金は省政府が、その他の社会保険は市政府が所轄しており、地方政府による裁量の余地が大きい。このため、社会保険には地方間の経済力の格差が反映される。経済成長の著しい地方と構造不況業種を抱える地方では、社会保険の安定性に大きな差が生じている。基礎年金を例にとると、広東、浙江、江蘇省などは安定しているのに対して、東北地方では積立金が2010～13年をピークに減少傾向に転じている。黒龍江省にいたっては16年に積立残高がゼロとなり、中央政府からの財政支援に頼っている。

　基礎年金の地方間格差にたいして、国務院は2018年5月末に「企業従業員基礎年金基金における中央調整制度の設立に関する通知」を公表し、7月1日から中央政府による基礎年金調整制度を整備することを明らかにした。各省の企業従業員向けの基礎年金から資金を中央調整基金に移転し、これを財源として地方における年金給付の遅配や給付額の不足を解消する狙いである。各省は企業従業員の平均賃金の90％と在職者の数から基数を算出し、これに一定の比率をかけた金額を中央調整基金に拠出することになるため、賃金水

準の高い地方から低い地方へと保険料を移転することが可能になった。[32]

　しかし、前出の［図2］からわかるように、全国社会保険基金を収入ベースでみると、2019年までは拡大の一途をたどっていたのに対し、20年は基金の規模自体が縮小している。高齢化が進行するなかで、なぜこのような現象が起きたのだろうか。すぐに思いつくのは、2019年末に武漢市から広がった新型コロナの影響である。中国は都市封鎖と企業の操業停止を含む厳しい移動制限、PCR検査の徹底でウィルスの蔓延に対応してきた。その結果、保険金給付の申請が増大する一方、経営不振に陥った企業やリストラされた労働者は保険料の支払いが困難になった可能性がある。財政省が2021年9月に発表した決算では2020年の収支は一転して赤字に転落している［図3］。

図3　全国社会保険基金の当年度収支の推移

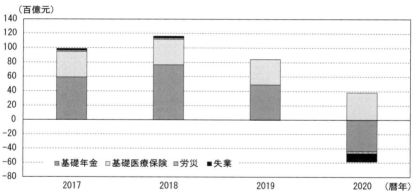

出所：財政省予算局「全国社会保険結余決算表」各年版。

　しかし、［図3］を社会保険の種類別に見ると、基礎医療保険だけは2020年に黒字を維持している。新型コロナの影響であれば、とくに医療保険の支払いが増大して収支が悪化していてもおかしくない。そこで19年と20年の各種の基礎年金と基礎医療保険の支出を確認したところ、医療保険の支出はほぼ前年並みであり、従業員基礎年金は支出が増加してはいたが、それも9％と小幅にとどまっている［次頁の図4］。

　一方、基礎年金と基礎医療保険の2019年と20年の収入を見ると、20年の従

第三部　発展ダイナミズムと社会の変容　　157

業員基礎年金は19年比で20％減少している。とくに保険料の収入が30.4％も縮小しており、その縮小幅が財政補助（12.2％増）や投資収益（192.8％増）の黒字幅を上回ったため、基礎年金全体も赤字へと転落した。

　保険料収入が減少した背景には、前述したようにコロナ不況による企業の人員整理や賃金水準の低迷が多少は影響しているだろう。しかし、武漢を除くと、操業停止の期間は２カ月程度と限定的であった。また、住民基礎年金において、保険料収入は逆に僅かながら増大している。自営業者もコロナ禍で打撃を受けている以上、もし不況が赤字の主因ならば住民基礎年金も同じ傾向を示すはずである。

図４　基礎年金・医療保険の支出（2019・20 年）

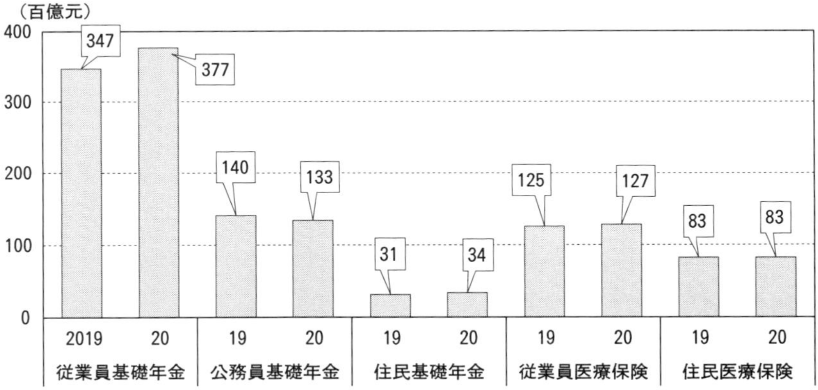

（百億元）

	従業員基礎年金		公務員基礎年金		住民基礎年金		従業員医療保険		住民医療保険	
年	2019	20	19	20	19	20	19	20	19	20
値	347	377	140	133	31	34	125	127	83	83

注：公務員基礎年金には、公立学校・病院・放送局など公務員準拠の団体職員を含む。
出所：財政省予算局「全国社会保険基金支出決算表」各年版。

（3）保険基金の収支悪化は保険料引き下げが要因

　結論として2020年の社会保険基金の収支悪化の主な要因は、景気対策として企業の負担を軽減するために社会保険料を２月から段階的に引き下げたことにある。その結果、もともと高齢化と労働力の流出に悩んでいた東北地方などの基金はさらなる苦境に立たされた。財政省予算局の「中央社会保険基金決算状況説明」によれば、黒龍江、遼寧、青海の３省では年内に従業員基礎年金が底をついたため、中央調整金から再分配を行った。それでも年金給

付には不足が生じたことから、新たに中央財政と従業員基礎年金から資金援助を行った。

　結局、東北への資金援助は総額で981億元に達した。ただし内訳を見ると、中央財政が181億元、地方財政の年金基金が500億元を負担しており、地方間の再分配の要素が強い。

　以上のように中国は高齢化が進行する中でも、政府は企業の保険料負担を軽減し雇用の安定を図ることを優先した。この方針を維持すれば、基礎年金のさらなる収支悪化と財政投入は避けられない。医療保険は今のところバランスを保っているが、年金はその倍以上の規模があることを考えれば、中国は社会保険を主柱とする現行の構造から転換し、新たな社会セーフティネットを求める必要がある。

おわりに

　最後にあらためて、冒頭で述べた新自由主義の退潮と日本の「新しい資本主義」に照らして、中国の社会保障改革を位置付けてみよう。習近平政権が提唱する「共同富裕」やその手段としての「三次分配[33]」といった概念は、大手IT企業への締め付けとあいまって、毛沢東時代を思わせる左傾化にみえなくもない。しかし社会保障に限定すれば、むしろ税や保険料の軽減を通じて所得の再分配機能を担う部分を縮小させ、大企業や資産家からの任意の寄附を強化している。この寄附を通じた民間主導の富の分配は、アメリカや香港などの新自由主義的な国・地域で盛んに行われてきた。だとすると、「共同富裕」が指し示す先にあるのは、「福祉国家の復権」による大きな政府への回帰というよりも、新自由主義的な市場経済と既存の社会保険が並存する「福祉ミックス」と見た方がよいだろう。ただし、この見解はあくまでも社会保障改革に限定したものであり、経済改革全体の方向性を示唆するものではない。

　さらに新たな財源として資産家の寄附がどれほど社会保障を代替しうるかについては、それほど大きな期待は持てない。一時的な災害救助や貧困対策には有益かもしれないが、中産階級への支援には使用されにくいこと、また

第三部　発展ダイナミズムと社会の変容　159

慈善である以上は受益者が権利として継続性を主張することができず、安定
的な給付が必ずしも保障されないという問題が残る。なによりも中国の社会
保障改革は30年にわたって社会保険制度の構築を進めてきたため、これに肩
を並べるほど第三次分配が拡充されるとは考えにくい。

　冒頭で紹介したように、日本の「新しい資本主義」は財源の確保が見通せ
ないことから、福祉国家の復権につながるような政策ではなく、新自由主義
に通じる市場での資産運用の重視に回帰しつつある。また医療についても、
応分負担として高齢者の保険料負担率を引き上げ、窓口での自己負担分を増
大させている。いいかえれば、新自由主義からの脱却は単純な「福祉国家へ
の転換」ではない、ということである。また高齢化が医療費の増大に直結す
るわけではないとしても、医療技術の進歩がとまることはない。前出のロビ
ンソンも認めるように、バイオテクノロジーの革命は現在進行中であり、こ
れによって難病の治療が可能になるであろうが、それらの患者集団は規模が
小さために医療費用の価格は上昇することが確実視される。これに介護の費
用が重なっていけば、そのコストの大半は政府が負担せざるを得なくなろう。

　この点で日本は20年前に介護保険を導入しており、かつ同じ期間に子育て
に関しても家族の責任から社会の支援へと制度転換を進めている。いっぽう
中国では、市場化のなかで職場の託児所が姿を消し、祖父母が孫の世話をす
るという「育児の再家族化」が進行した。一人っ子政策を撤廃した中国は、
いま出産奨励のため育児支援策に転じつつあるが、休業制度のほかは補助金
の給付と税控除を手段としており、財政には新たな負担を生じさせる。した
がって長期トレンドを考えると、少子高齢化と並行して容赦ない財政圧力が
日本以上の勢いで中国にのしかかることになろう。

　いっぽう日本の「新しい資本主義」は、2023年以降も従来型の「貯蓄から
投資へ」と収斂している。24年1月から既存のNISA（少額投資非課税制度）
が拡充され、年間の投資上限額が積立投資枠で3倍（40万円から120万円へ）、
成長投資枠で2倍（120万円から240万円へ）と大幅に引き上げられた。非課
税期間は旧NISAでは最大5年から20年だったのに対し、新NISAでは無期
限とされ余裕期間に関係なく非課税での運用が可能になった。

　さらに投資に必要な金融リテラシーを高めるため、2024年に金融経済教育

推進機構が発足した。それまでは金融庁と日本銀行、業界団体が個別に推進していたが、新しい機構は官民一体の「司令塔」として設置され、全国の学校や企業に講師を派遣する出張授業を行うほか、金融の専門家を招聘して経営者、教員などを対象に無料のイベント・セミナーを開催している。[34]講師派遣については民間団体の2倍にあたる年間1万回を、そして出張授業の受講者については2.5倍の75万人に増やす計画を明らかにしている。[35]

　学校や企業でも金融リテラシーの促進は拡大している。23年に開校した仙台育英学園沖縄高校は、部活を通じた取り組みを行っている。学校側が100万円を提供して、「投資部」の部員に実際の株式売買を経験させているのである。企業では日本電気（NEC）が24年1月から社員の福利厚生事業として、資産運用のアドバイザーと無料で面談できるサービスを開始したところ、最初の3カ月だけで800人の社員が利用した、という。

　以上のように、少子高齢化が加速する日中両国では新たなセーフティネットの必要性に迫られているが、その方向性は見出せていない。現時点ではどちらもコロナ前から続く既存政策の重力圏から脱出できず、むしろ社会保障制度の硬直性が際立つ結果となっている。

　このことは、東アジアの他地域にも重要な示唆になると思われる。前出の国連統計によれば、1950年時点での合計特殊出生率は、中国よりも台湾の方が高く（中国5.81、台湾6.48）、台湾では兄弟姉妹の数が6人〜7人に達していた。ところが23年時点では、中国1.00に対して台湾は0.87と逆転しており、いずれも結婚しない若者が増加している。台湾の社会保険は1990年代の民主化とともに進展したが、当時に比べて現在は人口の年齢構成だけでなく、産業構造も就業形態も大きく変化している。少子高齢化が東アジア諸国の共通の課題であることは間違いない。ただし表面的な少子化対策を互いに模倣しても、課題解決への効果は期待できそうにない。むしろ共通の課題として、高い経路依存性をどう乗り越えるのかを検討する方が重要であろう。ここでいう経路依存性とは、当初の条件が制度の発展過程でロックインされ、軌道修正が困難になる状態を指す。アジア諸国は経済成長と人口ボーナスの時代に社会保障の体系化を進めてきた。その結果、社会セーフティネットは社会保険を軸に固まっており、そこからの脱却は容易ではない。その意味で、韓

第三部　発展ダイナミズムと社会の変容　　161

国においてベーシックインカム論が現実的な政策として浮上しているのは注目に値するが、これについては稿を改めて論じたい。

［注］
(1) バイデンはトランプ時代の関税障壁を引き継ぐとともに、半導体の国内生産と研究開発に390億ドル、先端技術に1,020億ドルという大規模な補助金法を2022年8月に成立させるなど国産化に力点を置いた。

(2) 「衆院選の勝敗ライン『与党で過半数』岸田新総裁」『日本経済新聞』2021年9月29日記事。

(3) グランドデザインは資料を除く本文だけで35頁あるが、そのなかで財源という言葉は3回しか登場しない。しかも「安定的な財源」を前提とすることだけが述べられており、その方法については何も見当たらない（内閣府、新しい資本主義のグランドデザイン及び実行計画：人・技術・スタートアップへの投資の実現、2022）（https://www.cas.go.jp/jp/seisaku/atarashii_sihonsyugi/pdf/ap2022.pdf）。

(4) 内閣府「2022」「経済財政運営と改革の基本方針2022：新しい資本主義へ（骨太方針）」6月7日、7頁（https://www5.cao.go.jp/keizai-shimon/kaigi/cabinet/honebuto/2023/2023_basicpolicies_ja.pdf）。

(5) 「『分配』消え『物価高』6回 岸田首相の所信表明演説」『日本経済新聞』2022年10月3日記事。

(6) 二木立［2022］「二木立の医療経済・政策学関連ニューズレター」通巻217号、2頁、非営利・協同総合研究所いのちとくらし（https://www.inhcc.org/jp/research/news/niki/data/20220801-niki-news.pdf）。

(7) 選挙ドットコムが実施した第26回参議院議員通常選挙の政党アンケート結果によれば、「高齢世代の医療費の自己負担割合を現役世代と同水準にすべきですか」という質問に対して、参政党は「賛成」と回答した。その理由として、「予防医学に予算をつけ、国民全体の医療費（税負担）を下げて行くべき。それには負担率を上げて行く方がよい」と記述している。また若者の支援を意味する「高等教育を無償化にするべき」と「出産費用を無償化にすべき」にも賛成を表明し、特に後者については「子育てにはもっと手厚い支援をし、少子化を食い止めるべき」と表明している（選挙ドットコム編集部、2022）（https://go2senkyo.com/articles/2022/06/22/68895.html）。

(8) マーク・ロビンソン［2022］『政府は巨大化する：小さな政府の終焉』、日本経済新聞社、17頁。

(9) 国家統計局［2022］「2021年国民経済持続快復、発展予期目標較好完成」1月17日（http://www.stats.gov.cn/tjsj/zxfb/202201/t20220117_1826404.html）、2022年1月24日閲覧。

(10) ただし中国政府の統計データでは、1961年の出生数は1,000万人を下回っている。これにもとづけば、2021年の出生数は史上2番目に低い水準といわねばならな

い（国家統計局データベース）。

(11) カリフォルニア大学アーバイン校（社会学）の王峰教授。

(12) "China's Births Hit Historic Low, a Political Problem for Beijing", *The New York Times*, Jan. 17, 2022（https://www.nytimes.com/2022/01/17/world/asia/china-births-demographic-crisis.html）、2022年1月14日閲覧。

(13) 中国の出生率は1963年をピークとして、一人っ子政策が実施されるまで10年あまりにわたり毎年2500万人以上の出生数が続いた。彼らのジュニア世代は1980年代から90年代にかけて誕生しており、2000年代に結婚・出産適齢期にあった。

(14) 李蓮花［2021］「中国〜近づく人口減少社会と社会保障」『世界』岩波書店、第947（8月）号、120−129頁。

(15) United Nations United Nations, Department of Economic and Social Affairs, Population Division［2019］. *World Population Prospects* 2019, ウェブ版。

(16) 米ウィスコンシン大学の易富賢研究員の推計による（『日本経済新聞』2022年1月18日記事）。易は中国の少子化をとりあげた『大国空巣』の著者である。

(17) 日本をはじめとするOECD諸国における「生産年齢人口」の定義は15歳から64歳までだが、中国は定年が60歳のため、公式統計では15歳から59歳を同義として用いることが多い。ただし、15歳以上65歳未満人口を併記する資料が増えている。

(18) 『中国経済報』2022年1月18日記事。

(19) 1958年から毛沢東が推進した大躍進運動は、一時的に人口増加の鈍化を招く結果になった。増産計画の破たんに自然災害が重なり、中国は深刻な食糧不足に見舞われて、大量の餓死者が出るという悲劇が起きた。とりわけ1960年には死亡率が出生率を上回るという異常事態に至り、同年の年平均の自然人口増加率はマイナス4.57‰（パーミル）と49年の建国以来はじめてのマイナスを記録した。

(20) 戦争や飢饉など生命の危機下において出生率はいったん下がるが、危機が過ぎ去ると反動としてベビーブームが起きる。

(21) 従属人口は14歳までの年少人口と65歳以上の老年人口を指す。

(22) 上海、江蘇、浙江に流入した他省の住民を出身省別に見ると、いずれも安徽省が首位を占めている。新浪網や騰訊網などへの投稿では、江蘇省に流入した安徽人は258万人（2位の河南人は102万人）、浙江省では223万人（2位の江西人は153万人）、上海市では260万人（2位の江蘇人は150万人）という数字が頻出するが、元データの出所は不明。
新浪網「安徽居然穏居上海和南京外来人口榜首、四川、河南也不甘落後」（https://k.sina.com.cn/article_2126886347_7ec5b5cb00100xtgv.html）、（https://www.163.com/dy/article/GFJT872U0517O3M0.html）。

(23) 安徽省統計局［2019］「安徽省人口発展現状与挑戦」。ただし元データが安徽省統計局のサイトでは見つからなかったため、本論では安慶養老網への2020年3月10日の転載版を利用した（http://www.0556yl.cn/nd.jsp?id=157）。

(24) 安徽省統計局［2021］「安徽省第七次全国人口普査主要数拠状況」5月17日（http://tjj.ah.gov.cn/ssah/qwfbjd/tjgb/sjtjgb/145782311.html）、2021年1月3日閲覧。

第三部　発展ダイナミズムと社会の変容　163

(25) 国務院第七次全国人口普査領導小組弁公室編［2021］『2020年第七次全国人口普査主要数拠』中国統計出版社、2021年７月。

(26) 総人口が6,100万人の安徽省とほぼ同じ規模のイタリア（総人口6,050万人）は、2019年の出生数が42万人で、安徽省の53万人に近い。異なるのは、イタリアには600万人以上の移民が居住しており、自然減を社会増で補える点である。

(27) 馬寅初は、戦前に米国留学経験のある経済学者で1951年に北京大学の学長に就任、53年の第一次人口センサスの結果を踏まえて産児制限の必要性を訴えた。57年７月、中国共産党の機関紙『人民日報』に「新人口論」を発表、反右派闘争のなかで党内から批判の的となって失脚した。馬の名誉回復は毛沢東の死から２年後の78年になって、ようやく実現した。

(28) 大手不動産会社の恒大グループの首席エコノミストで、中国保険保障基金の専門委員でもある。微博のフォロワー数は、350万人余にのぼっていた。

(29) これに関連して「1975年から85年生まれの世代は、まだ出産に間に合う」、「90年代や2000年代に生まれた世代に期待してはならない」という任の発言も物議をかもした。1975年から85年生まれの世代には子どもは多い方がよいという昔の価値観がまだ残っているが、90年代生まれは一人っ子が当たり前の豊かな中国で育っているため。

(30) ただし定年年齢は2024年９月13日に全国人代大会常務委員会で延長が決定した。これにより、⑴男性の定年年齢を現行の60歳から63歳に、女性を⑵ホワイトカラーの場合は現行の55歳を58歳、⑶それ以外（生産職など）は現行の50歳を55歳に引き上げられる。また保険料の最低納付期間も現行の15年から20年に段階的に延長される。なおこの決定は2025年１月１日から施行されるが、定年年齢は⑴と⑵については４ヶ月ごと、⑶については２ヶ月ごとに１ヶ月ずつ延長する。また保険料の最低納付期間は、１年ごとに６ヶ月ずつ引き上げる。したがって延長措置が完了するのは15年後の2039年末になる。その時点で定年になるのは、⑴は1976年9月以降、⑵は1981年9月以降、⑶は1984年11月以降に生まれた者である。（出所：中華人民共和国中央人民政府ウェブサイト「全国人民代表大会常務委員会関於実施漸進式延遅法定退休年齢的決定」（https://www.gov.cn/yaowen/liebiao/202409/content_6974294.htm）。

(31) 中国社会科学院世界社会保険研究中心「中国養老金精算報告2019－2050」（http://www.cisscass.org/yanjiucginfo.aspx?ids=26&fl=1）閲覧日2019年７月25日。

(32) 設立当初の拠出比率は３％だったが、段階的に引き上げることが明示されており、2020年には４％になった。

(33) 生産による一次分配、税と社会保障による再分配に対して、企業や個人の寄付や慈善事業の出資を指す。

(34) J-FLEC（金融経済教育推進機構）ウェブサイト（https://www.j-flec.go.jp/）。

(35) NHKニュース「企業や学校の金融教育 本格始動へ」2024年５月６日（https://www3.nhk.or.jp/news/html/20240506/k10014441441000.html）。

［参考データ］

中国国家統計局データベース「国家統計局数據」(https://data.stats.gov.cn/easyquery.htm?cn=C01)

付記：本論は以下の拙稿をもとに、加筆したものである。

　　澤田ゆかり（2022）「第5章加速する少子高齢化と社会保障の行方―『総人口縮少』で迎える試練の時代」(遊川和郎・湯浅健司編『習近平「一強」体制の行方』文眞堂、85－102頁)。

ポストコロナの日台教育交流の 「知」のインフラを構築する
──台湾研究者による SNET 台湾の活動を中心に

山﨑直也
帝京大学外国語学部教授

はじめに

　2020年以来の新型コロナウイルス感染症の世界的流行は、日台間の教育交流にも甚大な影響をおよぼした。相互往来が不可能な状況下で、日台双方の関係者は交流の灯を絶やさぬよう様々な努力をしてきたが、2022年10月10日には、京都橘高校吹奏楽部が国慶節祝賀大会出演のため台湾を訪問し、直接交流再開の先鞭をつけた。新型コロナ禍以前、2010年代に日台間の教育交流で顕著な発展を見せたのが、高等教育段階での日本から台湾への留学と中等教育段階の日本の高校の台湾修学旅行である。

　前者は、大学間の協定等に基づく事例に限っても、2010年度から2018年度までの 8 年間で746人（構成比2.6%）から5,932人（同5.2%）と、右肩上がりの成長を遂げている[1]。日本の高校を卒業後、正規生として台湾の大学に直接進学する若者も増加している。日台教育交流の促進と台湾の高等教育機関の周知を目的に、台湾教育部が2012年に台湾教育センターを法政大学内に設置したことに加え、日本の高校卒業生を台湾の大学に進学させる民間の台湾留学専門エージェントも複数存在する。

　後者は、2014年度に参加生徒数28,314人（構成比18.4%）で海外修学旅行の全訪問国のトップに立って以来、2019年度まで 6 年連続で台湾は首位をキープした[2]。2002年度にはわずか360人（同1.3%）だったことを考えれば、「奇跡」とも言うべき成長である。日本の高校の海外修学旅行は、新型コロナ禍により、2020年度から数年間完全に途絶したが、2024年度現在、台湾修学旅行は

第三部　発展ダイナミズムと社会の変容　167

徐々に復活の兆しを見せている。

　日台関係の発展にとって、台湾留学や台湾修学旅行の「ブーム」は、諸手を挙げて歓迎すべき状況に見えるが、筆者を含む台湾研究者の多くは逆にある種の不安を感じている。日台教育交流が活況を呈する中で、台湾研究者がそこにチャンスと同時にリスクを見出すのはなぜなのか。本論では、台湾修学旅行の「ブーム」に対して、台湾研究者が期待と不安が相半ばするアンビバレントな感情を抱く原因を読み解いた上で、2000年代後半に至って、学問領域としての台湾研究が積極的にアウトリーチに取り組み始めた背景を明らかにし、持続可能な日台関係の礎石となる「知」のインフラ構築のために、台湾研究者がいかなる活動を展開しているか、プラットフォーム組織であるSNET台湾の活動を中心に紹介していきたい。

1．台湾修学旅行ブームをめぐる期待と不安

　修学旅行とは、日本の小学校・中学校・高校の多くが実施する教育旅行の一種である。教職員の引率の下、学年全体の児童・生徒が遠方の目的地に泊りがけで赴き、集団で見学・研修を行う。文部科学省が定める『学習指導要領』では、「特別活動」の中の「学校行事」の一つとされ、高校では2年生の秋に実施されることが多い。その起源は、1886年（明治19年）に東京師範学校が行った長途遠足（10泊11日）に遡り、日本の学校文化を構成する重要な要素である。その行き先は国内に限らず、海外修学旅行も、1896年（明治29年）に長崎商業学校が実施した上海方面旅行を嚆矢として明治時代から行われてきた。公益財団法人全国修学旅行研究協会「全国公私立高等学校海外（国内）修学旅行・海外研修実施状況調査報告」によれば、2019年度には155,535人（のべ173,692人）の高校生が海外修学旅行に参加した。台湾は海外修学旅行の最もポピュラーな行き先であり、同年の海外修学旅行全体の31％を占め、公立高校では半数（50.6％）を超えた。この台湾の人気は一過性のものではなく、2014年度に前年1位のシンガポールを抜き初めて首位に立つと、新型コロナ禍で海外修学旅行が全面的にストップするまで、6年連続で首位を維持した。まさに「高校の海外修学旅行と言えば台湾」という認

識が一般化しつつあったわけだが、数万人の若者が修学旅行で台湾を訪れる状況は、台湾を研究対象とする研究者たちにとって、期待と不安が相半ばするものであった。

　今日、日本では、台湾＝「親日」のイメージが広く共有されており、それが植民統治であったという本質を忘却して、「親日」の理由を日本統治による「近代化」の「成功」に求める声さえある。メディアが伝える台湾の情報は玉石混交であり、台湾研究が蓄積した学術的知見が俗説・誤説に覆い隠されることも少なくない。李登輝総統の登場で台湾への関心が急速に高まった1990年代から、日本社会の台湾認識はさしてアップデートされていないように見える。高校の学習で台湾に触れる機会はごく限られており、メディアにも俗説・誤説が氾濫する中で、修学旅行で台湾に行く高校生がよく知らないまま、あるいは誤った認識を持って現地に行くことは当然起こり得ることであり、生徒だけでなく引率の教員もその懸念を免れるものではない。歴史的背景を十分に知ることなく日本統治時代の壮麗な建築物を目の当たりにし、台湾の人々のホスピタリティに触れた彼ら彼女らが何を感じるか。かつて日本が推し進めた植民地近代化の「成功」が今日の「親日」に繋がっているという誤認を強化することはあっても、日本と台湾の過去の歩みを自省的に振り返ることはないだろう。このことは日本の無自覚な傲慢さを増幅させることとなり、次世代の日台関係の障りにさえなるかもしれない。

　後にSNET台湾を共同で創設する赤松美和子、洪郁如、山﨑直也は、日頃の意見交換の中で、2017年頃からこうした危機感を共有するに至った。2018年5月、日本台湾学会第20回学術大会公開シンポジウム「『新たな世代』の台湾研究」に登壇した赤松は、パネリストとしての本来の役割を少し離れて、修学旅行で台湾に行く高校生の学びを台湾研究者が支援するプラットフォームの構築を呼びかけた。この提案に多くの台湾研究者が賛同し、協力の意向を示したことは、上述の危機感が台湾研究者の間で広く共有されていたことを意味している。高校生の台湾修学旅行が文字通り「台湾で学びを修める旅」になるよう研究者が支援するというアイディアは、SNET台湾という形で具現化する。SNET台湾の具体的活動を紹介する前に、その始まりの年である2018年が日本の台湾研究にとってどのようなタイミングであったの

第三部　発展ダイナミズムと社会の変容　169

か。日本の台湾研究とアウトリーチについて次節で述べておきたい。

2. 日本の台湾研究とアウトリーチ

2010年代の後半に至って、日本の台湾研究がアウトリーチに取り組み始めた背景には、台湾研究の学問分野としての成長がある。日本台湾学会の会員数は、2024年6月末現在で445人と、単一地域を対象とし、ディシプリンの制約を設けない地域研究の学会として、比較的規模の大きい学会と言えるが、その歴史は、1998年設立と、他の学会と比べて長いわけではない。台湾研究の組織化が立ち遅れた理由は、「学会設立趣意書」の「1970年代までの、イデオロギー的・政治的忌避[3]」という表現に集約されているが、要するに、国共内戦で中国大陸を追われ、台湾で強権的な統治を展開した国民党政権の反動的イメージが軛となり、「たとえ学問的にであれ、台湾に関わるのは避けるべきだ」という「空気」が学界を覆っていたのである。

1990年代に入って台湾が政治的民主化を平和裏に成し遂げ、蔣介石政権が固執し続けた「中華民国こそ『中国』唯一の合法政府である」という政治的主張を段階的にトーンダウンして台湾として主体性を示し始めると、「『中国』の一部ではない台湾」、「台湾としての台湾」に対する学術的関心が世界的に高まった。前述の「日本台湾学会設立趣意書」の言葉を借りれば、「中国研究（China studies）の下位分野ないし事例研究としての一地方研究[4]」ではない、明確な独自性を持つ地域の学際的研究としての台湾研究を組織化する機運が高まったのである。

主体性を高めながら民主化への歩みを見せる台湾への関心の高まりは偏に学術的なものではなく、より広い社会的関心を喚起するものとして、入門書・概説書の出版を促した。戴国輝『台湾―人間・歴史・心性』（1988年）、伊藤潔『台湾――四百年の歴史と展望』（1993年）がそれぞれ岩波新書、中公新書という多数の読者を擁する老舗新書レーベルから出版された意義は計り知れない。1990年代には、若林正丈・劉進慶・松永正義編『台湾百科［第二版］』（大修館書店、1993年）、若林正丈『もっと知りたい台湾［第二版］』（弘文堂、1998年）など、研究者の手による入門書・概説書が相次いで出版され、学会

170

という新たな「居場所」に集った若き学徒は、これらの書籍を「養分」として、台湾に対する理解を深めることが出来た。1997年3月に大学を卒業し、同年4月に大学院に進学した筆者も、そのうちの一人である。しかし、この入門書・概説書出版の流れは2000年半ばには収束し、2000年代後半以降は、筆者と同様、学会設立後に台湾研究に足を踏み入れた世代（1996年の最初の総統直接選挙を大学生・大学院生として見届けた者が多い）の博士論文を中心とする学術専門書の出版が増えた。

　2000年代後半から2010年代前半は、概ね学術専門書と非研究者の手による趣味性の高い一般書の出版が主流となったが、2010年代後半になると、学会設立後に台湾研究を始めた研究者の手によって再び入門書・概説書が出版されることとなった。例えば、赤松美和子・若松大祐編『台湾を知るための60章』（明石書店、2016年、2022年に『台湾を知るための72章』に改版）、陳來幸・北波道子・岡野翔太編『交錯する台湾認識──見え隠れする「国家」と「人びと」』（勉誠出版、2016年）、胎中千鶴『あなたとともに知る台湾』（清水書院、2019年）、大東和重『台湾の歴史と文化』（中公新書、2020年）、若林正丈・家永真幸編『台湾研究入門』（東京大学出版会、2020年）などの書籍である。こうした出版状況の変化は、台湾研究が新たな局面に突入したことを表している。新興の学問領域である台湾研究は、当初、偏見を押しのけ、それ自身が「真っ当な」学術研究であることを証明する必要があった。若い研究者による専門書が次々と刊行され、その存在感が確たるものとなってようやく、研究者たちが再び概説書・入門書を手がける「余裕」が生まれたのである。

　こうした局面の変化の中で重要課題と認識されるようになったのが、学術研究としての台湾研究が蓄積してきた知見を日本社会さらには国際社会に伝えるアウトリーチである。2019年6月に第11期理事長に就任した松田康博は、その就任の辞で、ソーシャル・アウトリーチとグローバル・アウトリーチを学会の新たな課題に挙げた。[5]前者は日本社会への貢献、後者は台湾研究の世界的ネットワークへの参画を意味するが、松田は2021年6月に第12期理事長に再選された際にも再度この点を強調し、2023年6月に第13期理事長に就任した北波道子にも、それが引き継がれている。

　前述の松田の第11期理事長就任の辞でソーシャル・アウトリーチの優れた

第三部　発展ダイナミズムと社会の変容　171

実践例として言及されているのが、2018年に発足した台湾研究者によるプラットフォーム組織SNET台湾である。

3．SNET台湾とは？

　SNET台湾は、正式名称を「特定非営利活動法人日本台湾教育支援研究者ネットワーク」といい、2018年9月に赤松美和子、洪郁如、山﨑直也が立ち上げた台湾研究者によるアウトリーチのためのプラットフォームである。当初は任意団体で、「日本台湾修学旅行支援研究者ネットワーク」の名称で活動し、2021年11月に特定非営利活動法人（NPO法人）となり「日本台湾教育支援研究者ネットワーク」に改称したが、3年間の活動によってSNET台湾の略称が既に一定の認知を得たとの判断から、通称として継続使用することとした。赤松、洪、山﨑は、いずれも日本台湾学会に所属する台湾研究者だが、赤松は文学と映画、洪は日本統治時代の社会史、山﨑は戦後の教育と専門は異なる。しかし、学会の活動を通じて話をする中で、前節で述べているように危機感を共有していることがわかり、修学旅行の教育支援を目的とする組織を共同で立ち上げることになった。日本台湾学会の初代理事長であり、日本の台湾研究を長年牽引してきた若林正丈、台湾の台湾史研究の泰斗であり、国立故宮博物院の院長を務めた呉密察が顧問、行政書士の若林哲平が監事を務めている。2023年には、SNET2.0にアップグレードをはかり、後述する「台湾修学旅行アカデミー」の講師や「みんなの台湾修学旅行ナビ」の執筆者としてSNET台湾の活動に参加してきた台湾研究者を特別研究員に迎え、組織としての基盤を強化している。2024年7月現在の特別研究員は、家永真幸（東京女子大学）、五十嵐隆幸（防衛大学校）、魏逸瑩（早稲田大学台湾研究所）、郭書瑜（一橋大学［院生］）、上水流久彦（県立広島大学）、黒羽夏彦（国立成功大学［院生］）、國府俊一郎（大東文化大学）、清水美里（名桜大学）、許仁碩（北海道大学）、菅野敦志（共立女子大学）、胎中千鶴（目白大学）、陳麒文（国立台湾大学）、黄昱翔（歴史資料館職員）、福田栞（一橋大学［院生］）、藤野陽平（北海道大学）、前野清太朗（金沢大学）、前原志保（九州大学）、松葉隼（早稲田大学台湾研究所）、李佩儒（文筆家）、劉彦

甫（東洋経済新報社）であり、その所属機関は日本全国から台湾にまで及び、専門も政治学、歴史学、経営学、安全保障研究、映画研究など多岐にわたる。SNET台湾の活動は、日本台湾学会、台湾教育部、台北駐日経済文化代表処、早稲田大学台湾研究所などの関係機関から支援を受け、一部の学校、旅行会社とも長期的で協調的な関係を築いている。

　当初は主に高校生に向けた活動を展開していたが、NPO法人化にともなう名称の変更が示す通り、現在は台湾に関心を持つ市民全般に対象を拡大している。その活動は、①台湾研究者の派遣、②学習教材及び関連書籍等の作成・編集、③ワークショップ・講座・イベント等の開催、④台湾への修学旅行・研修旅行の計画設計及び助言、⑤台湾の関係機関や研究者との連携の5項目を柱としている。次節では、2018年の発足以来の活動の諸側面を詳しく紹介していきたい。

4．SNET台湾の教育支援活動

　SNET台湾の発足当初、活動の中心になると想定したのは、台湾修学旅行を行う学校に講師として台湾研究者を派遣することだった。しかし、2020年に世界を襲った新型コロナ感染症の影響で高校の海外修学旅行が途絶したことで、SNET台湾は活動の場をインターネット上に求めることになった。2023年以降は、台湾研究者を学校に派遣する機会が再び増加しているが、新型コロナ禍の中で、まさに窮余の一策として着手したインターネットでの諸活動は、結果として台湾研究者による教育支援にさらなる訴求力をもたらすこととなった。本節では、未曽有の危機の中で、日本の台湾研究者が日台交流の「知」のインフラ構築をどのように進めてきたか、SNET台湾の活動を具体的に紹介する。

（1）みんなの台湾修学旅行ナビ

　2020年11月公開の「みんなの台湾修学旅行ナビ」（https://taiwan-shugakuryoko.jp/）は、SNET台湾の教育支援活動の中心を成すものである。台湾全国の教育旅行スポットを取り上げ、①概要、②学びのポイント、③さ

第三部　発展ダイナミズムと社会の変容　173

らに学びを深めよう（事前・現地・事後学習の課題例）、④参考資料を紹介する。公開時に約150であったスポット数は、2023年の段階で約300まで増加している。スポットは、北部・中部・南部・東部・離島のエリアごとに、都市、学習テーマ（人権、建築、ジェンダー、産業などの19項目）、SDGsで絞り込みを行うことができ、フリーワード検索も可能である。

　サイト名の「みんなの」という言葉は、このサイトが高校生だけでなく、台湾に興味を持つすべての人が対象であることを含意している。その最大の特徴は、一般の観光情報サイトとは異なり、書き手の大半が研究者であり、台湾研究の最新の知見が内容に反映されていることにある。例えば、日本の軍人を祀る台南市の鎮安堂飛虎将軍廟は、「親日台湾」の象徴として取り上げられることが多いが、「みんなの台湾修学旅行ナビ」では、藤野陽平が関連する学術文献を挙げながら、台湾の文脈を踏まえて客観的に紹介している[6]。藤野は、「台湾修学旅行アカデミー」（後述）の第16回で台湾の「日本神」について解説している。[7]

　「みんなの修学旅行ナビ」では、スポットの紹介に加え、台湾教育旅行のモデルコースも紹介しており、「台湾を北から南へ縦断しながらSDGsを体験し探求する」（4泊5日）、「桃園市で台湾の昔と今のものづくりを学ぶ」（1日）、「台北と新北でかつての国家による弾圧に向き合う博物館で人権を学ぶ」（半日）など、様々なテーマ、日数の教育旅行が提案されている。

（2）YouTube SNET台湾チャンネル

　発足当初は全く想定していなかったことだが、コロナ禍の中、YouTubeがSNET台湾の主な活動領域となった。[8]台湾研究者が台湾研究の重要なテーマを中高生にもわかりやすく教える「台湾修学旅行アカデミー」は、SNET台湾のYouTubeチャンネルのメインコンテンツであり、2023年までに講義動画20本、教材編1本（「みんなの台湾修学旅行ナビ」の活用ガイド）、国家鉄道博物館特別編3本が公開され、2024年には、台湾の就活、台湾とジャイアントパンダ、台湾のエスニシティ、台湾の先住民族の4本が公開された。1～24回の講義テーマは［次頁の**表1**］の通りだが、台湾で「選挙之神」として知られる政治学者の小笠原欣幸、日本台湾学会の理事長を務めた三澤真

美恵、松田康博をはじめ、講師はいずれも日本の台湾研究の第一線で活躍する研究者であり、中高生に伝わるわかりやすさを意識しながら、大学の講義でも活用できる内容となっている。

2020年に配信した「おうちで楽しもう台湾の博物館」は、台湾の博物館が制作した動画に日本語の解説と字幕をつけて紹介するシリーズで、国立台湾博物館、国立故宮博物院、国家人権博物館、国立中正紀念堂、国立台湾史前博物館、国立台湾文学館、二二八国家紀念館、順益台湾原住民博物館、衛武営国家芸術センター、国立台湾歴史博物館の10館を取り上げている。教育旅行の行き先になることも多い主要な博物館の来歴を知りながら、台湾の歴史

表1 「台湾修学旅行アカデミー」の講師とテーマ

回数	講師	テーマ
第1回	松田　康博	台湾とは何か？
第2回	福田　　円	台湾と国際社会
第3回	山﨑　直也	台湾の教育
第4回	小笠原欣幸	台湾の選挙
第5回	川上　桃子	台湾の経済
第6回	上水流久彦	建築物から知る台湾
第7回	大東　和重	台湾 Area Studies〜台南篇〜
第8回	三澤真美恵	映画で知る台湾〜青春恋愛映画篇〜
第9回	劉　　靈均	台湾のLGBTQ
第10回	許　仁碩	高校生の政治参加
第11回	前野清太朗	台湾の民間信仰〜参拝・おみくじ篇〜
第12回	清水　美里	台湾と砂糖〜甘い砂糖のしょっぱい話〜
第13回	赤松美和子	台湾の文学
第14回	菅野　敦志	台湾の言語と文字
第15回	前原　志保	台湾人物伝〜李登輝編〜
第16回	藤野　陽平	台湾のニホンガミ（日本神）
第17回	藤岡　達磨	台湾の夜市
第18回	劉　彦甫	日本の台湾報道とメディア
第19回	五十嵐隆幸	台湾の兵役
第20回	胎中　千鶴	台湾の歴史の見方
第21回	國府俊一郎	台湾の就活
第22回	家永　真幸	台湾とジャイアントパンダ
第23回	宮岡真央子	台湾のエスニシティ
第24回	宮岡真央子	台湾の先住民族

出所：筆者作成。

を知り、民主主義、人権、ダイバーシティなどの重要なテーマについて考えることができる動画として、「台湾修学旅行アカデミー」同様、高校・大学の教育の現場で重宝されている。

2022年に配信した「台湾高校創作卒業ソング」は、卒業を控えた高校生がオリジナル楽曲でMVを制作するという台湾の新しい学校文化を日本に紹介する企画で、台湾の学校の「今」に触れることができる媒体として好評を得ている。国立新竹女子高級中学「回眸／美しき日々」（2018年）、国立台南第一高級中学「卡其頌 A Catchy Song／カーキ色の青春」（2019年）、国立台湾師範大学附属高級中学「未藍 Beyond Azure／青空の向こうへ」（2019年）、高雄市立高雄高級中学「Kspresso／高雄高校式エスプレッソ」（2017年）、国立彰化女子高級中学「有你，無畏／あなたがいれば怖くない」（2022年）の５つの楽曲を取り上げた。この企画は日台双方のメディアに着目され、日本では『毎日新聞』が報じる所となり、台湾でも『自由時報』[9]、三立新聞[10]のネットニュースに取り上げられた。[11]

SNET台湾YouTubeチャンネルには、上記の各シリーズ以外にも、対面／オンラインのイベントのために制作した講演動画などもアーカイブされており、無料で自由に利用することができ、かつ学術的専門性に裏打ちされた教育資源として広く活用されている。

（3）『臺灣書旅──台湾を知るためのブックガイド』

2022年、SNET台湾は、台北駐日経済文化代表処台湾文化センター、紀伊國屋書店との共同で『臺灣書旅〜台湾を知るためのブックガイド〜』という冊子を制作し、「臺灣書旅〜Taiwan Book Fair〜」を開催する紀伊國屋書店の6つの店舗で無料配布を行うとともに、オンラインで電子版を公開した。[12]日本では、年間約100冊もの台湾関連書籍が刊行されており、『臺灣書旅』では、過去３年間に出版された書籍を中心に400冊を取り上げ、文・人・政・食・旅・学・日の７つのカテゴリに分類して紹介している。単に本の概要と書誌情報を紹介するだけではなく、専門の研究者と台湾に精通したライターの筆による19のテーマの解説と８本のコラムが掲載されている。カテゴリとテーマの対照関係は、以下の［次頁の**表２**］の通りである。

『臺灣書旅』の充実した内容と美麗なデザイン［**画像1**］は、台湾愛好家と読書家の間でたちまち話題となり、当初準備した3,000冊はすぐに配布終了となった。その後、増刷を行い、紀伊國屋書店のオンライン書店からも送料のみで注文できるようになった。『臺灣書旅』は無料のブックガイドだが、第一線で活躍する研究者と台湾に精通したライターが執筆した魅力ある文章の数々により、それ自体が一冊の良質な台湾入門書となっており、台湾愛好家・読書家の知的関心に応えるだけでなく、高校・大学で教材として活用されることも多い。2024年には、「食文化」に特化した続編『臺灣書旅〜台湾の食文化を知るためのブックガイド〜』が刊行された。

画像1

100KG Design Officeがデザインを手がけた『臺灣書旅』の表紙

表2　『臺灣書旅』のカテゴリとテーマ・コラム

カテゴリ	テーマ・コラム
文	【テーマ】台湾文学／エンターテイメント／建築と文創 【コラム】台湾文学研究／台湾漫画
人	【テーマ】エスニック／宗教／ジェンダー 【コラム】日本にとってのオードリー・タン
政	【テーマ】政治／経済／国際関係 【コラム】台湾のコロナ対策
食	【テーマ】グルメ／レシピ
旅	【テーマ】観光／台南／鉄道 【コラム】日本で楽しむ台湾／台湾に暮らす
学	【テーマ】教育／言語 【コラム】台湾入門書
日	【テーマ】日台関係／沖縄から考える／日本統治時代 【コラム】台湾から見た日本

出所：筆者作成。

第三部　発展ダイナミズムと社会の変容　　177

(4) フォーラムと連続公開講座

　発足から1年を経た2019年、SNET台湾は、「台湾地域研究と修学旅行」と題する連続公開講座を早稲田大学で開催した（2019年10月25日、11月22日、12月20日の3回）。日本における台湾研究の泰斗であり、SNET台湾の顧問を務める若林正丈が台湾研究者のアウトリーチとしての教育支援の意義を語り、赤松美和子がSNET台湾の1年間の活動を総括、同じく山﨑が大手旅行5社の聞き取りに基づき台湾修学旅行の現状と問題点を整理した。事例報告では、上水流久彦、河原功、胎中千鶴、橋本恭子、洪郁如の5名が学術的専門性、あるいは仕事上の経験に基づいて台湾修学旅行のコースを提案した［表3］。

　同連続公開講座は、内容とともに、学術イベントの「堅さ」を排除した斬新なポスター［画像2］が話題を呼んだ。このポスターは、映画のフライヤー、書籍のカバー、CD・DVDのジャケット、商業広告などを幅広く手掛ける100KG Design Officeの制作によるもので、日本のデザイナーが台湾的な意匠を大胆かつ色鮮やかに取り込んだデザインが日台双方で評価され、SNET台湾の存在感を高めた。このポスター

画像2

連続公開講座
「台湾地域研究と修学旅行」のポスター

表3　連続公開講座「台湾地域研究と修学旅行」の報告者と題目

報告者	題　目
上水流久彦	建築から台湾修学旅行をデザインする
河原　功	高校教員の経験から台湾修学旅行をデザインする
胎中　千鶴	「八田與一」から台湾修学旅行をデザインする
橋本　恭子	ダイバーシティ教育の視点から台湾修学旅行をデザインする
洪　郁如	国立台湾歴史博物館から台湾修学旅行をデザインする

出所：筆者作成。

は、SNET台湾と100KGの共働の起点となり、その後、公式ウェブサイト、YouTube（「おうちで楽しもう台湾の博物館」、「台湾高校卒業ソング」の両シリーズ）、『臺灣書旅』、主催イベントのフライヤーなど、SNET台湾の様々な活動を100KGのデザインが彩っている。

2019年の連続公開講座の後、コロナ禍の影響で対面でのイベントが制約を受けたが、2022年12月18日に大阪で開催したフォーラム「コロナ後の台湾教育旅行と日台高校交流」を皮切りに、2023年7月15日には福岡で国際教育フォーラム「台南を歩く、台湾を考える〜台湾教育旅行の構想と実践〜」、2024年8月3日には広島で高校生対象イベント「台湾を知る〜台湾の若者はなぜ選挙に行くのか〜」を開催している。教育旅行を表題に掲げるイベントが多いが、その対象は高校・大学の教員と学生に限られるものではなく、日本社会における台湾認識のアップデートと深化がその目指すところである。

（5）行政機関、学術組織、社会教育機関との連携

前項では、SNET台湾が主催したワークショップとフォーラムについて述べたが、台湾及び日本の行政機関、学術組織、社会教育機関との連携で行ったイベントもある。

2021年9月15日から11月30日まで、台北駐日経済文化代表処台湾文化センターで行われた「台湾国家人権博物館特別展 私たちのくらしと人権」は、SNET台湾が同センター及び国家人権博物館と共同で開催したものである。同特別展の内容は、①人権とは何か：普遍的価値としての人権の意義、②人権への道：台湾が「白色テロ」という国家による重大な人権侵害を乗り越えてアジアの人権先進国に生まれ変わる過程と近隣諸国で現に起こっている人権侵害、③日常における人権侵害：私たちの日々の暮らしに潜む人権侵害の事例、④行動と変化：国家人権博物館の様々な取り組みを含むものであり、SNET台湾は、国家人権博物館が作成した展示物の日本語監修、特設ウェブサイトと関連動画の制作、オープニングイベントの企画運営、台日人権作文コンテストの実施等を担当した。特設ウェブサイト（https://snet-taiwan.jp/twhr/）は現在も閲覧可能であり、展示品の一部を写真で見ることができるほか、公式ガイドブックの電子版もダウンロードできる。また、人権擁

第三部　発展ダイナミズムと社会の変容　　179

護の観点から戦後台湾の歩みを振り返る年表「台湾人権の歴史 1945〜2021」は、戦後台湾史教育と人権教育の学習資源として大学の講義などでも活用されている。

　同特別展は、多数の来場者を集め、会期は当初の予定より約2週間延長された。2022年には、場所を北海道に移して巡回展が行われている（2022年2月12日〜17日、紀伊國屋書店札幌本店2階ギャラリー）。社会からの反響が特に大きかったのは、「台湾の政治犯を救う会」に関する展示である。「台湾の政治犯を救う会」は、「白色テロ」時代の台湾で「政治犯」とされ、人権を侵害された人々に支援の手を差し伸べる日本の市民の団体で、1977年に結成され、94年まで活動を続けた。この国境を越える「政治犯」への支援は、友人の謝聡敏氏の投獄をきっかけに、権威主義体制下の台湾の人権抑圧状況に目を向けた在台日本人・三宅清子氏が始めたもので、同氏が台湾政府のブラックリストに載せられ、日本への帰国を余儀なくされると、この問題に関心を持つ市民が集まって、「救う会」が組織された。強大な権力を持つ独裁政権に対して批判の声を上げることは、一市民である「救う会」のメンバーにとって、相当な勇気を要する行動であったと考えられる。中には渡田正弘氏のように、実際に台湾で身柄を拘束され、軍事裁判にかけられた人さえいた。人権軽視が世界中で見られる今こそ、「救う会」の活動は人に伝える意義があると考え、SNET台湾では、当時のメンバー6名にインタビューを行い、「台湾の政治犯を救う会──人権は国境を超えて──」と題する動画を制作してYouTubeで公開した。[13]特別展、特に「救う会」の話は、マスメディアにも取り上げられ、いくつかの関連記事が出た。[14]同時に、「救う会」をはじめとする草の根レベルの日台関係に対する学術的関心を顕在化し、台湾研究者による共同研究が始まるきっかけにもなった。日本台湾学会では、2022年の第24回学術大会（法政大学）で「戦後日台関係史の再検討──『台湾の政治犯を救う会』の事例を中心に」、24年の第26回学術大会（麗澤大学）で「『台湾の政治犯を救う会』をめぐる人権運動ネットワークと治安対策：美麗島事件を中心に」という分科会が組まれ、本テーマに対する学術的関心は、さらなる広がりと深まりを見せている。現在は分科会にも登壇した北海道大学の藤野陽平、許仁碩を中心に共同研究が継続している。

新型コロナ禍の中、全面オンラインで開催された2021年の日本台湾学会第23回学術大会では、学会とSNET台湾が公開シンポジウム「台湾を学び、教える──台湾研究の成果をいかに社会に還元するか──」を共催した。同シンポジウムは、学術研究のアウトリーチを主題とするもので、高校生・大学生・一般市民と、異なる対象に向けた日本の教育実践の報告、フィールドワークを活用した台湾の歴史教育実践の報告に加え、国立故宮博物院の呉密察館長（当時）が「台湾史を教える──通説・俗説・誤説への挑戦」と題して基調講演を行った。同シンポジウムの録画は、SNET台湾のYouTubeチャンネルで公開中であり[15]、呉密察館長の基調講演と4本の報告を文章化したものが『日本台湾学会報』第24号に収録されている[16]。

　また、早稲田大学台湾研究所との共催で、台湾から招聘したゲストの講演会を開催している。2023年10月22日には、国立成功大学から陳玉女副学長を招き、同大学の全学必修科目「踏溯台南」の経験を共有していただいた。2024年には、6月22日に高級中等以下学校国際教育連盟の李重毅執行長、7月20日に国立政治大学台湾史研究所の林果顕所長が早稲田大学で講演を行った。一連の講演会は、台湾教育の最新情報を伝えるものであり、台湾研究者だけでなく、各界から幅広く参加者を得ている。

おわりに

　本論では、日台教育交流の重要な側面である日本の学校の台湾教育旅行に着目し、台湾研究者がSNET台湾というプラットフォームを組織し、様々な教育支援活動を展開して、次世代の日台関係の礎石となる「知」のインフラの構築に注力する現状を紹介してきた。専門学会の設立から20年にわたって蓄積された学術研究の知見を様々な方式で発信することで、「日本の台湾統治」＝「近代化」＝「進歩」＝「よいこと[17]」という一面的な台湾認識のオルタナティブとして多面的な台湾の見方を提示し、日本にとって都合のよい事実だけを見るのではなく、過去の抑圧や差別から目を逸らさないこと、そして、台湾の「過去」だけでなく「今」にも目を向けることを訴えてきた。しかし、経済的にはかつての「ジャパン・アズ・ナンバーワン」の優位性を喪

失して久しく、政治的には近隣の中国・韓国とのシビアな関係に思い悩む日本にとって、台湾の「親日」がもたらす「癒し」には絶大な力があり、上述の一面的な台湾認識の岩盤は驚くほど硬い。一人ひとりの研究者の力には限りがあるが、SNET台湾というプラットフォームで共働することで、日本社会の台湾認識をアップデートすることができると確信している。台湾のアカデミアとの連携をさらに強化しながら、一歩一歩、「知」のインフラ構築を進めていきたい。

［注］
(1) 日本学生支援機構（JASSO）「日本人学生留学状況調査」（https://www.jasso.go.jp/statistics/ryugaku_kyotei_jokyo.html）による。
(2) 公益財団法人全国修学旅行研究協会が毎年取りまとめる「全国公私立高等学校海外（国内）修学旅行・海外研修実施状況調査報告」（https://shugakuryoko.com/chosa_3.html）の暦年のデータを参照。同調査は、新型コロナ禍前の2019年度を最後に途絶えており、2023年度に至って、2020年度以降のデータは公表されていない。
(3) 「日本台湾学会設立趣意書」、（https://jats.gr.jp/shuisho.html）。
(4) 同上。
(5) 松田康博「第11期理事長就任にあたって」『日本台湾学会ニュースレター』第37号、2019年10月、1頁、（https://jats.gr.jp/cp-bin/wordpress5/wp-content/uploads/2022/04/newsletter037.pdf）。
(6) 例えば、（https://www.moralogy.jp/r060222gbt/）で実施報告がなされている2024年2月の研修旅行は、湯徳章紀念公園、烏山頭ダム、芝山巌の六氏先生の墓碑、烏来の高砂義勇兵の慰霊碑、桃園神社とともに飛虎将軍廟を訪れている。その主旨は「世界一の親日国」で「日本精神（リップンチェンシン）」を学ぶことであり、4日間の研修を通して「台湾を命がけでよくしようとした先人たちの存在を知り…《中略》…凛として大義に生きた先人に感謝し、日本人として誇りを持って生きていきたいと誓を新たにした」（下線部引用者）と総括している。
(7) 藤野陽平「鎮安堂 飛虎将軍廟」『みんなの修学旅行ナビ』、（https://taiwan-shugakuryoko.jp/spot_south/1171/）。
(8) 本節で紹介するSNET台湾YouTubeチャンネル（https://www.youtube.com/@snet9904）の各シリーズについては、同チャンネルの再生リストを参照。
(9) 高橋咲子「台湾で『卒業記念ソング』流行　爽やかな曲調、自作のMV SNET台湾が日本語訳版公開」『毎日新聞（夕刊）』、2023年1月11日。
(10) 呉柏軒・洪瑞琴・方志賢・洪美秀「我高校自創驪歌MV 導入日本校園」『自由時報』、2023年3月1日、（https://news.ltn.com.tw/news/life/paper/1569578）。
(11) 「自創畢業歌紅到國際！台灣高中生自創畢業歌MV 翻成日文紅到登上日媒 驚豔

日本高中老師.展現校園國民外交」『三立LIVE新聞』、2023年3月1日（https://youtu.be/7kEmRuqisSQ?si=EoMvr7awbdpyvp6h）。

(12) 『臺灣書旅〜台湾を知るためのブックガイド〜』の電子版は、現在も紀伊國屋書店のウェブサイト（https://store.kinokuniya.co.jp/event/taiwan-bookguide2022/）でダウンロードが可能。

(13) 「台湾の政治犯を救う会——人権は国境を超えて——」『SNET台湾チャンネル』、（https://youtu.be/OcN-6qAgX-s?si=Q1VHILLKYV3cwbXs）。

(14) 古谷浩一「台湾の民主化　支えた街の日本人」『朝日新聞（夕刊）』、2021年10月18日、高橋咲子「惨状を海外に伝え　戒厳令下、日本から支援」『毎日新聞（夕刊）』、2021年10月20日、佐藤大「台湾民主化　日本から支援」『東京新聞（夕刊）』、2021年11月25日。

(15) 「公開シンポジウム『台湾を学び、教える―台湾研究の成果をいかに社会に還元するか―』第Ⅰ部録画」『SNET台湾チャンネル』、（https://youtu.be/YBx9GpLgUTY?si=irS5ace1ZkoPySoH）。

(16) いずれも『日本台湾学会報』第24号（2022年）所収で、呉密察（永吉美幸訳）「台湾史を教える——通説・俗説・誤説への挑戦——」（1－5頁）、山﨑直也「高校生に向けた実践——SNET台湾の活動を中心に——」（6－13頁）、胎中千鶴「大学生に向けた実践——必修科目で学ぶ「台湾」——」（14－21頁）、前原志保「市民に向けた実践——九州大学台湾スタディーズの取り組み——」（22－27頁）、陳文松「台湾史教育におけるフィールドワークの活用——地域に接近して、台湾史を再考する——」（28－33頁）。

(17) 洪郁如「日本統治時代をどう考えればいいのか？——『過去』を語る『現在』——」『臺灣書旅〜台湾を知るためのブックガイド〜』、台北駐日経済文化代表処台湾文化センター、2022年、158頁。

日本統治後期台湾における
家畜伝染病対策の展開
―豚コレラ防疫を中心に―

末武美佐
東京女子大学非常勤講師

はじめに

　帝国日本関連研究を俯瞰すると、特にこの10年あまりの間に「ヒトと家畜の近代史」を主題とした成果が蓄積されている[1]。家畜を管理・飼養し、それを利用するのはヒトである。それゆえ、こうした主題を切り口に帝国内の人間の営みや社会の様相を見つめ、帝国を史的に考察することの合理性は否定できない。

　台湾は、1895年、日本最初の植民地となり、51年間にわたる帝国日本の統治の中で、従来の漢族を中心とした伝統的社会が大きく変容した。産業は植民統治の中で極めて重要であったが、これに関連し、1908年、台湾総督府は、台湾では数々の家畜伝染病が発生しているが、牛疫は毎年平均3,000頭ほど、豚コレラも毎年平均2,000頭ほどが感染しており、畜産の発展に対し極めて大きな障礙となっていると示した[2]。1916年に至っても、台湾総督府は、台湾の家畜伝染病の中で最も恐るべきは、牛疫と豚コレラであると述べている[3]。

　つまり、日本統治当初から、牛疫と並んで豚コレラが植民統治上の脅威として認識されていたことが分かる。台湾総督府はまず牛疫の防疫に着手し1920年にそれが終息状態へと至った。そしてそれに続き、もう一つの脅威である豚コレラについて、撲滅を目標に対策を本格化した[4]。しかしながら、こうしたことは、従来の歴史学研究の中では、概ね見過ごされてきたといってよい[5]。

第三部　発展ダイナミズムと社会の変容　185

筆者はこうした状況を踏まえ、日本統治前期において台湾総督府が尽力した牛疫の防疫プロセスを再構築し、その特徴を検討した。その結果、主として畜牛保健組合という統制色の強い「自治組織」が会費を募ってこれを経費とし畜主を組織化するなど、効率よく予防網を構築し社会全体を防疫に動員したことが、大きな特徴であることが分かった。[6]

　本論では、牛疫終息後の台湾の豚コレラ対策の展開を再構築しその特徴を検討する。当時は、養豚奨励が展開された頃であり、また、1927年からはそれまでとは違い、内地法である家畜伝染病予防法を台湾でも適用することになり、防疫制度自体も大きく変化した。こうした状況は明らかに日本統治前期とは違い、日本統治後期の豚コレラ防疫の実体を再構築しその特徴を論じることで、日本統治期台湾の家畜伝染病防疫の全体の特徴を把握できるであろう。そして考察結果を、かつて帝国であった日本が、統治政策の施行によってどのように植民地社会を変容させてきたかを適切に理解する手がかりとしたい。[7]

1．日本統治前期における豚コレラの防疫

　日本統治当初、台湾総督府は、中国大陸から台湾に輸入した豚が豚コレラの主な感染ルートであると踏み、水際対策を含めた防疫の法的根拠として1899年に台湾獣疫予防規則を制定、ここに台湾初の、家畜伝染病防疫基幹法が確立した。[8] 台湾総督府技師であった高澤寿は、台湾における豚コレラ防疫の展開を3期に分けている。それによれば、第1期は1895～1920年で、豚コレラ防疫が本格化していなかった時期、第2期は1921～1925年で、台湾総督府が防疫の主力を豚コレラに向け始めた時期、第3期は1926～1945年で、1926年度から始まったバークシャー豚奨励のための五か年計画の推進を契機とし、豚コレラの防疫が各地で本格化した時期である。[9]

　1897～1925年の台湾における豚コレラ発生状況を次頁の［表1］にまとめた。

　［表1］から、日本統治当初、豚コレラは既に台湾で猛威をふるっていたことが分かる。感染数は統計開始から年々増加していたが、警察の対応に頼るよりほかなかった。[10] その後の発生の推移をみると、1913～1925年のうち、

大部分の期間、一年あたり4,000〜5,000頭あまりの感染を出すという状況が続いた。

　豚コレラワクチンは早くから豚コレラ予防のために運用されていた。例えば1905年の『台湾日日新報』の報道に拠れば、北部の基隆庁下の豚コレラ流行に対応するため、1904年には同地の仔豚はワクチンを接種、結果は良好であったという。その後、基隆庁各地で豚コレラが発生すると、庁ではワクチン接種を即決、同域内の少なからぬ養豚業者も、その効果を聞きつけ自らワクチン接種を申し出る向きもあった。[11] 1912年には、台湾総督府が台湾で豚コレラ免疫血清の製造を開始した。1913年〜1918年の間、その製造量は概ね2,200c.c.〜19,802c.c.で推移した。[12] 豚の頭数を考慮するとこの製造量では不足していたため、血清を注射する豚の頭数や地域を制限するよりほかなく、結局1920年までは血清による普遍的な予防効果を発揮することができず、当局は豚コレラの発生や流行を制御するには至らなかった。1920年に牛疫が終息状態となると、獣疫血清製造所は牛疫血清製造を停止し、豚コレラ・家禽コレラの免疫血清の製造へとシフトすることになった。これ以降、豚コレラ免疫血清製造量は激増し、1921年〜1925年、製造量は76,500c.c.〜88,000c.c.の間で推移した。また、1924年から、同所ではもっぱら豚コレラワクチンを製造することとなった。[13] このように、台湾における豚コレラ免疫血清やワクチンの供給体制が整備されたのは、台湾における牛疫が終息状態となってか

表1　1897〜1925年台湾豚コレラ発生概要表　　　　　　　　　　　（単位：頭）

年	感染数	年	感染数	年	感染数
1897	1,910	1907	2,777	1917	1,909
1898	3,840	1908	1,905	1918	969
1899	6,424	1909	1,060	1919	5,616
1900	2,325	1910	2,496	1920	3,406
1901	719	1911	2,665	1921	4,297
1902	1,468	1912	731	1922	2,688
1903	2,087	1913	497	1923	5,654
1904	1,309	1914	4,480	1924	6,797
1905	1,830	1915	4,620	1925	4,449
1906	3,747	1916	1,735		

出典：小島一生『台湾畜産統計』、台湾畜産会、1941年、48頁。

第三部　発展ダイナミズムと社会の変容　187

らのことであった。

　総括して言えば、日本統治前期、台湾総督府は最も恐るべき家畜伝染病の
ひとつであることを認めており、発生するたびに台湾獣疫予防規則にしたがっ
て対処していた。しかし、この時期の防疫の重点は牛疫であり、豚コレラは
長期にわたって台湾社会に存在し続けることとなった。

2．新制度下における豚コレラ防疫措置

　1926年以後、台湾総督府は、バークシャー豚の積極普及奨励を五か年計画
として開始した。養豚奨励という背景のもとに豚コレラの防疫事業を推進す
るに至ったのがこの時期の特色である。台湾総督府主導で豚の品種改良を進
め、台湾以外の市場を目標とした養豚奨励を進める方針を採ったため、当面
の問題として、豚コレラ予防と養豚品種改良事業の推進とが密接な関係を有
すると畜主に理解させ、いずれの地方においても豚コレラ防疫に注力するに
至った。[14]

　例えば、1927年1月、新竹州で豚コレラが発生し、局地的に猛威をふるっ
た。発生地の郡当局はこの状況を受け、対策として、予防注射接種と豚舎消
毒のために獣医を派遣した。[15] 2月下旬には、台南州で豚コレラが発生、現
地の状況やウイルスの程度から見て、当局は緊急性を認めて獣医を派遣し、
種豚供給地からその他の養豚奨励地域に至るまでワクチン接種を行った。[16]
7月には、新竹州で豚コレラが流行状態に陥り、同農会は、議決により予防
法に関する条項を定め、畜主に徹底させることとなった。このほか、新竹郡
紅毛・新庄子・福興等三庄では、郡から派遣された獣医と警察官の立ち会い
のもと、2日間にわたってワクチン接種が実施された。[17] 9月には、屏東郡
で豚コレラが発生した。発生報告を受けた屏東郡の技手は直ちに現場に急行
し、集中的に血清注射を実施した。[18] 12月中旬には、台南州で豚コレラが発生、
これに対し応急防疫措置も効果を出せず、結局年末に技手其他の実務職員を
現地入りさせ、その周辺地域全般にわたり血清注射を実施させた。その結果
は翌年1月に入り漸次に現れ、流行はほとんど下火となったが、1か月間で
約315頭の発生を出し、ほとんどが斃死又は撲殺処分となったという。この

188

ような処置のほか、流行地域では豚の搬入や屠殺が禁止され、豚の需要が増える旧正月の頃、住民はかなりの不便を強いられたという。[19] このように、従来からの防疫措置である撲殺・交通遮断・消毒のほか、台湾全土の流行地域で豚コレラ免疫血清やワクチンが普遍的に使用され、頻発する豚コレラの流行拡大阻止に一定の効果を挙げたことが分かる。

　豚の名産地として名をはせていた新竹州は、1927年1月、豚と牛の伝染病が猛威をふるっていたことを踏まえ、新竹州農会が家畜防疫委員会を設置し、そこに州技師・防疫獣医・各郡庶務課長・技手・郡技手等専門家を招集するなど、当初より積極的に豚コレラ防疫事業を推進してきた地域の一つである。[20] ここでは、同年4月にも州下で豚コレラが猛威をふるったため、感染豚を隔離し予防措置を展開した。しかし状況が改善しなかったため、新竹郡役所庶務課頴川徳次獣医を派遣し、警察官立ち会いのもと、16日に郡下で免疫血清注射を実施する旨を『新竹州報』で告示した。[21] このほか、4月25日に竹南郡で、[22] 5月14～17、22日に苗栗郡で、[23] 6月6～9日に竹南郡で、[24] 6月22～24日に大溪郡で、[25] 7月2～3日に新竹郡で、[26] それぞれ豚コレラ血清注射を実施する旨を同様に『新竹州報』で告示した。同年12月になると、新竹州下で散発的に豚コレラが発生したため、他の地域への感染拡大を恐れ、新竹州農会竹南支会は12月23日に獣医を現地に派遣し、豚コレラ発生地域及びその周辺にて予防注射を実施した。[27] このように、新竹州は、早くも1927年に、他の州に先駆けて積極的に『新竹州報』の告示欄を利用して予防注射実施の情報周知に努め、防疫効果向上を期した。

　新竹州では毎年冬になると豚コレラが流行していたが、新制度下最初のシーズンも例外ではなかった。この状況を踏まえ、州庁は、1928年1月14日付け『新竹州報』雑録欄に「恐ルヘキ豚コレラ」という記事を掲載、養豚業者に対し、この流行期間特に注意すべきこととして以下の警告を行った。すなわち、安全性が担保できないため、(1)安い豚肉や仔豚を買わないこと、そして自分でできる豚の健康管理として、(2)疑わしい豚はその体温を測ること、(3)感染豚は隠蔽せずただちに治療を受けさせること、を明示し、農会では全ての病豚に対して無料で治療を実施しているため、養豚業者は従来のような感染豚の隠蔽は今後絶対にしないよう希望する、と強調した。[28]

第三部　発展ダイナミズムと社会の変容　189

以上の例から分かる通り、この時期の豚コレラ防疫事業は、養豚奨励と一緒に推進された関係で、地方ごとに展開され、発生に際した措置であれ、予防のための注意喚起であれ、州庁の役割が極めて重要であった。

3．州農会養豚救済事業の展開

　農会は、畜牛保健組合廃止以来その事業を引き継ぎ、豚コレラ防疫についても地方当局と協力して活動してきた。[29]新竹州農会では、家畜伝染病予防法の手当金以外、養豚の救済に十分注意が払われてこなかったことを鑑み、1928年度から、他の州農会に先駆けて、多額の経費を以て養豚救済事業を開始することとした。まず、農会規約改正を台湾総督府に認可申請し、7月1日より本格的にこの事業を展開するに至った。[30]新竹州農会規約の養豚救済事業に関する項目に拠れば、豚が法定伝染病に罹患して斃死・或いは罹患疑いで撲殺となった豚の救済金は、堆肥豚舎で飼養していた方がその豚の評定額の10分の4、それ以外の場合は10分の2という風に、堆肥豚舎での飼養の場合が高く設定されていた。また、救済金限度額は、繁殖用バークシャー種が20圓、バークシャー雑種が11圓、バークシャー以外の品種が7圓と、バークシャー及びその雑種の限度額の方が多くなるよう設定されていた。[31]

　台湾の養豚は、従来、農村・市街地を問わず放し飼いが主流であった。1916年頃から、養豚奨励と飼育上の衛生管理のため、台中州農会でその地方に適する土糞豚舎の普及を奨励した。これが成果を挙げたので、各州で土地の状況に適した改良豚舎の奨励が始まった。[32]新竹州でも、1928年の州農会事業の一つとして、改良豚舎、つまり堆肥豚舎の奨励が始まった。この事業の目的は、養豚の改良並びに増殖をはかり、家畜伝染病予防を期することであった。[33]注目に値するのは、新竹州が農会の事業として始めた養豚救済は、堆肥豚舎を採用した会員の利益を図ることを規約によって定めていたことである。このような規約内容から、同州農会が、養豚救済と堆肥豚舎の奨励に密接なつながりを持たせ、相乗効果を狙ったものと考えられる。

　新竹州農会長を兼務していた田端幸三郎州知事の談話によれば、1929年10月、同農会では、豚コレラに感染した豚1,401頭に対し、7,280圓の救済金を

支出したという。その6割以上がバークシャー種及び同雑種で、当初の目標の如く養豚改良は進展しつつあった。一度伝染病が流行すると、予防策を講じても、台湾の農家には、不安から豚の飼養を休止する傾向があった。この状況を打破して養豚奨励につなげるため、新竹州では、「救済」に目をつけたのである[34]。

　新竹州農会に続いて、1930年には、台中・台南州農会でも養豚救済事業を始めた[35]。これら3州における養豚救済に関する規約を比較すると、共通点として、バークシャー豚に対する救済金の限度額が高いことが挙げられる。このことは、農会の養豚救済が、伝染病防疫とバークシャー豚の奨励という2つの目的のために実施されていたことを示している。一方、3州の規約内容の違いは、主として各地の事情の違いに起因しているようだ。例えば、元来、在来種である桃園豚で名声を得ていた新竹州は、他の州より遅くバークシャー豚奨励に着手したため、農会が総督府の方針に合わせバークシャー豚を推進するにはなお一層の努力を必要としていた[36]。同州農会の規約によると、さきに述べたようにバークシャー豚の救済限度額が最も高かったが、養豚救済の対象としては、在来種までも含んでいた。また、養豚奨励の一環で堆肥豚舎の普及を目指していたため、救済金給付は、堆肥豚舎を採用した畜主に有利なように設計されていた。台中州は、他州に先駆けて改良豚舎の推進を行い、早くに良い成績を出していたため、この時点で始めた養豚救済事業と、改良豚舎の推進とを密接に結びつけてはいない。台南州では、養豚改良において、台湾総督府の計画に基づき、バークシャー種の増産を主要事業としていた[37]。同州の規約によれば、養豚救済の対象はバークシャー及びその雑種のみに限定されており、バークシャー豚奨励を非常に重視していたことが反映されている。また、ここでも改良豚舎採用者は有利な条件で救済金を受けることができた。このように多少規約内容に違いはあっても、州農会が養豚救済事業によって畜主の損失の軽減を図った結果、いずれの地方でも豚の伝染病の早期発見が容易になったため、効果的な事業だと評価された[38]。

第三部　発展ダイナミズムと社会の変容　191

4．地方における豚コレラ防疫措置の強化

　バークシャー豚奨励普及のための台湾総督府による五か年計画中、以上のように地方ごとに豚コレラの防疫を急速に進めてきた。しかし、豚コレラの発生が依然として続いたことから、1931年から、地方を中心とした防疫措置は一層強化された。まず、台湾総督府殖産局は、五州の仔豚生産地で豚コレラが連続して発生していた地域を1か所ずつ選定し、これを「豚コレラ特別防遏区域」とし、ワクチンを無償提供して防疫の機運を高めると共に、ワクチンの実地試験の一端に資することとした。この計画の概要を述べると、選定地域の基準は4つ、すなわち、(1)最近数か年連続または断続的に豚コレラが発生している地域、(2)技術員の活動や防疫作業に地理的便宜ある地域、(3)飼養頭数が数千頭ほどで、豚籍整理上便利な地域、(4)豚コレラ撲滅により地方養豚界に大きな影響を与えうる地域、であった。そして、選定地域で行う処置は、(1)豚コレラワクチンを全ての豚に注射すること、(2)ワクチン注射は2回式を採用すること、(3)ワクチンを注射した豚に対して一定の標徴を付すること、(4)毎月1回豚の健康調査を実施すること、(5)免疫血清はワクチン注射前に豚コレラの感染がある場合にのみ注射し、その他の場合は選定地域で使用しないこと、であった[(39)]。

　具体的に五州の事業推進状況を見ると、例えば、台北州では、1930～1931年に新荘郡鷺州庄を、1932～1934年には、新荘郡鷺州庄と七星郡士林街社子を特別防遏地域とした。これらの地域は元来、豚コレラの巣窟とみなされていた[(40)]。1932年から特別防遏区域では、毎年春秋2回のワクチン接種を励行し、衛生状態の向上を図った。短時間ののちに畜主もこの計画を理解して積極的に協力し、防疫の成績は著しく向上、種牡豚の飼育頭数は増加、仔豚も増産となったという。その結果、これらの地域は、台北州下唯一、養豚飼育頭数および生産頭数共に優勢となった。注目に値するのは、ワクチン注射後の豚の強健性が評判になり、この地域で生産された豚が、好評を得て広く需要されるようになったことである。そして、この情勢は仔豚商人に悪用されることもあった。すなわち、新竹・台南・高雄各州から、1か月に1,000頭以上の仔豚が台北州に搬入され、新荘豚と偽って販売されるようになり、1933年

の搬入頭数は、1万8,000頭にも及んだのである。これら搬入仔豚が伝染病ウイルスを持ち込む恐れがあるため、州当局では取り締まりに努めた。[41] このほか、新竹州では、1930年に竹南郡頭分庄を特別防遏区域とし、以来毎年継続的に防遏措置に努めた。台中州では、員林郡社頭庄を特別防遏区域とし、1930年に生産豚および搬入豚にワクチン注射を施行したが、翌1931年に中止した。台南州では、1931年に北港郡北港街を特別防遏区域とした。そして、ここで豚の検診・ワクチン注射等を実施する計画を展開し、結果は良好であった。高雄州では、1931年度に屏東郡屏東街を特別防遏区域に選定し、積極的に防疫に努めた。[42]

このような各地の集中的な措置は、その後も各地で展開された種々の防疫事業の開始を後押しするきっかけとなった。例えば、台北州では、さきに述べたように州下の豚の防疫には功を奏したが、その結果として搬入豚が増加したため、結局豚コレラが流行した。1935年5月10日、台北州が管轄下の畜産関係者約100名を召集した畜産事務打ち合わせ会議では、豚コレラへの対処が重要事項として議論され、中南部から搬入される豚と、州内での移動豚に対し検疫・検診を行うこととした。このなかで、州畜産組合は、各街庄が域内に家畜市場を建設し、そこに検診所を配置することを希望した。[43]

1935年8月6日付け台北州令第10号を以て、台北州知事は、管轄下特定地域の家畜の移動往来を制限する行政命令を公示した。知事のこのような権限は家畜伝染病予防法第16条に規定されたものである。そしてもし移動や往来を希望する場合、原則、検診やワクチン注射を受けることとされ、それらが済んだ豚には、規定の様式に則った標識を附すこととした。[44] 同日、台北州訓令第9号を以て、台北州豚伝染病検診所規程が定められた。これにより、検診所には豚の検診・豚コレラワクチン接種及び消毒・豚伝染病に関する調査及び報告の事務を執る職員として家畜防疫委員が配置された。家畜防疫委員は上司の指揮監督を承け、家畜伝染病予防法の命ずるところに従うものとされた。[45]

さらに、同年9月1日付け、台北州訓令第12号を以て、台北州豚伝染病検診所処務規程が定められた。それによれば、検診所の開所時間は日の出から日没まで、原則定休日なしであった。配置された家畜防疫委員は、常に警察

官・街庄長・付近の家畜防疫委員と緊密に連携するよう求められた。家畜防疫委員の職責として、検診の日付、豚の所有者又は保管者の住所氏名・成豚又は仔豚の別・頭数・産地・検診結果などを所定の検診簿に記載することが求められた。この他検診職務として、検診やワクチン注射が終了した豚の左耳に所定の標識を付すこと、必要な場合に血清注射または消毒を実施すること、感染判明の豚については、家畜伝染病予防法に拠り処置を施すこと、検診成績は、月ごとに所定の用紙に取りまとめ、毎月5日までに郡守や警察署長を経て知事に報告することなどが決められた[(46)]。

また同日、台北州告示第87号を以て州管轄下に設置する45箇所の豚伝染病検診所の名称と所在地が定められた。それによれば、畜産組合の意向通り、検診所は全て地域の家畜市場内に設置されることとなった[(47)]。州畜産組合連合会は、これら家畜市場の収入の3分の2を街庄から得て、豚コレラ検診事業に充てることとした[(48)]。

この措置に関しては、検診を受けていない豚を移動させた場合、家畜伝染病予防法第26号の規定により、畜主や管理者は500圓以下の罰金を課せられることとなっていた[(49)]。台北州下全域が移動往来停止区域となり、平常通りの移動往来は厳しく管理され、検診やワクチン接種によって初めて移動が許可されるものとなった[(50)]。この措置は、州下全域の豚にほぼ強制的に検診やワクチン接種をさせ、域内の防疫網を綿密にすることを主目的にしていたと考えられる。

1930年代の初頭、農業の盛んな新竹州では、不況のあおりを受け、農村・山村が苦境に立たされていた。このため、州知事内海忠司は、農業を基礎として州経済振興策を講じる必要があると考えた。ここに1933〜1937年を期限とする産業五か年計画の中で、主として米・茶・柑橘・豚・鶏の増産方針を打ち出した。指導奨励のため、20〜30戸口を1単位とする1,000もの農業実行組合を組織し、州―郡―街庄―実行組合という順序で組織的系統的に指導することとした[(51)]。内海は、堆肥の供給・農耕その他を考慮し、農作物の増産を図るためには有畜農業を推進することが必要不可欠であると考えた。そして、この豚及び鶏の増産計画は、内海の予想以上に農民の理解を得て、順調に進んだ[(52)]。

このうち養豚については、養豚組合の活動と生産豚保護についての各種施策を推進することで、農家1戸あたりの飼養頭数を4頭から5頭に増加させることを目指した。具体的な方法としては、第一に、養豚の改良増殖上の根幹を成す仔豚と種牝豚保護のため、計画的にワクチン接種を実施することとした。まず、州下生産仔豚については集団的生産地を重点として集中的接種を行い、その他の散在的生産地では、移動仔豚に対して接種を行うこととなった。他州からの搬入豚については全て一時収容し、仔豚を優先的予防接種の対象とし、州内で生豚として広く販売されるものについても、原則として販売前の予防接種を必須とした。その他、州内移動豚については、市場や集散地で予防注射を実施した上で販売することになった。種牝豚の予防接種については、現存する1万9,000頭全てを免疫豚とすることを目的とし、まず、集団飼育地等豚コレラ発生の危険がある場所を重点とする以外は、豚コレラが頻発する場所の種牝豚に対し、毎年、過去の発生状況と各地の発生状況を考慮した上で注射を実施することとした。[53]

　第二に、搬入豚の一時収容である。搬入豚を媒介とした豚コレラ発生を予防するため、州下主要搬入駅付近に一時収容豚舎を設置し、予防注射を実施したあとに州内での移動を許可することとした。豚舎の管理・検疫・予防注射は、各街庄・各畜産組合の管轄とした。[54] 第三に、畜産組合の奨励である。畜産の改良増殖の中心は、各地の畜産組合である。それゆえ、従来から、肉豚の飼育、種牡豚の貸与及び購入補助、同購入資金の貸与、肉豚肥育・種牡豚飼育競技会など種々の事業を展開していた。五か年計画にあわせ、家畜保険事業費補助、豚舎堆肥舎建設等新しい事業を開始することとなった。[55]

　台中州では、家畜伝染病のなかで豚コレラの発生件数が最も多く、斃死による損害は、毎年5、60万圓もの巨額に達していた。1934年、台中州庁並びに州農会が分担して経費を計上し、協力して種々の防疫事業を展開した。[56] まず、1934年4月24日付け、台中州令第5号を以て「豚コレラ防遏規則」を公示した。主な内容は、1.豚コレラ防遏のため、各市街庄に豚コレラ防遏区を設け、豚コレラ防遏員を配置する、2.豚の所有者又は保管者は、疾病・分娩・譲渡授受・自家屠殺・売買交換等の際、所定の日数以内に豚コレラ防遏区に設置された同防遏事務所に届け出る、3.豚の飼養者は、豚舎に所定の豚

第三部　発展ダイナミズムと社会の変容　　195

籍標札を掲げる、4.仔豚及び繁殖用豚に対し、必要に応じて豚コレラワクチ
ン・免疫血清その他の注射を実施するものとする、5.豚コレラワクチンを接
種した豚は左耳に欠刻を付す、所有者又は保管者はこれを拒んではいけない、
というものである。これにあわせて州下を59の防遏区に分け、それぞれに
名称を付け、さらに、現地の市役所・街役場・庄役場に豚コレラ防遏区事務
所を設置した。

　同日、台中州令第6号を以て「豚コレラ防遏員執務規程」を公示した。こ
こでは、豚コレラ防遏員を、郡守市尹の指揮監督をうけ、担当区域内に於け
る豚コレラ防遏事務に従事する者と定義した。豚コレラ防遏員は、州又は郡
職員の中から知事が命じ、執務中は常時員章を携帯すべきとされた。そして、
常に警察官・街庄長・家畜伝染病防疫委員・近隣の防遏区担当の防遏員と連
絡するよう求められた。具体的な執務内容は、1.豚の健康実査と豚籍の照合
整理、2.ワクチンと免疫血清の接種、3.感染豚に対する的確・迅速な措置、
4.養豚業者の家畜衛生思想の向上を図ること、5.屠畜検査等であった。また、
防遏員は毎月15日以上担当地域を巡視し、所轄防遏区事務所には、出勤簿・
日誌・所定様式の豚籍簿・注射台帳を備え整理すべきとされた。そして毎月
の勤務概況・実査戸数・予防注射接種頭数・予防注射接種総量などを所定の
表にとりまとめ、翌月5日までに郡守又は市尹を通じて知事に報告すること
とされた。

　防疫事業の主な内容をみると、第一に、専任防疫技術員の配置が挙げられ
る。1934年度、総計42名（州21名、農会21名）を採用し、1名が州庁勧業課
であった以外、残りは皆防疫上重要な41の市街庄に配置し、防疫事業におけ
る第一線の戦力とした。第二に、州下の豚籍簿整理である。事業着手の当初
かなり短期間に養豚各戸について実査のうえ豚籍簿を作成し、その後異動が
あるたびにこれを整理した。これにより、州下全ての豚の徹底的取り締まり
が容易になったことは言うまでもない。実査によれば、1934年度における州
下の豚飼養頭数は、235,484頭であった。第三に、豚コレラ免疫法の実施で
ある。家畜市場入場の仔豚には一律、その他の豚には、できるだけ多数に、
豚コレラワクチン又は免疫血清の注射を実施して豚に免疫を付与することを
目指した。1934年のワクチン接種頭数は、74,067頭、免疫血清接種頭数は

20,522頭であり、それぞれを、州下全豚の約30%、約9％が接種していた。また、1931～1933年のワクチン接種頭数の推移はそれぞれ、2,470頭、1,468頭、3419頭で、免疫血清接種頭数は、8,486頭、15,100頭、14,554頭であった。すなわち、州の防疫事業における豚コレラ免疫法では、免疫血清よりもワクチンが積極的に利用されたことが分かる。[60]このように、州庁と州農会は、1年にわたって様々な方法による防疫事業を展開してきた。その結果、元来、1925～1933年までの間、豚コレラ感染豚の斃死率は、83％前後であったが、1934年には67％にまで低下し、明らかに、集中的防疫措置の効果が見られたことが分かる。[61]

　このように、1934年度の事業の効果が顕著であったため、翌1935年は、州庁と農会で併せて60万円もの経費を計上し、引き続き事業を展開した。その結果、1935年8月時点の豚コレラにおける斃死率は、さらに下がって60％となるなど、事業の効果は引き続き顕著に現れ、しかも、効果は向上していた。そして、1936年にも同様の事業を継続することを取り決め、経費はさらに増額して70万圓とし、防疫の徹底を期した。[62]台中州は、豚コレラ防疫に対して積極的であり、州庁と農会の協力による集中防疫事業で一定程度成功していたと言うことができる。

　1930年代、高雄州の養豚業は、生産年額600万圓に達しており、米・甘蔗に次ぐ重要な産業であった。バークシャー豚による改良も進み生産頭数も増え、州外搬出は年間12万頭、そのうち4万3,000頭を香港に輸出していた。しかし、豚コレラ発生は後を絶たず、間接的影響を含むと、実際の損失は年間100万圓を下らない見込みとなっていた。1935年、州農会はこの状態のもと、養豚者の不安を払拭し、有肥農業の円滑な経営を期するため、3年事業として豚コレラが頻発する仔豚生産地6か所を豚コレラ無病地に指定した。無病地における具体的な防疫措置は、豚籍簿を作成して各地の豚の所在や頭数を把握する・毎月1・15日を豚舎清掃日として励行する・平常からの豚の健康管理奨励・年二回のワクチン定期接種などであった。これらにより仔豚の生産を促進し、豚の繁殖が順調に進むことを期した。[63]その結果、成績が良好であったため、さらに州下の豚コレラ撲滅を図ることとし、1936年から計画的に事業を展開することとなった。これは、まず、1936年度は農会の事業と

第三部　発展ダイナミズムと社会の変容　197

して実施し、翌1937年から、州と農会が協力し、五か年計画として豚コレラの撲滅を図る構想であった。[64] 初年度の予算は72,950圓で、このうち、人件費に次いで多く、経費全体の３割を占めたのは「予防費」、すなわちワクチンの購入費用であった。予算は、第２～５年目にかけて倍増、これに伴い、「予防費」も約３倍に増額し、毎年、年度経費の半分ほどを充てるよう予算が組まれた。[65]

　そして、この高雄州の豚コレラ防疫事業の実施要項として、以下９点がまとめられた。すなわち、1.家畜伝染病予防法に拠り、州の防疫行政と緊密に連携すること、2.各市街庄に一名ずつ技術員を配置し、防疫実務に従事させるほか、必要に応じて嘱託員を配置し、事業の徹底を期すこと、3.実施地域において、趣旨徹底のため講話会を開催すること、4.家長会議を開き趣旨宣伝および注意事項周知徹底すること、5.保甲会議等を利用し、さらに趣旨の徹底を図ること、6.毎月１回豚籍簿の調整、7.感染豚の早期発見・健康状況調査のため、毎月１回地域内飼養豚の健康診断実施、同時に豚籍の整理をすること、8.ワクチン注射は域内飼養豚全部に実施、仔豚や搬入豚については、毎月１回の頻度で実施、9.ワクチン注射済みの豚に標識を付し、未接種豚との区別を明らかにすること、などであった。[66]

　こうした趣旨を防疫措置に反映させるため、1936年８月１日付け、高雄州令第10号を以て「豚コレラ防遏規則」を公示し、即日施行とした。具体的内容をみれば、まず、州下市街庄に「豚コレラ防遏区」を設け、豚コレラ防遏員を配置し、各防遏区には防遏区事務所を設置することとした。豚の所有者あるいは管理者は、感染等が発生したとき、所定の日数以内に届け出ることを求められた。そして、豚飼養者は豚舎に所定の標札を掲げるべきとされた。さらに、仔豚と繁殖豚は随時、その他は必要に応じて豚コレラワクチンまたは免疫血清等を接種するものとし、ワクチン接種済の豚には、左耳に欠刻を付し、所有者又は管理者はこの欠刻を拒んだ場合過料に処すとされた。[67]

　また同日、高雄州訓令第21号を以て「豚コレラ防遏員執務規程」を制定し、即日施行とした。豚コレラ防遏員は原則、郡守、市尹の指揮監督を受け担当区域内における豚コレラ防疫業務に従事するものと定義された、州または郡、市職員または公共団体職員中より知事がこれを任命し、担当区は、「豚コレ

ラ防遏規則」に拠る区域で、職務は以下の6つ、すなわち、1.豚の健康状態実査、2.所定の様式に拠る豚籍簿の作製及び整理、3.豚籍票の記入及び照合、4.豚コレラワクチン及び血清の注射、5.家畜衛生思想の向上普及、6.その他豚コレラ防遏に必要な事項であった。防遏員は防疫業務のために月15日以上担当区域内を巡視し、業務に従事する際は、常に警察官、街庄長及び隣接防遏区担当防遏員などと連絡を保つよう求められた。そして、毎年1月20日までに、前年中担当区域内に於ける豚コレラ防疫状況を郡守、市尹を経て知事に報告することとされた。[68]

　規則の内容から、高雄州における豚コレラ防疫事業は、明らかに、台中州のものと似通っており、比較的遅くに集中的防遏措置を展開した高雄州が、先に事業を展開し成功していた台中州を参考にし、運営上、多くの点で摸倣したことが分かる。

　以上に述べた豚コレラ防疫措置を概観すると、初めの5年、バークシャー豚奨励事業が展開されていた時期は、各州庁が主導して養豚奨励の一環として豚コレラ防疫も実施してきたが、例えば新竹州のようにもともと養豚が盛んな地方では、養豚奨励五か年計画の継続中にも、州農会が積極的にこれに関わり、特に、救済面の補強において重要な役割を担った。養豚奨励事業が終了しても豚コレラの発生が各地で続いていたため、地方ごとに無病地を選定し、台湾総督府によって無償で提供されたワクチンを集中的に接種する事業が展開された。しかし、これでも根絶には至らず、各州がそれぞれの状況を考慮し、州庁の予算に加え、家畜市場の収益や、農会の経費などを追加で運用し、独自の集中的豚コレラ防疫事業を施行した。これらの事業に共通した特徴は、域内の豚籍簿の作成・防遏技術員の配置・豚コレラワクチンの戦略的な接種などであった。

　最後に、このような防疫事業の効果をみるため、1927～1936年の台湾豚飼養頭数・豚コレラ発生状況概要を次頁の［表2］にまとめた。

　［表2］から、まず、この時期約160～180万頭の豚が飼育されており、そのうち、毎年約5,500～20,000頭が豚コレラに感染していたことが分かる。次に、感染豚のうち、約半数が斃死、約20%が回復、約10%が撲殺処分となっていた。この数値は、前半の5年と後半の5年であまり変化がない。つまり、

第三部　発展ダイナミズムと社会の変容　199

表2　1927〜1936年台湾豚飼養頭数・豚コレラ発生状況概要

（単位：頭）

年	総数	感染	斃死	回復	撲殺	年	総数	感染	斃死	回復	撲殺
1927	1,642,561	5,360	3,192	1,246	535	1932	1,743,965	7,809	5,313	724	1,163
1928	1,718,324	5,874	4,215	1,284	262	1933	1,806,489	8,814	4,811	1,815	1,075
1929	1,753,803	6,907	4,047	1,431	896	1934	1,836,169	19,997	12,659	3,959	1,537
1930	1,750,464	9,995	5,904	1,305	2,264	1935	1,873,209	10,960	6,223	3,111	1,104
1931	1,738,874	9,851	7,047	1,384	838	1936	1,813,049	7,609	3,960	2,445	1,028

出典：「台湾の畜産統計：Ⅶ家畜伝染病1.豚コレラ」、『台湾畜産会会報』第1巻第3号、昭和13年
　　　11月、19頁、小島一生『台湾畜産統計』、5頁。

地方ごとの成果が異なることは考慮しつつも、全般的に見れば、防疫措置に
よって豚コレラを一定程度制御できていたが、感染状況を急激に改善させた
り、回復を急増させたりするほどではなく、平均的に言えば、その効果は現
状維持という程度であった。

5．畜産会と豚コレラの防疫

　1930年代後期、人口・土地面積と畜産飼養頭数から見れば、台湾は日本帝
国内において畜産生産量が相対的に高い水準に達していた。豚肉や豚皮は従
来食用であったが、この時期、豚皮は皮革の原料ともなった。従来、牛皮を
原料とする皮革は、軍需物資中極めて重要であった。1930年代になると、内
地の皮革工業は急成長を遂げていたが、その原料は9割近くを中国からの輸
入に頼っていた。[69]台湾の皮革工業は資金不足が問題となっており、生産量
の半数のみが移出されるにすぎない状況であった。[70]ところが、日中戦争が
勃発すると、中国産の牛皮の内地向け輸出が中断したにもかかわらず戦争の
ため牛皮の需要は増大、それゆえ、台湾の獣皮が注目されることとなり、
1938年7月14日、総督府は府令第84号を以て皮革配給統制規則を公示、台湾
総督府が指定した業者が軍需・民用の家畜皮革を供給する旨を定めた。[71]こ
のうち、豚皮は代用皮革の材料として重宝され、産量は毎年増加していっ
た。[72]1939年以降、台湾総督府は畜産増産五か年計画を展開、軍需・民生用
の家畜増産を奨励した。このうち豚については品種改良と豚肉の増産を図っ

た。⁽⁷³⁾

　以上から、台湾総督府はこの時期家畜増産体制をさらに強化していたことが分かる。そして、増産の目的を達成するため、家畜伝染病の予防にも注意を払っていた。この時期は「国策」を考慮した台湾の畜産品の対外市場向けの展開も射程に入っており、生産量・生産技術の向上を図るため、畜産業はそれに特化した団体が推進することが合理的であるとの機運が生まれた。そこで、台湾総督府殖産部では、法的根拠によって法人格を有し、系統性・統制色を帯びた畜産団体が必要との結論に至った。⁽⁷⁴⁾こうして、1937年12月21日、台湾総督府は律令第24号により「台湾畜産会令」を公示した。これによれば、畜産会は会員の納める会費によって運営され、畜産の改良発達のため、畜産指導奨励・家畜救済・家畜検査を実施すると定められた。⁽⁷⁵⁾畜産会は台湾畜産会と州庁畜産会の二階級制となっており、台湾畜産会は州庁畜産会会員から、州庁畜産会は地区の牧場の所有者と家畜飼養者から組織されており、台湾畜産会は、州庁畜産会に対する連絡・統制・後援のための上級組織として位置づけられた。そしてこのように台湾総督府の畜産事業の一部を請け負い、かつ組合員の権益を守る畜産法人は、当時の内地にも朝鮮にもない、台湾独自の組織体系であるとされた。⁽⁷⁶⁾

　台湾畜産会の事業として、例えば、財政難に陥った州庁畜産会や特定の事業に対する補助金下付、畜産技術向上を目的とした機関雑誌の発行、家畜伝染病予防のための講話会開催、飼養管理にかかる功労者の表彰、畜産共進会開催、熱帯獣医畜産技術員講習会の開催などがあった。⁽⁷⁷⁾一方、州庁畜産会は、畜産技術員の任用⁽⁷⁸⁾、家畜伝染病防疫及び救済⁽⁷⁹⁾、家畜伝染病斃死にかかる補助金下付などを請け負っていた。⁽⁸⁰⁾

　この時期、豚コレラはやはり家畜伝染病の中で最も発生数が多かった。1937〜1941年の発生概要は次頁の［表3］の通りである。

　この時期は115〜184万頭ほどの豚が飼養されており、このうち、毎年約1,700〜2,800頭が豚コレラに感染していた。感染率は一貫して約0.1％、斃死率は約40〜62％でやや増加傾向、快復率は約14〜24％でやや減少傾向、撲殺率は11〜20％であった。これを1937年以前と比較すると、感染率が大幅に低下し、少し、その状態が維持された。また、撲殺率は上昇した。これにより、畜産

第三部　発展ダイナミズムと社会の変容　201

表3　1937〜1941年台湾の豚飼養頭数・豚コレラ発生概要

（単位：頭）

年	総数	感染	斃死	回復	撲殺
1937	1,849,195	2,791	1,248	674	321
1938	1,827,275	2,810	1,150	445	590
1939	1,653,210	2,964	1,865	425	515
1940	1,204,983	1,959	1,177	306	262
1941	1,158,283	1,732			

出典：台湾総督府編『台湾総督府四十六統計書』、同、昭和19年、296頁、前掲小島一生『台湾畜
　　　産統計』、48頁、前掲「台湾の畜産統計：XII家畜伝染病1.豚コレラ」、19頁、「12月中全島
　　　家畜伝染病調査表」、『台湾畜産会会報』第2巻3号、昭和14年3月、110頁、「12月中全島
　　　家畜伝染病調査表」、同第3巻7号、昭和15年7月、103頁、「12月中全島家畜伝染病調査表
　　　（昭和15年）」、同第4巻5号、昭和16年5月、97頁、「昭和16年12月全島家畜伝染病調査表」、
　　　同第5巻第6号、昭和17年6月、89頁。

会成立以前のように州予算・州農会会費・家畜市場収益などを財源とし、地
方ごとに防疫事業を展開するよりも、畜産会を通じて集めた畜主の会費を運
用し、台湾全体で統制色の強い防疫事業を実施する方が、台湾の豚コレラ対
策には効果的であったことがわかる。これは牛疫対策の場合と同様である。
会費の他に助成金も存在し、救済を含む種々の事業の財源が十分に確保でき
たことから、積極的な撲殺が可能になり、その結果として感染拡大を抑制で
きたようだ。

　畜産会は、台湾で牛疫撲滅のために成立した畜牛保健組合と同様に、統制
色の強い団体であり、台湾総督府と州庁が畜主と家畜を管理下に置き、会費
を徴収して家畜衛生管理の経費とし、畜主を家畜伝染病防疫のために動員す
るための仕組みとして機能もした。その後の業績をみると、1942年、豚コレ
ラ感染数は1,151頭で、戦時中も、やや減少傾向を呈しながらも豚コレラは
発生し続けていたことが分かる。結局、日本による台湾統治が終わる1945年
まで、台湾の畜主は畜産会に会費を納め続け、豚コレラをはじめとした家畜
伝染病防疫のために動員され続けていたのであった。

　同時期の内地も、家畜伝染病のうち豚コレラの対策には手を焼いており、
結局終戦までの間に豚コレラ撲滅には至らなかった。しかし対策の内容は台
湾とは異なっていた。内地の獣医密度は従来から台湾より高く、防疫経費に
も相対的には余裕があり、その結果防疫措置にはかなり選択肢があり、柔軟
な対応が可能であった。この状況下では、台湾のような統制色の強い団体に

202

よって畜主を動員していく必要も、畜主から経費を徴収して防疫措置を強化する必要もなかったのであろう。[82]

おわりに

　日本統治前期、台湾総督府は、豚コレラを最も恐るべき家畜伝染病のひとつとし、台湾獣疫予防規則に拠って対処していた。しかし、この時期、特に陸地における防疫の重点は牛疫で、豚コレラについては、発生及び蔓延のリスクを慢性的に抱える状態に陥っていた。1926年から、台湾総督府はバークシャー豚奨励のため五か年計画を推進し、各州庁はこれに対応する形で積極的な豚コレラの防疫に乗り出した。地方ごとの防疫措置を展開する際、州庁の役割は極めて重要で、特に、事業の中で台湾の畜主のために「救済」を考慮したことは、防疫事業を軌道に乗せる上で極めて重要な要因であった。

　バークシャー豚奨励のための五か年計画終了後は、各地では土地の状況に合わせ、増額した公的予算以外に、家畜市場の収益・農会の経費などを運用し、豚籍簿の整理・防疫技術員の配置・豚コレラワクチンの戦略的運用などの防疫事業を展開した。その結果、全台湾で豚の飼養や健康状態に関する情報が整理され、血清およびワクチンが普及した。無病地選定による集中的防疫措置は、一時は成果を収めたものの、長期的に見れば多くの地方では顕著な成果を収めるには至らず、豚コレラ感染率も低下しなかった。

　1930年代後期、台湾総督府は家畜の増産体制を確立した。このことで家畜伝染病予防状況の更なる改善の必要性が生じた。こうした状況のもと、1937年12月、台湾総督府は台湾畜産会令を公示、農会の畜産部門を独立させた「畜産会」の法的根拠とした。畜産会はその事業に家畜の検査や救済を含んでおり、会員が納めた会費を経費としていた。それは、台湾総督府の畜産事業の一部を引き受けて実行し、かつ会員の利益も追求する、当時の内地にはない台湾独自の組織とされた。

　牛疫防疫の時に台湾に成立した畜牛保健組合と同様に、1937年、台湾総督府が法的根拠を与えた畜産会が成立した。そしてこの統制色の強い団体組織が媒介となり、家畜伝染病防疫のために台湾社会全体を動員するに至った。

第三部　発展ダイナミズムと社会の変容　203

その結果、豚コレラ感染の拡大を一定程度抑制することができた。しかし、当時の豚コレラは牛疫とは異なり、技術面から言って根絶が困難な伝染病で、結局日本の統治が終わる1945年まで、台湾ではこうした統制色の強い組織的な家畜伝染病防疫体制が続くことになった。

[注]

(1) 例えば、満州への日本馬移植事業・日本帝国内の牛肉供給体制・植民統治下台湾における馬政・帝国日本と畜産資源としての朝鮮牛などである。大瀧真俊「日満間における馬資源移動——満州移植馬事業1939‐1944年」、野田公夫編『日本帝国圏の農林資源開発——「資源化」と総力戦体制の東アジア』所収、京都大学学術出版会、2013年、103〜138頁、野間万里子「帝国圏における牛肉供給体制——役肉兼用の制約下での食肉資源開発」、野田公夫編前掲書所収、139〜175頁、岡崎滋樹「帝国馬政の形成と「外地」問題」、『東アジア近代史研究』第20号（2016年6月）、187〜209頁、蒋允杰『帝国日本と朝鮮牛』、晃洋書房、2023年などを参照。

(2) 台湾総督府官房文書課『台湾統治総覧』、同、1908年、316頁。

(3) 台湾総督府殖産局『台湾農業概要』、同、1916年、19頁。

(4) 三浦浅吉『台湾の畜産』、台湾農友会、1929年、31〜32頁。

(5) 関連する先行研究、例えば山脇圭吉『日本家畜防疫史』、文永堂書店、1939年、范燕秋「日拠前期台湾之公共衛生：以防疫為中心之研究（1895‐1920）」、国立台湾師範大学歴史学系修士論文、1994年、呉文星「長嶺林三郎と近代台湾畜産改良の展開——牛畜産の改良を中心に——」、『転換期の台湾史研究』所収、中京大学社会科学研究所、2015年、209〜223頁等を参照してもほとんど議論されていない。なお、こうした状況に対し、近代東アジアの医療・公衆衛生史を研究してきた飯島渉は、これからの課題として、ヒトばかりでなく動物や植物のかかる感染症も考察の対象とすべきなのではと指摘している。永島剛・市川智生・飯島渉編『衛生と近代』、法政大学出版局、2017年、24頁。

(6) 末武美佐「日治時期台湾家畜疫病防治制度之研究（1895‐1945）」、国立台湾師範大学歴史学系博士論文、2022年、末武美佐「日本統治下台湾における家畜伝染病予防政策とその実践——牛疫防遏を中心に——」、『近代日本研究』第39巻（2023年3月）、213〜249頁。

(7) 近年熱を帯びる帝国論について、杉山清彦は、帝国の功罪を認めつつ、世界の歴史を見る上でのモデルとして「帝国」を用い、その内部の緩やかで多様な政治的・社会的まとまりを歴史のなかに見いだすのには一定の意義があること、そしてこうした試みに関し、日本史を含むアジア史で期待が高まっていることを指摘している。池田嘉郎・杉山清彦・中沢達哉「〈討議〉帝国論の新展開」、『思想』第1203号（2024年6月）、13〜36頁を参照。

(8) 統治初期の水際対策については、末武美佐「日治時期台湾獣疫予防政策之試行

──以海港獣類検疫為中心（1896−1911）」、『台湾師大歴史学報』第62期（2019年6月）、143〜190頁を参照のこと。

(9) 高澤寿・村松歳春「台湾家畜伝染病防遏史　三、豚コレラ」、『台湾之畜産』第5巻第3号（1937年3月）、4〜9頁。

(10) 台湾総督府『台湾総督府事務成績提要（明治32年分）』第5編、明治33年、169、171頁。

(11) 「金包里の養豚」、『台湾日日新報』第2033号、明治38年2月14日、2版、「豚疫予防液注射」、『台湾日日新報』第2270号、明治38年11月25日、4版、「豚疫注射の成績」、『台湾日日新報』第2781号、明治40年8月10日、4版、「金包里の豚疫予防」、『台湾日日新報』第2921号、明治41年1月28日、7版。

(12) 「台湾総督府獣疫血清製造所概況」、『台湾之畜産』第2巻第11号（1934年11月）、39頁。

(13) 同上。

(14) 高澤寿・村松歳春前掲書、8、9頁。

(15) 「豚疫猖獗」、『台湾日日新報』第9590号、昭和2年1月11日、4版。

(16) 「台南の豚疫　漸次に台頭」、『台湾日日新報』第9630号、昭和2年2月20日、1版、「台南州改良豚普及　豚疫防遏」、『台湾日日新報』第9638号、昭和2年2月28日、1版。

(17) 「新竹州下 豚疫猖獗」、『台湾日日新報』第9771号、昭和2年7月11日、4版。

(18) 「豚コレラ発生」、『台湾日日新報』第9824号、昭和2年9月2日、2版。

(19) 「下火となった北港豚疫」、『台湾日日新報』第9955号、昭和3年1月11日、1版。

(20) 「新竹／任両委員」、『台湾日日新報』第9598号、昭和2年1月19日、4版。

(21) 「告示第86号：家畜伝染病預防注射施行」、『新竹州報』第35号、昭和2年4月16日、103版、「新竹／施行血清」、『台湾日日新報』第9676号、昭和2年4月7日、4版、「新竹／施行注射」、『台湾日日新報』第9689号、昭和2年4月20日、4版。

(22) 「告示第94号：家畜伝染病予防注射施行」、『新竹州報』号外、昭和2年4月23日、1版。

(23) 「告示第107号：家畜伝染病予防注射施行」、『新竹州報』第43号、昭和2年5月12日、120版。

(24) 「告示第135号：家畜伝染病予防注射施行」、『新竹州報』第51号、昭和2年6月4日、145版。

(25) 「告示第149号：家畜伝染病予防注射施行」、『新竹州報』第56号、昭和2年6月22日、154版。

(26) 「告示第158号：家畜伝染病予防注射施行」、『新竹州報』第62号、昭和2年7月2日、165版。

(27) 「告示第266号：家畜伝染病予防注射施行」、『新竹州報』第105号、昭和2年12月23日、329版、「豚予防注射」、『台湾日日新報』第9941号、昭和2年12月23日、4版。このときの注射は、血清かワクチンか不明である。

(28) 「雑録：恐ルヘキ豚コレラ」、『新竹州報』第110号、昭和3年1月14日、6版。

(29) 高澤寿・村松歳春前掲書、9頁。

(30) 「新竹養豚奨励 豚コレラの絶滅を期する救済金」、『台湾日日新報』第10030号、昭和3年7月4日、3版。

(31) 台湾総督府殖産局編『台湾農会要覧』、同局、1933年、79〜80頁参照。

(32) 「台湾の畜産概況　第一章第一節　豚」、『台湾之畜産』号数不詳（1935年、出版月不詳）、7頁。

(33) 「昭和三年度新竹州農会事業経営概要」、『台湾農事報』第259号（昭和3年7月）、47〜48頁。

(34) 「改善──開発に著しく面目を改めて来た新竹州下の農業（二）」、『台湾日日新報』第10735号、昭和5年3月6日、6版。

(35) 台湾総督府殖産局編『台湾農会要覧』、同、82〜83頁（台中州農会養豚救済関連規約）・95〜96頁（台南州農会養豚救済関連規約）参照。

(36) 前掲「昭和三年度新竹州農会事業経営概要」、46頁。

(37) 「台南州農会昭和三年度事業経営概要」、『台湾農事報』第259号（昭和3年7月）、76〜77頁。

(38) 前掲「台湾の畜産概況　第一章第一節　豚」、8頁。

(39) 高澤寿・村松歳春、前掲書、10頁。

(40) 同上、10〜11頁。

(41) 「六月中各地防疫状況：台北州」、『台湾之畜産』第2巻第7号（1934年7月）、57頁。

(42) 高澤寿・村松歳春前掲書、12、13、15頁。

(43) 「北州畜産事務磋商 議検疫外移動豚 新荘鶯歌設検診所」、『台湾日日新報』第12611号、昭和10年5月11日、12版。

(44) 「台北州令第10号：家畜伝染病予防法ニ依ル豚ノ出入往來停止ノ件」、『台北州報』第1142号、昭和10年8月6日、188版。

(45) 「台北州訓令第9号：台北州豚伝染病検診所規程制定」、『台北州報』第1142号、昭和10年8月6日、189版。

(46) 「台北州訓令第12号：台北州豚伝染病検診所処務規程制定」、『台北州報』第1149号、昭和10年9月1日、206版。

(47) 「台北州告示第87号：豚伝染病検診所名称位置制定」、『台北州報』号外、昭和10年9月1日、1版。

(48) 高澤寿・村松歳春前掲書、12頁。

(49) 「台北州豚疫防遏　公布取締州令 各市場街庄設検診所」、『台湾日日新報』第12719号、昭和10年8月27日、8版。

(50) 高澤寿・村松歳春前掲書、12頁。

(51) 近藤正巳・北村嘉恵・駒込武編『内海忠司日記1928－1939　帝国日本の官僚と植民地台湾』、京都大学学術出版会、2012年、987〜988頁。

(52) 同上、990頁。

(53) 作者不詳『産業五箇年計画（昭和7年9月）』、新竹州、昭和7年9月、17〜18頁。

(54) 同上、19頁、高澤寿・村松歳春前掲書、12頁。

(55) 『産業五箇年計画（昭和7年9月）』、19頁。

(56) 「豚コレラ撲滅に力瘤を入れる台中州　勧業衛生両課が協力し 七万圓の予算を投じ」、『台湾日日新報』第12073号、昭和 8 年11月14日、 3 版、台中州編『台中州産業情況（昭和九年）』、台中州、昭和10年、59頁。

(57) 「台中州令第 5 号：豚コレラ防遏規則ノ件」、『台中州報』第1153号、昭和 9 年 4 月24日、149版。

(58) 「台中州告示第62号：豚コレラ防遏区事務所ノ件」、『台中州報』第1153号、昭和 9 年 4 月24日、151版。

(59) 「台中州訓令第 6 号：豚コレラ防遏員執務規程ノ件」、『台中州報』第1153号、昭和 9 年 4 月24日、149版。

(60) 台中州編『台中州産業情況（昭和九年）』、59～60頁、台中州農会編『昭和九年度 豚コレラ防遏事業成績書』、同州、昭和11年、 2 ～ 3 、53～54頁を参照。

(61) 「七十万圓の予算で　豚コレラの撲滅策　台中州で防遏陣を張る」、『台湾日日新報』第12696号、昭和10年 8 月 4 日、 5 版。

(62) 同上。

(63) 「高雄州農会 豚疫防遏 先設無病地」、『台湾日日新報』第12546号、昭和10年 3 月 6 日、 4 版、「高雄州農会無病地設置事業案なる」、『台湾之畜産』第 4 巻第 4 号（昭和11年 4 月）、73頁。

(64) 高澤寿・村松歳春前掲書、15～16頁。

(65) 前掲「高雄州農会無病地設置事業案なる」、73～75頁参照。

(66) 同上、75頁参照。

(67) 「高雄州令第10号：豚コレラ防遏規則」、『高雄州報』第1146号、昭和11年 8 月 1 日、154版。

(68) 「高雄訓令第21号：豚コレラ防遏員執務規程」、『高雄州報』第1146号、昭和11年 8 月 1 日、154～155版。

(69) 岩井良太郎『戦時経済の基礎知識』、千倉書房、昭和12年、132頁。

(70) 台湾総督府殖産局商工課『台湾の工業：昭和十二年八月』、同課、1937年、99頁。

(71) 「府令第84号：皮革配給統制規則」、『府報』第3331号、昭和13年 7 月13日、45版。

(72) 台湾総督府編『台湾事情』昭和15年版、同、昭和15年、500頁、「各市街庄毎に倉庫を新設　豚皮貯蔵のために」、『台湾日日新報』第13770号、昭和13年 7 月21日、 5 版、「豚皮調製は順調に進む　倉庫十四ヶ所新設」、『台湾日日新報』第13785号、昭和13年 8 月 5 日、 5 版、「豚皮の格納庫　内湖庄に両棟建設」、『台湾日日新報』第13810号、昭和13年 8 月30日、 7 版。

(73) 高澤寿「畜産会令の公布を祝し併せて既往を回顧して」、『台湾之畜産』第 6 巻第 1 号、昭和13年 1 月、33頁、台湾総督府『昭和16年版台湾農業年報』、同、昭和17年、188頁を参照。

(74) 高澤寿「畜産会令の公布を祝し併せて既往を回顧して」、33～34頁、小川薫「畜産会令と畜産の使命」、『台湾之畜産』第 6 巻第 1 号、昭和13年 1 月、36頁、「本島農畜産業が実践すべき指針 / 台湾畜産会」、『台湾日日新報』第13822号、昭和13年 9 月11日、 2 版。

(75) 「律令第二十四号：台湾畜産会令」、『府報』第3163号、昭和12年12月21日、66～

第三部　発展ダイナミズムと社会の変容　207

67版。

(76) 一番ヶ瀬佳雄「台湾農会令及台湾畜産会令公布に就て」、『台湾之畜産』第 6 巻第 1 号、昭和13年 1 月30日、 9 〜10頁参照。

(77) 台湾畜産会『昭和14年度台湾畜産会收支予算書』、台湾畜産会、昭和14年、19〜21頁、「台北畜産会総会 十五年度の予算編成説明」、『台湾日日新報』第13841号、昭和13年 9 月30日、 5 版、「"台畜"新年度事業 飼料増産・家畜防衛に重点」、『台湾日日新報』第15084号、昭和17年 3 月 5 日、 2 版参照。

(78) 「専任技術員を新任し　畜産会を拡充　豚皮も十万枚供給」、『台湾日日新報』第13841号、昭和13年 9 月30日、 5 版、「竹山／王氏転任」、『台湾日日新報』第13912号、昭和13年12月10日、 8 版。

(79) 「各州畜産会の十三年度予算認可　総計九百九十五万圓」、『台湾日日新報』第13786号、昭和13年 8 月 6 日、 2 版。

(80) 「台中／斃死家畜に補助」、『台湾日日新報』第14013号、昭和14年 3 月22日、 8 版。

(81) 台湾総督府編『(昭和十七年) 台湾総督府事務成績提要』第48編、台湾総督府、昭和19年、487頁。

(82) 同時期の内地の家畜防疫体制、特に豚コレラ防疫については、前掲末武美佐「日治時期台湾家畜疫病防治制度之研究 (1895‒1945)」、28〜38頁を参照のこと。

国立台北大学歴史学系
「近現代東亜研究論叢」(第 2 巻)「序文」

『近現代東アジア研究叢書』
第2号序

李　承嘉

国立台北大学学長

　2023年10月に『近現代東アジア研究叢書』創刊号の序を執筆する機会をいただきましたが、1年後の今日、叢書第2号が出版される運びとなり、再び序を書く機会をいただけましたことを大変光栄に思います。「近現代東亜研究会」のメンバー各位の尽力と関連機関の揺るぎないご支援に感謝するとともに、心からの敬意を表します。

　歴史研究の専門家ではない私でも、叢書第2号と創刊号の違いについておおよそ理解することができます。この違いはおそらくよく練られた編集によるもので、それぞれに明確なテーマを設定することで、読者の研究や学習に資することを目的としています。歴史（時間）と地理（場所）という二つの視点から見ると、創刊号の諸研究は、日本統治期（時間）の台湾（場所）に焦点を当てたものでした。創刊号を読まれた方であれば、これらの研究が日本統治期における台湾の経済、産業発展を理解する上で大いなる貢献をしていることに同意されるでしょう。

　これに対して、叢書第2号の研究範囲は地理的には台湾にとどまらず、日本、韓国、中国などへと拡大し、時間的にも現代的なテーマ（教育、高齢化、パンデミックなど）を取り入れています。ここで創刊号と第2号の優劣を比較するつもりはまったくなく、両者から見てとれる東アジア研究の拡大と深化は敬服に値するものです。これらの歴史研究の成果は「往くを観て来るを知る」を成しえたばかりでなく「他山の石以て玉を攻むべし」という役割をも果たしています。

　また、蔡龍保教授が序の冒頭で述べられている、ヨーロッパ中心の歴史研

究の観点を反省するという提言に、私は深く共感しています。常々言われて
きた「近代化」とは、実際には「ヨーロッパ化」の過程に他なりません。東
アジア諸国は「近代化」の追求において顕著な成果をあげたと言えますが、
それは東アジアが極めて深くヨーロッパ化されたことを意味します。それは
学術研究も例外ではありません。「近代化」に伴うさまざまな問題を反省し
検討した結果、「ポストモダニズム」の観点が議論され応用されるようにな
りました。ポストモダニズムの主張の一つが「脱中心化」です。近現代東亜
研究会が歴史研究においてヨーロッパ中心主義を脱却できれば、それは非常
に意義深い成果となるでしょう。この試みに、私は大いに期待を寄せ、心か
ら祝福を送ります。

（訳　望月暢子）

序

何　淑宜

国立台北大学歴史学系主任

　　『近現代東アジア研究叢書』は、2022年11月に本学科と日本の一般財団法人霞山会が共催した学術シンポジウムを契機として生まれました。このシンポジウムは「東アジア近現代史の中の変遷、対抗、融和─歴史、教育、産業、経済の視点から」をテーマに、近現代東アジアの政治、経済、社会、文化を専門とする台湾と日本の研究者が参加して議論を交わしました。シンポジウムが成功裏に開催され、多岐にわたる豊富なテーマが議論されたことから、霞山会の阿部純一理事長と本学科の蔡龍保教授の提案により、シンポジウムの成果をまとめて学術書として出版し、広く学界に供することとなりました。

　　2023年末には、本学科の教員と国内外の研究者からなる「近現代東亜研究会」（https://history.ntpu.edu.tw/?page_id=8585）が結成されました。同研究会は、研究者同士を結びつける交流のプラットフォームを構築するばかりでなく、力を結集して新たな研究テーマを開拓し、さらには次世代の研究者を育成することを目指しています。また、学術書の出版を通じて本学科と霞山会との連携がさらに深まり、2024年2月には協力協定が締結され、より密接な交流が開始されました。双方で取り決めた協力事業は二つあります。一つは、台湾と日本で交互に学術シンポジウムを共催することです。2023年10月30日には、東京の霞山会館で「日台産業協力の可能性」をテーマに国際シンポジウムを共催し、2024年10月25日、26日には国立台北大学において「近現代東アジアにおける国際政治活動の諸側面」と題する国際学術シンポジウムを共催しました。もう一つは学術書を共同出版することです。研究成果を継続的に蓄積するため、『近現代東アジア研究叢書』の刊行を決定しました。

刊行にあたり、霞山会と台北大学の資金に加え、世聯倉運文教基金会と五南図書出版公司から多大なご支援と出版協力をいただきました。叢書は中国語版と日本語版を同時に出版します。2024年5月に第1号として、中国語版『殖民地台湾的経済与産業発展之再思考』と日本語版『日本統治期台湾の経済、産業発展再考』が、台湾と日本でそれぞれ刊行されました。

　本書『東アジア社会をつなぐ越境、脈動する文化』は叢書の第2号にあたり、全8篇の論文を収録しています。ほとんどは2022年11月に開催された国際学術シンポジウム「東アジア近現代史の中の変遷、対抗、融和―歴史、教育、産業、経済の視点から」における研究発表を基に、厳格な学術審査と執筆者による修正を経て編纂されたものです。叢書第1号が日本統治時期を主な研究対象としていたのに対し、本書の各論文は第二次世界大戦終結後から現代までを主な対象時期とし、いずれも「東アジア各地の越境する文化」または「異なる国の社会比較」という二つの大きなテーマに関連しています。

　第一部「歴史教育と歴史認識」には「歴史」とその後の変動した世界との関係に焦点を当てた3本の論文が掲載されています。呉文星論文は1997年に全面的に改訂された中学校歴史教科書『認識台湾（歴史篇）』の編纂過程をたどり、教科書が時代の変化に対応し、イデオロギーから脱却して学術界の研究成果を反映し、生徒に歴史的な知識を学ばせるものになるためにはどうすればよいかを探求しています。林志宏論文は「満洲国」官吏であった佐藤慎一郎を例に、戦前の職務経験と冷戦期の香港訪問に際しての観察が戦後の中国共産党政権や日本の外交政策に対する彼の見解にどのように影響を与えたかを考察しています。小牟田哲彦論文は、100年にわたる日本人の台湾観光旅行の変遷を通して、日本人の台湾に対する印象の変化を追っています。

　第二部「国境を越えたメディアと文化、政治」には2篇の論文が掲載されています。王超然論文は1946年に復刊された香港の『華商報』を例に、中国共産党が新聞を媒介としてどのように越境的な統一戦線工作や文化宣伝を展開したかを探っています。曾美芳論文も同様に冷戦期の香港紙に注目し、『星島日報』の用語や編集方針を分析することで、香港人の政治的アイデンティティの変遷を明らかにしています。

　第三部「発展ダイナミズムと社会の変容」では現代の東アジア社会に焦点

を移し、３篇の論文を掲載しています。林明煌論文は教育学の視点から、戦後の日本、台湾、韓国、中国におけるカリキュラム改革を分析し、多元化が進む現代社会の潮流の中でそれぞれの地域が歩んできた、類似性がありながら地域差も含んでいる改革の過程を観察しています。澤田ゆかり論文は「少子化」という喫緊の課題に注目し、中国と日本の事例を比較することで、両国が新たな分配方式や社会セーフティネットを模索しているものの、いぜんとしてコロナ禍以前の政策枠組みから脱却できていない点を指摘しています。山﨑直也論文は、コロナ禍後に日本の台湾研究者が設立したNPO法人「日本台湾教育支援研究者ネットワーク」（SNET台湾）を紹介し、日本の若い世代が台湾をより多元的に理解し、台湾と日本の関係をより深く理解するために一連の活動を行っている様子を紹介しています。

　本書は叢書第１号に引き続き、近現代東アジア各地の歴史、政治、経済、社会、文化の変遷への関心を深める内容となっています。研究者各位ならびに霞山会および世聯倉運文教基金会のご支援に心より感謝申し上げます。また、本学科の蔡龍保先生、山口智哉先生、王超然先生、林佩欣先生には編集業務を、助手の王美淑さんには出版庶務をご担当いただき、無事に本書の編纂を完成させることができました。そして、五南図書出版公司の黄惠娟副編集長と編集部の皆様から全面的なご協力を得ましたことが、本書の出版実現の大きな力となりました。ここに深く感謝の意を表します。

（訳　望月暢子）

戦後東アジアにおける社会・文化変遷の
背景と関連性を探究する
――序文にかえて

呉　文星
国立台湾師範大学歴史学系名誉教授

　この20年来、グローバル化の進展により、「越境」は、東アジア地域研究者にとって重要なキーワードとなりました。従来、分析のためのモデルとして単一の国や地域が用いられてきましたが、それでは障壁が生じる場合もありました。そこで新たに「越境」というモデルを用い、地理的に近い複数の国や地域をひとまとまりとして捉え、その内部の関わり合いや影響を考えることが可能になりました。近年の「越境」を軸にした研究の蓄積は、近現代東アジアの変遷に関し、様々な面で新たな発見や見解の修正の機会をもたらしています。

　学術界のこうしたムーブメントに呼応し、国立台北大学歴史学系では、2012年から、定期的に台湾及び海外の研究者を招へいし、連続企画として近現代東アジア史に関わる学術シンポジウムを開催してきました。2022年11月4－5日には、長期にわたり東アジアの文化交流事業に従事し、めざましい業績をあげてきた一般財団法人霞山会と共同で、「東アジア近現代史の変遷・対抗・融合―歴史・教育・産業・経済からの視角」というシンポジウムを開催しました。これは、戦前から戦後に至るまでの東アジアにおける知識・制度・技術・人材交流がもたらした変化・対抗・融和・相互関係の探究を主旨とするもので、日台協力体制のもとでの近現代東アジア共同研究・学際的学術交流の端緒となりました。その後、国立台北大学蔡龍保氏の熱心かつ積極的な企画立案をもとに、日本・台湾・韓国・中国等の研究者30余名から成る学術プラットフォーム「近現代東アジア研究班」の立ち上げが実現しました。ここでは、歴史研究を主軸とし、共同研究・学際的な学術交流・定期的な学

術シンポジウムの開催、そして、日中二か国語によるシリーズ「近現代東ア
ジア研究叢書」の出版に取り組んでいく計画です。このような学術プラット
フォームにより、専攻・領域・ナショナリティを超えた学術交流が可能にな
り、研究者同士が切磋琢磨していけるでしょう。また、共通のテーマについ
て意見を交換し、共通認識へとまとめ上げるなど、大規模な共同研究の展開
も可能です。プロジェクト全体の進展について、私はその成功を確信し、全
力で支持を表明する所存です。そして、微力ながら、顧問の末席に名を連ね
る機会をいただいたことを、大変光栄に思っております。

　近現代東アジア研究叢書出版はこのプロジェクトの主な事業のひとつです。
2024年3月には、2022年のシンポジウムで報告された日本統治期の経済政策・
交通建設・文化資産の活性化等8篇の論文を収録した『日本統治期台湾の経
済、産業発展再考』（中国語版の書名は『殖民地台湾的経済与産業発展之再
思考』）を一冊目の研究叢書として出版しました。幸いなことに、これは特
に学術界から注目され、好意的な反響を得ています。

　続いて、2022年のシンポジウムにおいて報告された近現代東アジアの歴史
認識・メディア・社会発展の動向と質的変化など計7篇の論文、そして拙稿
を含め、このたび『跨境的文化観察——冷戦到当代東亜社会的鏈結与脈動』（日
本語版の書名は『東アジア社会をつなぐ越境、脈動する文化』）を二冊目の
研究叢書として出版する運びとなりました。拙稿は、シンポジウムの初日に、
主催者からのご依頼に沿い「『認識台湾（歴史篇）』をめぐる台湾の歴史教育」
という題目で行った基調講演の原稿です。私には1998年から台湾の中学校で
正式採用となった、同名称による台湾史の授業用教科書『認識台湾（歴史篇）』
の編審委員・執筆者を兼務した経験があります。今回の拙稿は、その経験を
もとにカリキュラムの設計・教科書執筆の過程・編纂当初の議論、そして台
湾の中学・高校の歴史科教育への影響などを紹介し、本書「歴史教育と歴史
認識」の項に収録されました。拙稿を通じ、『認識台湾（歴史篇）』編纂の原
則と態度、そして、その後の台湾中等教育における「台湾史」の正式科目化
への影響が適切に理解されることを望んでいます。本書のほかの論文は、政
治史・大衆メディア史・社会史・教育史などに関する学術論文です。主題は
いずれも独創性・重要性を帯び、国境を越えた文化観察という視座にたち、

この100年来の東アジア社会・文化の脈動と東アジア内部の関わりあいを探究するものです。近現代東アジア社会・文化研究を志す幅広い読者の皆様にとって、学びの多いことは間違いなく、深い洞察に刺激を受けることでしょう。

　このたび、叢書が予定通り出版されることを心より祝福いたします。出版に際し、中国語版主編者の蔡龍保氏からのご依頼を受け、顧問として私の思うところを述べたまでですが、これをもって序文にかえ、謹んで読者の皆様に供する次第であります。

（訳　末武美佐）

編者「序」

── 本書の特徴と概要

蔡　龍保

国立台北大学歴史学系教授

　グローバリゼーションの進展に伴い、国際秩序であれ地域秩序であれ、政治、経済、社会、教育、文化の体系から生ずる新たな衝突、競争、統合は、異なる価値システム間の対話と交換でもあり、現在に根ざし、未来に目を向けることの重要性を私たちに思い起こしている。21世紀に入ってから、世界各地の歴史家は、それまでの世界史（World History）とは異なる分析の枠組みとして、グローバル・ヒストリー（Global History）を頻繁に使用してきた。これまでの世界史は、ヨーロッパを中心に、ヨーロッパと他の地域との関係を検証してきた。一方、グローバルヒストリーは、伝統的な国家民族の境界を越え、相互の関連性と地域を越えた視点の研究を追求している。[1]

　東アジア研究に関しては、中村哲の研究が「日本の社会科学や経済学は100年以上前から形成されてきたが、いまだに強い輸入した学問性を持っている。例えば、欧米の研究動向を注視し、その後を追随する傾向がある。……海外の研究成果から学ぶことも必要だが、独立自主の姿勢を貫くべきだ」と語ったことは示唆に富む。[2]したがって、「東アジア研究」を深化させ、将来「東アジア研究に根ざした東アジア理論」を構築していくためには、東アジア各国の研究者がこの問題を深く認識し、関連する実証研究を蓄積し続ける必要がある。台北大学歴史学系近現代東アジア研究グループ（https://history.ntpu.edu.tw/?page_id=8585）は、設立以来、この理念を積極的に実践してきている。

　台北大学歴史学系「近現代東アジア研究論叢（2）」『越境的文化観察──冷戦到当代東亜社会的鏈結與脈動』は、この理念により蓄積された実証研究の

成果である。本書は、台湾と日本の研究者による8篇の研究論文から構成されており、著者の専門分野は歴史学、教育学、社会学、法学など横断的で、「歴史教育と歴史認識」、「国境を越えたメディアと文化、政治」、「発展のダイナミズムと社会の変容」の3つの項目に分かれている。冷戦期から現代の東アジア社会へのつながりと脈動の分析は、台湾研究、中国研究、日本研究、東アジア研究にとって極めて啓発的と言える。

　「歴史教育と歴史認識」の項目に収められた論文は、歴史教科書から―自我認識の変遷／時代を超えた人物の歴史理解――外部からの国境を越えた観察／日本人観光客の台湾認識――100年にわたる観光の歴史の観察の3篇であり、水平および垂直に交差することで、歴史教育、歴史認識について立体的に思考し、そこから冷戦から現在までの歴史理解が生まれている。

　冒頭の呉文星著「『認識台湾（歴史篇）』をめぐる台湾の歴史教育」は、1994年に「認識台湾」が国民中等学校のカリキュラムに含まれた後、台湾を主体とする歴史教科書が正式に登場し、台湾の主体性を備えた中等学校の歴史教育が徐々に形成されてきたことを述べている。その後、中等教育課程の改革により、台湾史が正式の課程となり、台湾の中等学校の歴史教育の新時代が始まった。編集委員兼執筆者の一人である「認識台湾（歴史篇）」の著者で本論文の執筆者呉文星教授は、教科書の内容はできうる限り史事や研究結果に基づいて編纂されるべきであり、明確な立場やイデオロギーを避け、台湾社会の普遍的な支持を得るべきであると指摘している。国民中学校・高等学校の教科書が全面的に見直され制定されてからは、『認識台湾（歴史篇）』が各出版社の教科書に参照、継承され、台湾の人々は次第にイデオロギーから離れ、台湾史を実際に理解するようになった。

　日本の研究者駒込武が「重層構造」の視点から1910年代の台湾について語るとき、「文明としての近代」と「思想としての近代」を挙げているが、両者の見分けは非常に曖昧である。[3]植民地時代、台湾は「文明としての近代」に一定の到達をなし遂げ、「思想としての近代」については、1987年の戒厳令解除後、台湾が自由化、民主化、本土化、多元化へと移行するのを待たなければならなかった。その過程で、『認識台湾（歴史篇）』は、台湾人の新たな歴史観の形成に多大な影響を与えた。論文で語られているように、「日本

統治期の史実を検討する実証的かつ理性的な態度を採用し、植民統治が台湾にもたらした負の側面をもつ時代の傷跡と、戦後の台湾にとって肯定的な意味を持つ変化を客観的に考察し、日本統治期の歴史文化的遺産をより広い視野で見ることのできる学生を育成する」ことが学習の目標に掲げられた。教科書の編纂において特定の思想を持たず、「中国意識」と「台湾意識」という二つの民族的想像力の対立から徐々に脱却し、党国体制下の民族史観を超越して、同質性（一元化）から多元化へと移行する[4]。新世代に多民族・多文化を尊重する精神を育むことは、公民のもつ素養の質的変化をもたらすと言えよう。

　林志宏著「ある日本人研究者の軌跡──佐藤慎一郎の『中共研究』を考察する」は、日本の中国研究者佐藤慎一郎に焦点を当て、冷戦期の日本の「中国共産党観」を論じたものである。佐藤の経験は非常に特殊で、彼は戦前からの「中国体験」をもち、満州国民政部文書課事務官、大同学院教官、後に総務室の参事官を務めた。敗戦後の1947年に帰国した佐藤は、1959年に拓殖大学で教鞭を執り、「支那通」から「中国問題研究家」へ立場を移し「中国共産党」を観察し始めた。彼は日本の「反共言論」の代表でもあった。香港の左翼暴動が1967年に終結し、彼は中国本土から逃れた難民を訪問するために３年連続で香港を訪れている。「日中国交正常化」の際には、田中内閣の親共産主義外交を公然と批判した。佐藤は中国共産党の農業集団化と人民公社を分析した多くの書籍を出版し、そこで台湾における中国の文化的正統性を主張した。

　著者は、佐藤の「中共観察」は学問に内包されており、社会主義文化とそこに住む人々の日常生活を理解することで、中国共産党の統治の不適切性を証明していると指摘する。佐藤の独特な「中国体験」ゆえに、彼は中国の社会や人々に対して非常に深い理解を持っており、それが彼の現代中国批判の根源となっていることは注目に値する。鹿島宗二郎など戦後日本の第一世代の中国研究者と経験、思想、言論、行動の類似点と相違点を比較するならば[5]、この時期の「文化冷戦」の本質と現実をより理解することができるであろう。

　小牟田哲彦著「日本人観光客は台湾をどう見てきたか──台湾旅行の100年

史」は、100年という縦軸で日本人の台湾観光の変遷を観察している。戦前の日本の旅行雑誌では、台湾はマラリア流行の未開の島で、先住民族の住む未開の島として描かれていることを指摘している。台湾島内では交通網や宿泊施設が整備され、鉄道省が台湾を箱根、富士五湖、伊勢と同レベルの観光地と位置付けていたにも関わらず、である。戦後、日本が海外旅行の制限を解除したのは1964年になってからで、台湾は日本人観光客にとって最初の、主要なアジアの観光地の１つとなった。当時、多くの台湾人が日本植民地時代を経験しており、日本語でコミュニケーションをとることができることで日本人観光客にとっても安全な海外旅行先であった。しかし、当時の台湾の旅行ガイドは、いわゆる「男性優位のナイトライフ」の記事を満載していた。1994年、インターネットの発達と相まって、台湾は日本人観光客にビザなし入国を開放し、日本人は台湾での実際の旅行情報を入手しやすくなった。

　日本の高校の台湾への旅行（修学旅行）は、2002年の19校から2019年には334校に増加した。このことから日本の教育機関や保護者から観光地としての台湾のイメージが高く評価されていることがうかがえる。著者は、「この100年で、日本人の観光地としての台湾の認識は大きく変わった。一般的に言えば、世代や性別を超えて台湾に対しての好印象が日本人の心に根付いたのは21世紀になってからであり、いま日台交流史上、最もよい状況にある」と語る。この論文で提示された多くの興味深い段階的変化と質的変化は、観光政策の発展と観光名所の形成と促進に関する、台湾と日本の学者の間に豊富な研究と実りある対話を生み出している。[6]

　第２部「国境を越えたメディアと文化、政治」は、香港で刊行されていた新聞の分析である。最初の１篇は『華商報』から中共の越境する媒体、文化を分析し、そこではメディアが「手段」として重用され運用されていることを明らかにしている。もう１篇の論文は、『星島日報』から、香港の政治意識と政治的アイデンティティの転変を分析し、メディアの「情報選択と報道の立場」の政治的および社会的影響に焦点を当て、冷戦期のメディアの果たす「ツール」性とそれによってもたらされた実質的な影響と変化を語っている。

　王超然著「国共内戦期（1945－1949）、中国共産党の文芸政策の越境──香

港『華商報』の役割」は、これまでの大半の研究テーマが中国共産党と進歩派人士の統戦合作に焦点を当て、中国共産党の政治文化のもつ別の側面を無視していると指摘している。抗戦終結後、国民政府が国内の主要都市に対する統制を強化し、国共内戦勃発後に中共のプロパガンダ機構が完全に封鎖されたことと相まって、中国共産党はイギリスの植民地である香港を代替地として利用するようになった。中国共産党はここに宣伝活動の拠点を設立し、党籍のある多数の文化人を香港に移住させ、統一戦線を通じて党外の進歩的な文化人と合作し、中国共産党の政令、文化宣伝、その他の関連情報を香港から国内外に伝達した。戦後も香港はイギリスの植民地であり続け、国府が公然と介入できない状況下で、中国共産党はかなりの空間を獲得し、この地を利用し国共内戦期に国境を越えた文化宣伝工作を行い、特に香港の文芸界での工作は目覚ましい成果を上げた。

　中国共産党の政治統一戦線と文化宣伝の代表的な出版物である『華商報』が1946年１月４日に正式に出版を再開すると、「幹部審査、三査、偏向を糾す」などの政治キャンペーンを通じて中国共産党の国境を越えた宣伝ツールとなった。1948年には文壇粛清運動を展開するに至った。その一方、1942年２月に陝甘寧辺区の延安革命根拠地で発動された「整風運動」の様式と意味合いとの類似点と相違点について人々に考えさせるものになり、[7]香港から東南アジアへの国境を越えた宣伝を促進する『華商報』の実際の影響力について人々に関心を抱かせた。これらのことは、冷戦期に国共両党の間でますます激化した「文化闘争」の過程で無視できない重要な側面である。

　曾美芳著「曖昧なアイデンティティと矛盾する政治意識──1967－1984年『星島日報』に見られる『中国』報道立場の転変」は、初期の香港の中道右派新聞である『星島日報』の記事を通して政治意識の変化を観察している。この論文では、1967年から1984年までの『星島日報』の第一面に掲載された見出しと社説を定量的に分析し、社論の内容と関連する報道の用語と執筆方法について議論をしている。1967年から1970年代初頭にかけて、同紙の編集がレイアウトや元旦や国慶節の報道などで当時の台湾の新聞と類似していたことが指摘されている。当時、香港にいる華人のアイデンティティには、中華人民共和国と中華民国の２つの「祖国」があり、これは香港移民の構成と戦後

の反共勢力の「中華文化伝統」への憧れに関連していた。

国民政府の反攻が遠退き、戦後のベビーブーム世代が台頭する中、「中国（中華民国）＝祖国」という概念は次第に説得力を失い、経済成長期に入った香港に期待を寄せるようになった。1970年代半ばに、『星島日報』の売上は以前ほどでなく、その期間は多くの地元の競争相手が現れた。新世代の香港人の、報道に対する需要と期待により、同紙は香港のビジネス社会の要求と中国との関係の変化に適応するために、右寄りの姿勢を修正し中立に近づくことを余儀なくされた。台湾も同様で「祖国に対する曖昧な意識」が見られたが、戒厳令の解除後、台湾は民主化、自由化、本土化、多元的価値観の尊重へと向かったのに対し、返還後の香港の「ローカルアイデンティティ」は逆転して、世界の注目を集める、2つの対照的な流れを形成するという違いを生み出した。戦後、アイデンティティの変化であれ、経済発展であれ、台湾と香港は比較を通じてより深く検討する価値があろう。この論文の分析は、比較研究の多くの可能性を示唆している。

第三部は、「発展ダイナミズムと社会の変容」である。ここではグローバル化がもたらす国際競争と問題の連鎖現象を、教育改革、少子高齢化、国境を越えた交流の側面から考察している。東アジア諸国は、共通の問題に直面しており、程度と時間の違いはあるものの効果的かつ積極的に交流し、協力する方法を考えなければならない。

林明煌の「東アジアにおける学校教育カリキュラム改革の展開と課題」は、戦後の台湾、日本、韓国、中国のカリキュラム改革を文献分析を通じて分析し、東アジアにおける学校教育カリキュラム改革の動向と課題を明らかにしている。戦後の東アジア諸国では、社会の変化や時代の教育動向に対応してスパイラル的なカリキュラム改革が進められ、カリキュラムの組織構造が本質主義と経験主義の間で揺れ動き、義務教育を通じて教育カリキュラムの一貫性を確保し、中央──周縁モデルにおける草の根モデルの学校制カリキュラムの特性を追求したことが指摘されている。また、カリキュラムの決定権は徐々に分散化され、学校の教師は徐々にカリキュラム発展の主体となってきていた。しかし、著者は、教師は国家のカリキュラム改革政策を遵守するが、カリキュラム統合またはカリキュラムの重要性を完全には理解しておら

ず、カリキュラムの開発と設計は、主に教師には教育の専門知識が不足しているため、単なる形式的なものであることが多いと主張している。

しかし、2015年の経済協力開発機構（OECD）の評価によると、台湾の全体的な教育環境は日本と並んで世界第4位であり、台湾の全体的な大学の質は世界第11位にランクされている。[8] 結果は良好に見えるものの、台湾ではさまざまな教育改革が続けられており、各学校の教師、生徒、保護者から多様な声が寄せられている。教育改革行動は、教師が教育改革の内容を理解し、教師を教育改革のプロセスに参加させ、教育改革の利益と貢献の互恵性を予測できるように、明確な目標とはっきりとした実施方法を持つべきであり、責任と評価システムを確立し、改革を助長する組織文化を形成するのは、教師に教育改革の実践行動を促すための効果的な方針である。[9] この点で、私たちはまた、日本、韓国、中国の経験から学び、国家間の教育交流と協力を通じて、「他山の石 以て玉を攻むべし」の効果を収めるであろう。

澤田ゆかり著「東アジアの少子高齢化と社会保障──日本の『新しい資本主義』から見た中国の位置付け」では、急速な少子高齢化・人口減少が進む日本は公共支出を増やさなければならないが、大規模な増税はできないことを指摘している。新型コロナは世界中に広がり、小さな政府と自由市場を核心とする経済のグローバル化は後退し、ポピュリスト的な保護主義が台頭する一方で、政府の役割が再定義されている。先の岸田文雄政権の時代は、労働者の賃金引き上げを目指す「新資本主義」を提唱したが、財源に対する明確な見通しを示すことができず、「資産所得倍増計画」は「貯蓄から投資への転換」という従来の提案にとどまっている。成長の見通しや分配の方向性が明確でない状況のなかで、若年層が政府の歳出負担に注目し始め、世代間の対立が日増しに激化し、高齢者給付金の削減や子育て家庭への支援強化を訴える新政党がネット世代の支持を得ている。中国も同様で、一人っ子政策の廃止後も出生率の低下が加速する一方、高齢者人口は1995年頃の日本と同等の「高齢社会」に突入するなど、少子高齢化が加速している。人口構造の急激な変化は、政府の補助金への依存度を高めた社会保険制度に大きな負担をかけ、一部の地域では社会保険の準備金が枯渇している。新型コロナの流行の間、企業の社会保険料は下方修正され、社会保険基金の収支はさらに悪

化している。習近平の「第三次分配」政策は、大企業やブルジョアジーから
の寄付を強化するものであるが、構造的に財政負担を軽減することができて
いない。

　本研究は、中国と日本における少子高齢化問題の本質と政府の対応の弱さ
を浮き彫りにしており、両国が新たな分配方法や社会的セーフティネットを
模索しているものの、いずれもコロナ前からの政策枠組みから脱却できてお
らず、社会保障制度の硬直性を浮き彫りにしている。これらの分析は、台湾
においても参考とし考察に値する。2021年には、台湾の人口は３万人近くの
マイナス成長となり、さらに156,000人の社会的マイナス成長に加えて、マ
イナス成長の合計は186,000人に達した。すべてが過去最高を記録した。高
齢化の加速により、台湾はまだ人口減少によってもたらされる利点を受けて
いない。まず労働人口の深刻な縮小の状況に直面し、老人介護や医療給付の
需要が急増する状況に直面する。これは台湾にとって前例のない課題であ
る。(10)

　山﨑直也著「ポストコロナの日台教育交流の『知』のインフラを構築する
──台湾研究者による SNET台湾の活動を中心に」は、2010年代に入ると、
日台教育交流で、日本人の学生が台湾の高等教育機構への留学や日本の高校
生の台湾への修学旅行などが増加していることを指摘している。新型コロナ
禍以前は、毎年10万人以上の高校生が修学旅行のために世界中を旅行し、台
湾は最も人気のある目的地として選ばれ、2019年には53,806人が台湾を訪れ、
全体の30％を占めていた。しかしながら、現状では日本は台湾に対する噂や
誤解が溢れており、高校生が事前学習の中で台湾に対する偏った理解を形成
することが懸念される。そのため、日本の台湾研究者は、次世代の日台関係
の礎となる「知識」のインフラを構築するための「SNET」プラットフォー
ムを組織している。また、2000年代後半以降、台湾研究が学問分野で活発に
拡大した背景を説明し、台湾研究者やSNETの現在の活動が紹介されている。

　この論文の関心事は、台湾の台湾史研究にとって非常に重要な注意喚起と
なっている。1990年代に入ると、台湾史の研究は活発な時期に入り、各大学
に台湾史の課程が設立され、2004年には中央研究院台湾史研究所が設立され
資料の編纂、デジタル化が進み、台湾史研究は「際立った学問」となっ

た。しかし、日本統治期の台湾史の重要な特徴である「近代化」と「植民性」[11]
については、研究課題の選定傾向や研究視角の不均衡により、全体的な研究
成果の蓄積を見ると、「近代化」の強調と「植民性」の希薄化の傾向が見ら
れる。そのために台湾に対する偏った認識が広がったかどうかは、私たち[12]
が深く考える価値がある。私たちは、客観的かつ完全なる歴史の思考こそ、
国家社会を進歩させ、東アジアのパートナー国間の前向きな交流と協力をも
たらすことを深く信じている。

　謝辞：台北大学歴史学系による近現代東亜研究論叢（2）『越境的文化観察―冷戦
到当代東亜社会的鏈合與脈動』の出版は、刊行に至るそれぞれの段階で重要な意義を持っ
ています。日本の一般財団法人霞山会、五南出版社、世聯倉運文教基金会の支援を受け、
近現代東アジア研究グループは、東アジア研究の成果を着実に蓄積してきました。編
集出版の過程では、匿名の査読者による厳格な管理、歴史学系何淑宣主任の強力なサポー
ト、担当編集者の王超然先生、山口智哉先生、林佩欣先生、助手の王美淑さんの分業
体制、そしてプロの翻訳者曾建洲博士の正確な翻訳により、この本が完成できました。
ここにご協力いただいた皆様に感謝申し上げます。

［注］
(1)　羽田正編『グローバルヒストリーと東アジア史』（東京：東京大学出版会、2016
　　年）、2－3頁。
(2)　中村哲『東亜近代史理論的再探討』（北京：商務印書館、2002年）、2－3頁。
(3)　駒込武『植民地帝国日本の文化統合』（台北：国立台湾大学出版局、2017年）、
　　135－199頁。
(4)　社会に文化的および歴史的記憶の異なるグループがある場合、国は国民文化を
　　構築する際に同質性（統一）の原則または多元主義のどちらかを選択する。戦後
　　の台湾社会では、中国の意識も台湾の意識も、同質性を求める政策志向的な要
　　求である。王甫昌「民族想像、族群意識與歴史――『認識台湾』教科書争議風波
　　的内容與脈絡分析」『台湾史研究』第8巻第2期、台北：中央研究院台湾史研究
　　所、2001年12月、190頁。
(5)　鹿島宗二郎『中国のことばとこころ』（東京：至誠堂、1966年）、1－206頁。
(6)　例えば、神田孝治「日本統治期の台湾における遊興空間の形成過程に関する研究」
　　『旅文化研究所研究報告』第12号、2003年12月、87－99頁。蔡龍保「由森林鉄路
　　到観光鉄路 日治時期阿里山鉄路経営策略之転変（1896－1945）」（蔡龍保編『植
　　民地台湾的経済與産業発展之再思考』、台北：五南出版社、2024年）、141－196頁。
　　劉仁民「戦後台湾観光事業的発展史（1945－1987）」（台北：五南出版社、2017年）。

(7) 延安整風運動は1942年に開始した。整風とは、学風、党風、文風を整頓する略語である。中国共産党の指導者毛沢東（1893－1976）は、1941年5月19日「我々の学習を改造する」、1942年2月1日「党の作風を改造する」、2月8日「党八股に反対する」の一連の政治報告のなかで、学風の整頓を提出し、主観主義に反対し、党風の整頓でセクト主義に反対し、文風を整頓することで党八股等に反対した。汪正晟「青年自我與延安整風」『新史学』32巻1期、2021年3月、118頁。

(8) 李建興「大学積極南向 東南亜招生成風潮」『遠見』、2017年3月23日。(https://www.gvm.com.tw/article/37228 査閲日期2024.12.15)

(9) 陳琦媛「教師面対教育改革態度之研究」『学校行政』38期、2005年7月、106－118頁。

(10) 薛承泰「両岸人口変遷與危機」『展望與探索月刊』20巻9期、2022年9月、66－80頁。

(11) 林玉茹「1945年以来台湾学者台湾史研究的回顧──課題與研究趨勢的討論（1945－2000）」『台湾史料研究』21期、2003年9月、2－33頁。

(12) 例えば、日本統治期の鉄道、道路、港湾、通信、衛生プロジェクト、都市計画、水利施設など、さまざまなインフラプロジェクトは台湾の急速な近代化をもたらした。その過程では、制度面では台湾人の土地を強制的に徴用したり、保甲による台湾人を強制的に労働に徴用したりする側面があった。鉄道を例にとると、地域開発、産業振興、経済繁栄といった「開拓」の面での功績がある一方で、植民地主義を盲目的に肯定する罠に陥らないためにも、植民地としての鉄道の特殊性を深く理解することも必要である。鉄道事業の推進方法、鉄道の財政制度、鉄道の体質、人事任用や福祉制度、運賃制度およびその他の問題などには、植民地特有の「搾取」や「差別的待遇」の現象を示していた。蔡龍保『推動時代的巨輪：日治中期的台湾国有鉄路（1910－1936）』、台北：台湾古籍、2004年9月、1－327頁；蔡龍保「日本営造業最初的海外拡張：韓国京仁鉄路的興建──兼論與台湾縦貫鉄路発展之異同」『台湾史研究』第24巻第1号、台北中央研究院台湾史研究所、2017年3月、37－76頁。

（訳　小山三郎）

（紹介）『日本統治期台湾の経済、産業発展再考』

はじめに

　日本統治時代と言い、植民地時代とも書き記す、日本と深い関係をもった
かつての台湾の歴史を、当事者である日本と台湾の研究者は、いまどのよう
に解釈しているのか。2024年5月に日本と台湾で同時に刊行された『日本統
治期台湾の経済、産業発展再考』（国立台北大学版は『殖民地台湾的経済與
産業発展之再思考』、五南図書出版公司）は、この時代の日台関係を正面か
ら論じている。

　台湾・日本・韓国の研究者が執筆した8篇の論説を収めた本書は、一つの
体系化された台湾論となっている。この点について、主編者である国立台北
大学歴史学系蔡龍保教授は、つぎのように語っている。

　　近年、「帝国」や「越境」に関する研究が注目を集めている。これまで単
　　一の帝国や単一地域を対象とした研究から、帝国間や地域間の多次元的相
　　互作用の研究へと移行し、政治、経済、社会、文化など各領域で成果が期
　　待されている。

　この見解は、突き詰めていえば、歴史研究の対象が「台湾史研究」、「日本
帝国研究」の個別の分野から「東アジア研究」へと拡大し、「分野、学科を
超えた」対話に向かい、東アジアの国、地域間で深い国際対話が生まれる可
能性のあることを示唆するものである。

　また本書「序」で台北大学李承嘉学長は、「歴史研究が時間を主軸とし、
地理研究が空間をフィールドとするならば、地理的領域を研究空間とし、同
時に歴史的視点を取り入れてこの空間を解釈・分析することは、人文学的な
時間と空間を結合した研究となります。したがって歴史を主軸として東アジ
アを研究すれば、研究の幅も深みも格段に広がります」と語る。8篇の論説

は、まさにこれらの考えを実践したものと評価できる。

　以上の研究方法で執筆された本書は、経済、産業発展を主軸に、「第一章　経済政策の形成とその展開」、「第二章　インフラ事業の建設・運営」、「第三章　戦前から戦後：連続性と再利用」の三部で構成されている。

——日本、台湾関係の源流とは

　「台湾論」は、例外なく日本統治時代に目を向け、その時代をどのように評価するのか、という問題を避けて通ることができない。本書の読者は、当然、そうした問題意識を持っているであろう。しかし本書は、これまでの台湾論とは異なったアプローチがなされている。それは「第三章　戦前から戦後：連続性と再利用」に顕著に表れている。ここに収録された論説は、三澤真美恵「戦後台湾における『二重の連続性』に関する試論——白克と林博秋の足跡から」、王淳熙「台湾における日本統治時代の建築文化財の再生と再利用に関する考察——日本式宿舎を対象として」である。この２篇の論説に共通しているのは、戦前から戦後そして現在に至る「歴史の連続性」と「再生」が語られている点にある。

　目次の順とは異なるが、最初にこの論説を読んでみることにする。

　三澤論説は、戦後の台湾が植民地時代からの連続性と抗日戦争で中国大陸からもたらされた連続性、すなわち「二重の連続性」を持っていると指摘し、つぎのように説明する。

　　大陸出身の映画人と台湾生まれの映画人の出会いが「二重の連続性」の交差点を生み出し、それぞれの連続性が依拠するところからは「別様でもありうる公共性（それは当然、政府公認の公共圏とも別様であっただろう）が形成される可能性」が見いだされる。戦後の台湾はかように複雑な文化の様相を呈していた。

　このように語る三澤論説は、日本統治期の影響、つまり戦後の台湾映画市場における日本映画の人気についてつぎのように解釈している。

232

排除するのではなく貪欲に消化し自家薬籠中の物とする「親日」ならぬ「消日」現象、すなわち台湾映画（市場）が日本映画を「換骨脱胎」して台湾化＝本土化するという、大衆文化における「下からの脱植民地化（脱日本化）」だったと解釈することもできる。

　またこの時期の台湾映画には、「映画における語りにも、植民地期に果たせなかった政治参加に対する知識人の思いや多重の抑圧のなかで生きる女性の共感が見いだせる」。つまり三澤論説は、台湾映画が戦後、日本映画の世界から脱却し、台湾化（本土化）へ向かっているのが観察できると述べているのである。

　日本統治時代の痕跡を目視できるとすれば、それは台湾各地に残っている日本式宿舎（家屋）であろう。日本統治時代が台湾に残した遺産を戦後の台湾の社会がどのように捉え、継承しているのか。そこには、段階的な変化が見られるという。王淳熙論説は、日本式宿舎を調査し、それらにはさまざまな様式や等級があること、修復と再利用が行なわれており、調査・研究から修復に至るシステムが充実していることを明らかにしている。特に2000年には文化財の再利用の考え方が浸透し、かつての遺物を積極的に保存、再生、再利用する試みが高まったという。

　日本統治時代の遺物が文化財に指定されるようになったのは、1987年以降、戒厳令解除後に生まれてきた本土化運動やそれに伴う台湾史研究、これまでの歴史観の変化と関係している。戦後、政治環境の激変は、漢民族の文化のみが尊重され台湾の多文化性が無視されてきた。「史蹟」とは、漢民族の廟、大邸宅であると考えられるほどに「文化財保護法」による指定の対象が漢民族の遺産に占められていた。こうした風潮を経て、現在の日本統治下の台湾社会への関心の背後に存在している政治、社会の新たな流れは無視することができない、と著者は指摘する。

　2篇の論説は、戦後の異なった時期を対象としている。研究対象も異なる。しかし無視できないことは、戦後の台湾社会の底流に台湾化（本土化）が確実に存在し続け、近年、表面化したということにある。

紹　介　233

―― 8 人の論者の語る日本統治時代

どこの国、地域においても過去の記憶は、現実の社会、そこに住み続けてきた人々の心に、様々に、奥深く組み込まれている。記憶は歴史の一部を構成しており、その記憶は、先の 2 篇の論説が語るように社会のそれぞれの領域に観察できる。

本書の 8 篇の論説はその記憶の源流の「実相」を明らかにしている。ここで語られている「実相」とは、日本帝国、台湾総督府が台湾の経済、産業発展において「何をなし得たのか」、日本帝国の統治下で「経済、産業が台湾社会に及ぼした変化とはなにか」という点に集約できるであろう。

前者に該当する論説は、陳德智「帝国／植民地の海洋――日本統治期における台湾総督府の沿海から遠洋漁業調査試験に関する考察（1909－1922）」、林佩欣「台湾の酒から帝国の酒へ：日本統治時代における樹林酒工場の紅酒とマーケティング」、曾立維「台湾における対外無線電信系統の確立と発展（1928－1949）」である（本書では曾立維論説は、第二章「インフラ事業の建設・運営」に分類されている。）

後者に該当する論説は、蔡龍保「森林鉄道から観光鉄道へ　日本統治時代、阿里山鉄道の経営戦略の転変（1896年－1945年）」、林采成「台中軽鉄（株）の経営分析――軌道・鉄道・自動車」、文明基「なぜ『帝国主義下の朝鮮』がなかったのか――矢内原忠雄の植民政策研究と台湾・朝鮮」である（本書では文明基論説は、第一章「経済政策の形成とその展開」に分類されている）。

前者、つまり日本帝国は台湾で「何をなし得たのか」を語っている論説を概観しよう。

陳德智論説は、台湾の漁業発展を語っている。時期を1909年から22年に設定しているのは、副題に記されている「台湾総督府の沿海から遠洋漁業調査試験」までを研究対象としていることによる。

日本の海洋開発は、そもそも西欧の海洋開発をモデルとして、海洋学を積極的に取り入れ、日本の海域の調査・試験を実施したことを起点としている。台湾の海域は、そのなかに含まれている。海洋学の伝播の観点から見れば、それは西欧から日本に伝わり、台湾沿岸の漁業調査、試験が内地から派遣さ

れた漁業専門家が中心となり台湾総督府を舞台に実施された。その結果、「台湾の海洋漁業調査試験事業は、時間の経過とともに、さまざまな漁業の海洋状況と魚群の回遊状況、魚類の生活史、移動、生態の関係を把握できるようになってきた。このことは台湾における水産海洋学の深化を意味すると同時に、魚海況論が徐々に海洋調査試験の主要典範となっていくことが予見された」。陳徳智論説は、以上の経緯を詳細に検証しつつ、「1909年から1922年にかけて、……前段階では日本の漁業調査政策、水産講習所の人材、水産海洋学の影響が顕著であったが、1920年代以降、台湾総督府の発展の趨勢は、南洋遠洋漁業の特徴を徐々に表してきた」と結論している。

またこの結論には、2人の日本人技師の役割と功績が語られている。日本人技師とは、「動力漁船凌海丸で近海漁業を主宰し、南洋の漁業に新たな方向を切り拓いた」樫谷正鶴と「凌海丸遠洋漁業調査事業でもって、台湾の遠洋漁業調査事業の方向性を確立した」宮上亀七である。

林佩欣「台湾の酒から帝国の酒へ：日本統治時代における樹林酒工場の紅酒とマーケティング」は、台湾社会で慶事の酒、健康酒として愛飲されてきた紅酒が日本帝国を代表する酒に成長する過程を描いている。台湾総督府は、財政を豊かにする方策として酒専売法を施行し、民間の酒造会社を公営に移管した。その時に台湾総督府が重要視していたのが民間の樹林酒工場であった。

林佩欣論説は、酒専売法が総督府の財源を豊かにしただけでなく、樹林酒工場のあった台北州海山郡の地域経済、地元住民の雇用を支えたこと、内地から派遣された酒造の専門家、技師により新たな酒造法が確立し品質改良に成功し、さらに内地への売り込みに成功した過程を明らかにしている。本研究は、「元々は台湾の地酒であった紅酒が一躍大日本帝国の酒となり、帝国の財政収入、対外的拡張、人々の嗜好品の消費に重要な役割を果たした」と結論している。

曾立維「台湾における対外無線電信系統の確立と発展（1928－1949）」は、日本と台湾間の電信システムの確立過程について考察している。日本内地と台湾との間の経済、産業、さらに政治、軍事の必要に基づいて、電信の数は増大していく。台湾と日本を結ぶのは、3本の海底電信線（1897年の鹿児島

－那覇線、那覇－基隆線、1910年10月の淡水長崎1号線、1917年7月の淡水長崎2号線）であったが、1917年から1945年まで、新たな海底電信線は敷設されず、拡大する通信量に対応するために無線電信局が設立された。無線電信の歴史は、1928年に台湾島内の固定無線局が完成することから開始し、これまでしばしば発生していた海底電信線の故障で引き起こされていた通信の中断、重大な障害問題は改善されていくことになる。

　また1935年の定期航空便の開始に伴い、航空通信、気象通信設備の需要が高まり、1937年には南進政策のため、本島の航空事業の発展と路線上の航空安全を加速するための航空無線局の設立が加速された。特に1937年、日中戦争の勃発によって、中国向けの電信制度が戦争の必要から拡充された。その後、太平洋の戦場での日本軍撤退のなかで、米軍の爆撃により海底電信線は損傷を受けた。電信システムは作動しているものの休止状態におかれた。戦後、中華民国政府は3本の海底ケーブルを不要と判断する。その一方で1928年に確立された無線電信システムは、島外地区との通信機能の役割を担い、戦後初期における中国方面の通信を担っていた。

　曾論説は、海底ケーブルの役割としばしば通信障害が発生していた実態、世界的に進歩しつつあった無線電信技術の役割の拡大を語りつつ、政府の無線通信設備の予算配分、設置・普及の速度から、当初は積極的な導入に前向きではなかったことを明らかにしている。積極的な導入に至る契機は、戦時中の需要、日本政府の需要に合致したためであった。

　以上、日本帝国、台湾総督府が台湾の経済、産業発展において「何をなし得たのか」について、漁業、酒、電信の異なる領域の論説がそれぞれに解説していた。

　つぎに当時の日本帝国、台湾総督府による台湾の経済、産業発展が「台湾社会に及ぼした変化」について考えてみたい。

　この問題に答えるのは、蔡龍保「森林鉄道から観光鉄道へ　日本統治時代、阿里山鉄道の経営戦略の転変（1896年－1945年）」であろう。蔡論説によると「台湾の経済発展は、1904年の通貨改革、1905年の土地調査の完了、1908年の縦貫鉄道の開通と基隆と高雄の築港事業の成功による」。しかも台湾総督府は、「統治の根幹となる土地調査、林野調査などのほか、各種産業政策

を推進する際に必要な各分野の専門的な基礎調査を実施し、それらが様々な産業政策の形成と展開に影響を及ぼし、様々に影響を与えていた」と語る。この指摘は、先の台湾漁業の発展過程、紅酒が一大産業に発展した過程に当てはまるが、著者はこの見解を阿里山鉄道の経営戦略の転変を通じて実証し、国定公園を含む観光鉄道が生まれたことで、当時の人びとの社会生活に及ぼした影響を論じた。

　台湾総督府は、林野調査完了後、山岳資源を開発し同時に「理蕃」政策を重要な課題としていた。開発と運営は、当初、民間の藤田組が請け負っていたが、将来の採算の見通しがたたないために撤退し、阿里山は総督府の管理となった。1920年代後半から30年代にかけて、阿里山は林業地帯であるだけでなく、台湾の有名な観光地として国立公園の候補地に選ばれ観光地としての役割が強まり、事業経営に行き詰まりつつあった現状を解決する手段となっていく。この時期、阿里山を管理していた営林所は阿里山鉄道の延長、機関車・客車の改良、ガソリンカーの運用、列車の増便、花見列車の運行を実施している。また台南州は新たな高地登山道、自動車道路を建設した。これらの補助施設の発展は、阿里山鉄道の乗客数を増加させ、旅客収入は貨物収入を上回った。

　産業鉄道であった阿里山鉄道は、「観光鉄道」の性格を帯び「旅客輸送の強化」等の事業が成果を上げていった。しかし戦争の推移は、勃興しつつあった観光業に影を落とすことになり発展は削がれ、時代は終戦を迎えるのである。

　林采成「台中軽鉄（株）の経営分析──軌道・鉄道・自動車」は、台湾経済の動向を軽便鉄道会社の経営の変遷を通じて分析している。また台中軽便鉄道の経営分析から、植民地の雇用構造が明らかにされている。民族資本による鉄道会社であるとされてきた台中軽便鉄道は、国籍による賃金格差、職割、景気の変動による現地の台湾人の雇用調整が行なわれていた。この指摘によって、これまでの台中軽便鉄道の経営を民族資本としていた説はただされ、植民地社会の実相を明らかにしている。その後台中軽便鉄道の運営は、自動車運送との市場競争により、1940年代に自動車運送業へと事業を移管していく。

文明基「なぜ『帝国主義下の朝鮮』がなかったのか──矢内原忠雄の植民政策研究と台湾・朝鮮」は、本書で第一章冒頭に置かれた論説である。日本帝国が植民地として統治していた地域は、台湾の他に朝鮮半島があった。この時代、この地域における日本統治の違いについて語ったのが、文明基論説である。この論説は、当時日本を代表する植民政策研究者の東京帝国大学教授矢内原忠雄が「帝国主義下の台湾」を著わしていたにも関わらず、「帝国主義下の朝鮮」を書かなかった理由を分析している。文論説は、この分析から台湾と朝鮮の違いを「植民地そのものの政治的経済的特性から浮き彫りにしていた」。

　この問題を文論説は、つぎのように語る。「矢内原忠雄は植民経済論（資本主義化）と植民政治論（自治主義）を結合し、『帝国主義下の台湾』を著わし、台湾の資本主義化を評価していた。その一方で日本統治期の朝鮮農業経済は、台湾の米と砂糖の経済構造とは異なり、米が中心であり、そのために大企業を生みだす基盤を持たなかった。つまり資本主義化した台湾と違い、朝鮮経済は未熟の状態におかれたままであった。矢内原の台湾経済、政治を分析した植民政策論は、朝鮮半島の経済の現状（現実）の違いから、植民政策論に当てはまらなかった」、というのが文論説の趣旨である。

　本書は、書名に表わされているように日本統治期台湾の「経済、産業発展」の再考である。本論の冒頭で蔡龍保教授、李承嘉学長が語った本書の意義を引用した。本書には、歴史学科何淑宜主任によって書かれた「序」も掲載されている。何主任は、歴史学科の学術研究の足跡を回顧しつつ、本書の意義に触れ、概ね「日本の植民地政策の変遷、台湾全体の経済、産業の発展、東アジア情勢やその他の環境触媒の変遷を明らかにしつつ、日本統治時代に移植され、台湾に芽生えた産業や技術がそれぞれの時代の潮流にどのように適応し、時代を生みだしていたのかを探求している」と語る。

おわりに

　冒頭の問題提起にもどることにしよう。本土化（台湾化）の潮流が鮮明に表れたのは、国民政府の一党支配から台湾が脱却した時期である。歴史は、国民党一党政治がおよそ50年続いたことを教えている。その時代の終焉に続

いて、それ以前の日本統治時代の歴史の記憶が蘇えったことは、戦前から戦後を経過し現在に至る「歴史の連続性」が存在していることを意味するものであろう。先に三澤論説が戦後、日本映画の流行を、台湾化＝本土化するという、大衆文化における「下からの脱植民地化（脱日本化）」だった、とする解釈を紹介した。この見解は、台湾の人々の記憶のなかの日本が、台湾化（本土化）していることを示唆している。

　台湾島内で文化財に数多く指定されている日本式家屋の多くは、かつての日本統治時代の遺物に過ぎないはずである。それらが次々に姿を消していった日本とは違い、台湾では、それを文化財と考えている。遺物にすぎない家屋は、台湾の歴史風景をかたどる一つの遺産として再生されたものと解釈できよう。

　本書は、日本統治時代、つまり日本、台湾間の関係の源流の「実相」を「再考」する試みがなされた書物である。またいま台湾社会に表れている日本の記憶は、50年に渡る日本統治時代が台湾化した姿である。8人の論者の見解は、読者に台湾の歴史、日本統治時代を「再考」し、台湾の「今」を考える機会を提供している。

（小山三郎　責任編集者）

凡　　例

- 原則として、中国語は当用漢字に変換している。
- 各論文中の注釈は、執筆者の表記方法を尊重し、最低限の統一にとどめ全体を統一していない。

あ と が き

　「近現代東アジア研究叢書」第2冊目にあたる本書は、「越境する文化」を
テーマとして、8編の論説で構成されています。

　本書の論説のもとになっているのは、国立台北大学歴史学系と一般財団法
人霞山会が共同開催しているシンポジウムでの各研究者の報告です。昨年（2024
年10月）は、第3回目を台北大学で開催し、本年は霞山会館で開催する予定
です。報告者は、台北大学と霞山会からの参加者であり、毎回、中心テーマ
があるのみで、報告には何ら制限がなく、報告内容も事前に打ち合わせする
こともありません。それにも関わらず、報告者から提出された論文を整理す
ると、各論文が見事に呼応し、一つの世界を作り上げています。

　互いに同じ会場で、2つの言語を通じて語り合うことは、「越境」する学
術交流そのものです。これらの成果を霞山会（日本語）版、台北大学（中国
語）版の2冊の叢書として、双方の地で「越境」し刊行しています。本書を
通じて、双方の地の研究者の白熱した議論が読者の皆さんに伝わることを願っ
ております。

　最後に本論叢に原稿を提供していただきました先生方にお礼を申し上げま
す。霞山会版は、末武美佐さんと望月暢子さんに翻訳を担当していただきまし
た。お二人には、単なる翻訳だけでなく、翻訳過程で生じた疑問点も提起し
ていただきました。

（近現代東アジア研究叢書編集委員会）

2025年1月

霞山アカデミー 近現代東アジア研究叢書
東アジア社会をつなぐ越境、脈動する文化

2025 年 2 月 27 日　第 1 刷印刷
2025 年 2 月 27 日　第 1 刷発行

発　行　所　　一般財団法人 霞山会
　　　　　　　〒107-0052 東京都港区赤坂 2-17-47 赤坂霞山ビル

編集委員長　　小 山 三 郎（責任編集）

編 集 委 員　　倉持由美子　千葉憲一　齋藤眞苗

発 行 者　　　阿 部 純 一

本書からの無断転載・複写・複製を禁じます　　　　　印刷・製本　㈱興学社